GOLDMANN
ARKANA

Buch

Obwohl es zu allen Zeiten Menschen gab, denen es bekannt war, ist es bis heute noch nahezu ein Geheimnis: Jeder Mensch verfügt über eine Kraft, mit deren Hilfe er seine Zukunft, sein Schicksal, sein ganzes Leben gestalten und bestimmen kann. Wir sind die eigentliche Ursache unserer Realität! Auf diesem Wissen baut das Kausal-Training auf. Schritt für Schritt enthüllt Tepperwein das »Wunder«, dass wir der »Realität« nicht ausgeliefert sind, sondern sie mitgestalten. Die Realität ist jederzeit bereit, jede gewünschte Form anzunehmen, sobald ein schöpferischer Geist das verursacht. Im Kausal-Training lernen wir, uns diesen schöpferischen Geist anzueignen, durch Umfühlen, Umlernen, Umerleben, Umidentifizieren – vom Opfer zur Ursache, von der Projektion zur Selbstverantwortung, von der Ohnmacht zur Macht. Mit diesem Trainingsprogramm gelangen wir in einen anderen Lebensfilm, in den, der unserem wahren Sein entspricht.

Autor

Kurt Tepperwein, geboren 1932, früher erfolgreicher Unternehmer, zog sich 1973 aus dem Wirtschaftsleben zurück, um die wahren Ursachen von Krankheit und Leid zu erforschen. Ausbildung als Heilpraktiker, heute einer der bekanntesten Lebenslehrer Europas. Dozent an verschiedenen internationalen Institutionen, Gründer und Schirmherr der Internationalen Stiftung Lebensschule, Autor von mehr als 50 Büchern, zahlreichen Videos, Audiotapes und CDs. Die von ihm entwickelte Technik des Mental- und Intuitionstrainings ist heute für viele Menschen unverzichtbarer Bestandteil ihres Lebens. Wenn er sich nicht auf Vortragsreise befindet, lebt der Autor auf Teneriffa.

Von Kurt Tepperwein sind bei Arkana außerdem erschienen:

Die Geistigen Gesetze (21610)
Geistheilung durch sich selbst (11738)
Kraftquelle Mentaltraining (12141)
Jungbrunnen Entsäuerung (14207)
Der Weg zum Millionär (21551)
Bewusstseinstraining (21549)
Wunder vollbringen durch schöpferische Imagination (21642)
Gesund für immer (21703)
Von Angst zur Lebensfreude (21734)
Verwirklichen (21735)
Gelassenheit (21738)
Erfinde dich neu (21752)
Die hohe Schule des Lebens (21762)
Selbstheilungskräfte aktivieren (21769)
Das Buch der Erfolgsgesetze (21789)
Die Kraft der positiven Psychologie (21793)
Glücks-Gesetze (21814)
Mein persönliches Verjüngungsbuch (33818)
Erwachen zum wahren Sein (21834)
Der große Tepperwein (33827)
Die Praxis der geistigen Gesetze (21867)

KURT TEPPERWEIN

Kausal-Training

Wie unser Bewusstsein
Realität erschafft

GOLDMANN
ARKANA

Redaktionelle Mitarbeit von Klaus-Jürgen Becker

FSC
Mix
Produktgruppe aus vorbildlich bewirtschafteten Wäldern und anderen kontrollierten Herkünften

Zert.-Nr. SGS-COC-1940
www.fsc.org
© 1996 Forest Stewardship Council

Verlagsgruppe Random House FSC-DEU-0100.
Das FSC-zertifizierte Papier *München Super* für dieses Buch liefert Arctic Paper Mochenwangen GmbH.

1. Auflage

Originalausgabe November 2009

Umschlaggestaltung: UNO Werbeagentur, München
Umschlagmotiv: Fine Pic ®, München
Lektorat: Christina Knüllig
SB · Herstellung: cb
Satz: Greiner & Reichel, Köln
Druck: GGP Media GmbH, Pößneck
Printed in Germany
ISBN 978-3-442-21899-8

www.arkana-verlag.de

Warnung!

Der Inhalt dieses Buches kann Ihr Leben
von Grund auf ändern und zu beachtlichen Ausbrüchen
von Erfolg, Gesundheit und Wohlstand führen.
Vor allem aber zu einem erwachten Bewusstsein und
damit zu wahrem Glück und einem erfüllten Leben.

Noch können Sie das alles vermeiden.
Noch können Sie zurück, Sie brauchen das Buch
nur ungelesen wegzulegen.
Oder Sie tun den Schritt und genießen
schon bald das Leben, von dem Sie bisher
nicht einmal geträumt haben!

Inhaltsverzeichnis

Die Menschen machen immer die Umstände
dafür verantwortlich, was sie sind.
Ich glaube nicht an Umstände.
Die Menschen, die vorangehen in dieser Welt,
sind stets jene, die sich aufmachen,
um die Umstände zu suchen, die sie brauchen,
und die sie erschaffen, so sie sie nicht finden können.

(George Bernhard Shaw)

Einführung

Möglicherweise wird Ihnen zu irgendeinem Zeitpunkt Ihres Lebens bewusst, dass das Leben, das Sie führen, Sie unerfüllt lässt. Sie fragen sich, woran das liegen mag. Vielleicht glauben Sie, Ihr Beruf sei schuld oder Ihre Beziehung, vielleicht Ihr Wohnort, doch all das sind nur äußere Faktoren. Erfülltsein wie auch Unerfülltsein hat mit etwas anderem zu tun.

Das Gefühl des Unerfülltseins ist ein wichtiges Indiz dafür, dass es vielleicht gar nicht *Ihr* Leben ist, das Sie leben, eines, von dem Sie innerlich wissen: So bin ich, so ist mein Leben gedacht.

Eine innere Sehnsucht sagt Ihnen, dass das wahre Leben auf Sie wartet. Doch das Leben, das zu Ihnen gehört, können Sie nur verwirklichen, wenn Sie Ihr *wahres Sein* durch Sie wirken lassen und hervortreten als der oder die, die Sie *wirklich* sind. Dann ändert sich alles.

Das größte Abenteuer wartet auf uns, wenn wir entdecken, in welchem Ausmaß eine Veränderung der Innenwelt unsere Außenwelt verändert. Ein ganz neues

Leben beginnt, wenn wir in die Bewusstheit kommen und uns selbst dabei als eine *schöpfungsgerechte Ursache* erleben.

Ich glaube, jeder von uns hat schon einmal erhabene Augenblicke erlebt, in denen er nicht nur gespürt hat, wie Größeres durch ihn wirkt, sondern auch, dass er das Ganze *ist*. In alten Traditionen werden solche Augenblicke *Satori* genannt. Unsere Aufgabe ist es nicht, der Welt zu fliehen, sondern einen Satori an den anderen zu reihen. Dies tun wir, indem wir immer wieder das Wunder erleben, der »Realität« nicht ausgeliefert zu sein, sondern sie mitgestalten. Indem wir jeden Augenblick erfüllt erleben, gelangen wir in einen anderen Lebensfilm. Es ist ein ständiges Umfühlen, Umlernen, Umerleben, Umidentifizieren – von der Projektion zur Selbstverantwortung, von der Ohnmacht zur Vollmacht.

Man sagt, Liebe habe nur einen Anfang und kein Ende. Ähnlich ist es mit der KAUSAL-BEWUSSTHEIT. Ist diese einmal erfahren, haben wir einen Schlüssel in der Hand, um immer wieder in diese Bewusstheit zu gehen. So wird KAUSAL-TRAINING, einmal begonnen zu einem lebenslangen Prozess, dem Weg vom »ich« zum *Selbst*. Doch auch damit endet unser Weg nicht, sondern hier beginnt der eigentliche Weg und unsere eigentliche Berufung: als Avatar zu leben, als jemand, der »heruntersteigt«, um mit den Menschen zu sein, ein Segen für jeden, der das Glück hat, ihm zu begegnen.

Spüren Sie in sich, dass die Zeit gekommen ist, das alte Raupendasein loszulassen und sich in einen Schmetterling zu verwandeln. Spüren Sie, dass es Sie unerfüllt lässt, ausgetretene Pfade zu beschreiten, immer wieder dasselbe zu erleben. Es macht Sie krank und unzufrieden, weil die alten Wege nur Ausdruck eines längst überholten Opferdaseins sind. Spüren Sie, dass es an der Zeit ist, eine bewusste Entscheidung zu treffen, einen beherzten Schritt zu tun.

Wenn Sie so weit sind, um diesen kleinen Bewusstseinswechsel einzuleiten, dann greifen Sie nach dem KAUSAL-TRAINING und nutzen die Werkzeuge, die Sie hier finden.

Was ist KAUSAL-TRAINING?

KAUSAL-TRAINING bedeutet zu erkennen, wer ich bin und bewusst zu leben als der, der ich bin, auszutreten aus der »Illusion des Ich«, aus einer Identifikation mit einer bestimmten Rolle oder Erfahrung und bewusst einzutreten in die »Wirklichkeit wahren Seins«. Dies heißt, mich wieder als der zu erkennen, der ich immer schon war, bin und sein werde. Ich bleibe bewusst in der Wirklichkeit meines wahren Seins, so wie ich in einen Film gehe oder in ein Theater. Ich trete bewusst in eine Scheinwelt ein, aber bleibe der, der ich bin.

Wir stehen vor schwierigen und herausfordernden Zeiten – dramatischen Wandlungen. Da ist es sehr wichtig, ja unverzichtbar zu lernen, wie man diese optimal meistert, indem man versucht, jede Lebenssituation selbst wahrhaft zu gestalten, zur Ursache *wird*. Wie das geht, zeigt KAUSAL-TRAINING. Hier lernen Sie auch die schwierigsten Zeiten als Chance zu erkennen und Herausforderungen als Werkzeug der Transformation zu nutzen. Das heißt nicht nur jede Aufgabe und Herausforderung souverän zu meistern, sondern dabei in jeder Situation sich selbst als die Ursache des eigenen Erlebens zu erfahren. Durch das KAUSAL-TRAINING werden Sie wirklich »vermögend«, denn vermögend ist nur jemand, der etwas vermag. Dann können Sie allen Schwierigkeiten mit heiterer Gelassenheit begegnen.

Vielleicht hat die Schöpfung nur darauf gewartet, dass wir erwachen und die weitere Evolution selbst in die Hand nehmen. Bisher geschah Evolution durch das Zufallsprinzip und die natürliche Auslese. Nun tritt Evolution in die Phase ein, in der wir ein neues Selbstbewusstsein erlangen. Wir müssen die Zukunft selbst schaffen, sonst haben wir vielleicht keine. Die Schwierigkeit ist, dass es keine »Gebrauchsanweisung« für diesen Weg gibt, weil in der Evolution jeder Schritt einmalig ist, zum ersten Mal stattfindet und nicht wiederholbar ist. Die Wirklichkeit ist viel phantastischer als alle Phantasie.

In dem Sinne wünsche ich Ihnen viel Freude mit diesem Buch

Ihr
Kurt Tepperwein

Das Abenteuer Wirklichkeit

Das Geheimnis (The Secret)

Wohl zu allen Zeiten gab es Menschen, die darum wussten, dass jeder Mensch über eine Kraft verfügt, mit deren Hilfe er seine Zukunft, sein Schicksal, sein ganzes Leben gestalten und bestimmen kann. Materie an sich gibt es nicht, sie ist »verdichteter Geist«. Die Realität ist jederzeit bereit, jede gewünschte Form anzunehmen, sobald ein schöpferischer Geist den Auftrag gibt, und jeder ist eingeladen, davon Gebrauch zu machen.

Unser Bewusstsein ist unsere Wirklichkeit. Hierzu gehören überbewusste, unterbewusste und tagesbewusste Inhalte. Doch es sind vor allem unsere Überzeugungen, die aus unseren bisherigen Erfahrungen kommen. Nicht umsonst heißt es: »Einem jeden geschieht nach seinem Glauben!« Wir können gar nicht verhindern, unsere Realität zu wählen, genauer gesagt, unsere Realität durch unser »Sosein« zu verursachen, selbst wenn wir das wollten. Jeder macht das ständig, aber nur wenigen ist bewusst, dass wir in jedem Augenblick die Wahl darüber haben, *welche* Realität wir »stimulieren«. Entscheidend dabei ist, *als wer* ich lebe, *mit wem* ich mich identifiziere: Lebe ich als (kleines) Ich, dann wähle ich damit eine Ich-Realität. Das »verletzte Kind« in uns verursacht eine andere Realität als etwa der »innere Topmanager«.

Lebe ich als Selbst, wähle ich damit die mir eigene Realität. Entscheidend ist, auf welche Frequenz mein Auswahlempfänger eingestellt ist, denn wie bei einem Fernsehempfänger kann nur der Kanal empfangen werden, der auch wählbar ist.

Wir stehen an einem Wendepunkt. Wahrscheinlich zum ersten Mal in der Geschichte werden Phänomene wie »Erwachen« und »Erleuchtung« wissenschaftlich untersucht. Informationen aus allen Teilen und Zeitaltern sind auf Knopfdruck abrufbar. Wir haben die Möglichkeiten, die Essenz der Weltreligionen und Weisheitslehren zu vergleichen. In der tätigen Umsetzung von gelehrter Weisheit entdecken wir das KAUSAL-BEWUSSTSEIN.

Es ist die bewusste Gestaltung der Realität durch den erwachenden Geist des Menschen. Vielleicht ist dieser erwachende Geist des Menschen sogar der entscheidende Faktor, der die weitere Evolution erst möglich macht. Zum ersten Mal »geschieht« uns nicht Evolution, sondern wir gestalten sie als treibende Kraft.

Die Evolution entlässt den Geist des Menschen

Irgendwann in Afrika, vor etwa 75 000 Jahren, erfanden die Menschen das Erfinden. Sie fingen an, Werkzeuge zu machen, Dolche aus Stein, Speerspitzen aus Knochen, und waren dadurch den anderen Hominiden plötzlich überlegen. Es war ein erstes Aufblitzen des Geistes.

Dann, vor etwa 12 000 Jahren ereignete sich ein weiterer Entwicklungssprung: Einer unserer Vorfahren kam auf die Idee, Samenkörner nicht mehr zu essen, sondern sie zu säen, um später ein Vielfaches zu ernten. Aber er musste warten, bis die Ernte reif war, und so trat Zeit in sein Bewusstsein. Das hat die Lebensweise des Menschen dramatisch verändert, denn bis dahin waren sie nur Sammler und Jäger. Nun mussten sie die Zeit abwarten, bis die Ernte reif war, mussten lernen, sich Häuser zu bauen. Arbeitsteilung entwickelte sich, denn bis dahin gab es nur eine Arbeit: überleben. Sie erfanden die Sprache, gaben sich Gesetze, um das Miteinander zu erleichtern. Dieser Schritt bestimmt unser Leben bis heute.

Vergleichbar mit der Hinwendung zum Ackerbau ist die Kultivierung des Geistes. Der Acker des Menschen jedoch liegt im Inneren. Den Geist in eine bestimmte Richtung zu lenken, damit aber konnte und kann jeder lernen, seine Probleme zu lösen, sich Wünsche zu erfüllen und Ziele zu erreichen. Endlich war es möglich, die Zukunft frei zu bestimmen. Nun folgt mit dem KAUSAL-TRAINING ein weiterer Schritt auf dem Weg zum Selbst. Dabei ist nicht mehr entscheidend, welche geistigen Werkzeuge Sie benutzen, sondern *in welcher Weise* Sie das tun und was Sie damit bewirken. Ob Sie eigene Ziele verwirklichen wollen oder ob Sie bereit sind, zur Vollendung der Schöpfung beizutragen.

Beim KAUSAL-TRAINING handelt das Selbst und wirkt aus sich selbst. Das geht nur, wenn Sie austreten aus der »Illusion des Ich« und sich mit dem identifizieren, was größer ist. Sie brauchen sich nicht zu ändern, Sie erinnern sich nur an die verborgene Vollkommenheit des wahren Seins. Und das ist Ihre, das ist unsere eigentliche ***Aufgabe:*** Wir nehmen unseren Platz in der Schöpfung ein, wirken mit an der Vollendung der gesamten Schöpfung. Drei Schritte sind nötig:

- Die eigene Entwicklung zu vollenden, damit ich nicht mehr abgelenkt bin von der eigentlichen Aufgabe.
- Die Einladung der Schöpfung zu folgen, sie mitzugestalten.
- Anderen dabei zu helfen, ihre Entwicklung zu vollenden, damit sie frei sind für ihre eigentliche Aufgabe.

Vor allem werden wir »Leben« neu definieren müssen. Wir denken zu sehr in den Grenzen von Zellen und Körper. Dabei sind wir Energiewesen mit einem immateriellen Bewusstsein.

Das große Spiel des Lebens

Es war einmal vor langer Zeit, es muss wohl vor sehr langer Zeit gewesen sein, als es noch keine Zeit gab. Nichts war geschaffen und die *eine Kraft* ruhte in sich. Irgendwann erwachte die eine Kraft und wurde sich ihrer selbst bewusst. Sie erkannte, dass sie allmächtig war. Da sie aber keine Erfahrung mit Allmacht hatte, beschloss sie, in diese Erfahrung einzutreten und nannte das Evolution.

Als Bühne für diese Erfahrung schuf sie sich ein materielles Universum und nannte es *die Welt*. Als Werkzeug für diese Erfahrung schuf sie ein Ebenbild ihrer selbst und nannte es *Mensch*. Sie nahm dazu Materie aus der Welt, aber der Mensch lebte nicht. So gab die eine Kraft dem Menschen einen Teil von sich und nannte es *Seele*. Und der Mensch lebte.

Da erwachte in der einen Kraft die Absicht, viele Erfahrungen gleichzeitig zu machen und sie gestattete einem

Teil von sich, als viele »in Erscheinung« zu treten. Damit die eine Kraft in der Vielfalt das Einssein nicht vergessen konnte, schuf sie *Mann* und *Frau* und gab ihnen das Verlangen, miteinander wieder eins zu sein.

So wurde die eine Kraft zur Welt, den Menschen und *allem*, was ist. Berge, Flüsse, Meere, Wolken, Pflanzen, Tiere, Menschen – alles war nur das *Eine*. Um den Menschen ein Zuhause zu geben, schuf die *eine Kraft* einen vollkommenen Bereich in der Welt und nannte ihn Paradies, und die Menschen waren glücklich.

Doch die *eine Kraft* erkannte, dass etwas fehlte, denn es gab weder Bewusstsein noch Wahl. Also schuf sie die *Dualität* – gut und schlecht, richtig und falsch. Sie gab den Menschen einen freien Willen und die Notwendigkeit, *ständig* zu wählen. Doch die Menschen wählten auf diese Weise immer nur das Richtige, und so konnte die eine Kraft immer noch nicht alle Aspekte des Seins erfahren. Da ließ sie die Menschen ihren göttlichen Ursprung vergessen und nannte das *Involution*. Jetzt wählten die Menschen auch das Falsche, machten Fehler und lernten daraus.

Durch ihren freien Willen fühlten sich die Menschen getrennt von der einen Kraft und nannten sie *Gott*. Sie fühlten sich als Geschöpfe Gottes und fingen an, die *eine Kraft* als etwas von ihnen Getrenntes zu verehren, bauten ihr eigene Häuser und nannten die *Kirchen*.

Manche Menschen gaben Gott eine ganz besondere Form – und so entstanden verschiedene *Religionen*. Aber alle glaubten, dass allein sie den richtigen Gott verehrten, und nannten die anderen Ungläubige. Sie fühlten sich als Auserwählte und blickten auf die *anderen* herab. Sie führten Kriege, um sie zum *wahren Glauben* zu bekehren. Die *anderen* aber waren ebenfalls überzeugt, dem einzig wahren Gott zu dienen und ließen sich nicht bekehren und versuchten nun ihrerseits den anderen den einzig richtigen Glauben aufzuzwingen. – So wertvoll die Erinnerung an das Göttliche ist, so fragwürdig ist der Versuch, die eigene Form der Rückverbindung gegen andere Formen zu verteidigen. Solange wir oben und unten, gut und böse, göttlich und ungöttlich, gläubig und ungläubig voneinander spalten, leben wir in einer polaren Welt von Himmel und Hölle. Wenn wir jedoch die Wahrheit in uns selbst suchen, dann entdecken wir, dass es Ebenen des Bewusstseins gibt, wir auf jeder Ebene enthalten sind und jede Ebene eine eigene Facette der Wahrheit verkörpert. Hierzu folgender Gedanke:

Im Zuge der Evolution entwickelten sich verschiedene Ebenen des Bewusstseins, die ursprünglich miteinander verbunden waren, so wie die Stockwerke eines Hauses. In der umfassendsten Ebene – der reinen Wahrheit – gab es nur das Göttliche, das Vollkommene und keinerlei Täuschung. In vielen Religionen wird diese Ebene der »oberste Himmel« oder auch »der siebte Himmel« genannt. Jener ist kein physischer Ort, sondern ein Bewusstseinszustand, in dem nur noch das höchste Bewusstsein lebt.

Bei ihrem Abstieg in die dichteren Ebenen umgab sich die Seele jeweils mit einem Körper, bestehend aus dem Stoff, der auf dieser Ebene vorherrschend ist, so wie wir beispielsweise verschiedene Kleider übereinander anziehen, wenn wir im Winter ins Freie gehen.

In der nächstniederen Ebene gibt es bereits Individualisierung, aber nur wenig Täuschung und das Vollkommene, Wahre dominiert. In vielen spirituellen Traditionen wird diese Welt »die Welt der Götter« oder auch »Suprakausal-Ebene« genannt und die Seele bewegt sich dort im Suprakausal-Körper. Eine Ebene tiefer dominiert immer noch das Wahre, und das Bewusstsein erlebt sich immer noch als Ursache dessen, was ist. Diese Ebene wird die KAUSAL-EBENE genannt, und die Seele bewegt sich auf dieser Ebene im Kausal-Körper.

Gehen wir weiter in dichtere Ebenen hinein, erfahren wir eine Ebene, in der Wahrheit und Verblendung sich in etwa die Waage halten und das Denken dominiert. Sie wird MENTAL-EBENE genannt, und die Seele ist auf dieser Ebene in den MENTAL-KÖRPER eingehüllt. In noch dichteren Ebenen beginnt die Verblendung zu dominieren, die Menschen haben jedoch authentische Empfindungen – aus diesem Grund wird diese Ebene EMOTIONAL-EBENE genannt, und die Seele ist auf dieser Ebene im Emotional-Körper eingehüllt. Die dichteste uns bekannte Ebene ist die materielle Ebene, auf der wir Menschen in der äußeren Welt leben. Die Seele ist dort noch zusätzlich mit dem physischen Körper umkleidet. Auf dieser Ebene ist die Verblendung relativ hoch. Jedoch hat jeder Mensch die Möglichkeit, sich einer Ebene nach der anderen bewusst zu werden und so auch in dieser physischen Welt aus der Verbundenheit mit dem göttlichen Ursprung heraus zu leben und zu gestalten.

Im Zuge der individuellen Evolution wird sich der Mensch einer Ebene nach der anderen bewusst. Sehnsucht oder das Gefühl des Unerfülltseins sorgen dafür, dass die Seele nicht auf einer Zwischenstufe stehenbleibt, sondern wir Schritt für Schritt unsere göttliche Natur in Besitz nehmen.

Schon immer gab es besondere Wesenheiten, die aus der höchsten Ebene heraus hier auf Erden gewirkt haben, während andere »ganz normal« als Mensch weitergelebt haben. Man nennt sie oftmals *Avatare.* Dieses Wort kommt aus dem Sanskrit und bedeutet »heruntersteigen«. Es bedeutet die Herabkunft des höchsten Lichtes durch einen menschlichen Körper. Auf der anderen Seite gab es immer wieder Menschen, welche im Zuge ihrer Evolution die Illusion der materiellen Welt durchschauten und höhere Ebenen, manche sogar die höchste Ebene erreichten. Man nennt sie *Erwachte* und *Erleuchtete.* Erwachen und Erleuchtung sind individuelle Erfahrungen, wobei es Zeiten gibt, die diese begünstigen.

Viele Menschen haben den Wunsch, erst einmal ihre materiellen Angelegenheiten zu ordnen, Wohlstand, erfüllende Beziehungen, Gesundheit, Erfolg, Berufung zu erlangen, ferner Probleme zu lösen und die Herausforderungen des Alltags zu meistern. Ihnen sei gesagt, dass KAUSAL-TRAINING kein Weg aus der Welt ist, sondern ein Werkzeug, um die Welt zu durchschreiten, um frei zu werden für umfassendere Aufgaben.

Die Verwirklichung, die wir suchen, findet nicht in der Abgeschiedenheit der Wüste oder der Berge statt, so hilfreich diese vorübergehend sein mag. Sondern sie bewährt sich, ebenso wie KAUSAL-TRAINING, in der praktischen Auseinandersetzung des Alltags. Im alchemistischen Labor des eigenen Lebens stellen wir Tag für Tag unter Beweis, wo wir bereits in der Lage sind, Blei in Gold zu verwandeln, und wo noch nicht.

Die Kausal-Ebene hat nun deshalb eine besondere Bedeutung, weil in ihr die Wandlung vom Opfer zum Schöpfer, von der Verantwortungslosigkeit zur Verantwortungsübernahme liegt – Grundvoraussetzung, um auch in den anderen Ebenen präsent zu sein und den Gott in sich – die göttliche Ebene – zu finden und zu ehren. Auf der Kausal-Ebene lernen wir, ganz bewusst die Verantwortung für unsere Entscheidungen zu übernehmen, an deren Folgen zu erkennen, ob wir gut gewählt haben, und so das Bewusstsein auszurichten und zu verfeinern. Sobald wir die Verantwortung für unser Leben übernehmen, haben wir damit auch die Fähigkeit, es zu ändern. Was immer in meinem Leben an Gewünschten oder Unerwünschtem »in Erscheinung« tritt, es vollzieht sich in meinem Bewusstsein, auch wenn mir das nicht bewusst ist.

Heute ist es an der Zeit, das »große Spiel des Lebens« zu vollenden, indem wir die »Illusion des Getrenntseins« auflösen und die Verantwortung für alles, was wir erleben, übernehmen. Wir gewinnen dadurch die Erkenntnis der Einheit *allen* Seins, lernen, wieder zu leben und das Paradies, das wir in Wirklichkeit nie verlassen haben, auf der physischen Ebene zu verankern.

Keiner kann ankommen, bevor er sich auf den Weg macht!!!

Das »Spiel des Lebens« meisterhaft spielen

Sie sind ein »als Mensch verkleideter Gott«, der freiwillig in die Begrenzung einer menschlichen Existenz gegangen ist, um hier bestimmte Erfahrungen zu machen. Manchmal, in der Meditation, einer mystischen Begegnung oder in einer tantrischen Liebesbeziehung, erfahren wir mit allen Sinnen, wie das Antlitz des Göttlichen durch uns oder durch einen anderen Menschen erscheint – doch wir sollten uns auch im Alltag an diese Wirklichkeit erinnern. Am Anfang des Spiels bekommen Sie das Leben und eine Spielfigur, ihren Körper und schaffen sich eine für die gewünschten Erfahrungen geeignete Persönlichkeit als »Erfahrungsinstrument«.

Um dieses Spiel bewusst spielen zu können, sollten Sie erkennen, dass Sie in jedem Augenblick die Wahl haben, den entscheidenden Zug zu machen, mit dem Sie alles ändern können. Hierfür müssen Sie immer wieder innehalten, denn Mutation, Veränderung ist nur aus der Stille möglich, nicht, wenn Sie gedanklich auf Hochtouren laufen. Oft ist es eine Inspiration oder eine durchschlagende Erkenntnis, die alles zum Positiven verändert.

Jeder scheinbare Misserfolg ist nur ein nicht zu Ende gebrachter Erfolg. Während so manch einer anlässlich eines Misserfolgs entscheidet, dass es nicht geht, entscheidet ein anderer dafür, die Suche nach Mitteln, Wegen und Einstellungen fortzusetzen, welche letztendlich zum Erfolg führen. Misserfolge zeigen oftmals lediglich, dass es *so* nicht geht, fordern auf, im Innen wie im Außen etwas zu verändern.

Jeder Misserfolg ist immer eine »Chance zum Besseren« und ein Schritt auf dem Weg zum endgültigen Erfolg. Deshalb ist Misserfolg auch nicht schlechter als Erfolg. Jeder Misserfolg fordert Sie auf, es einmal anders zu versuchen und zu prüfen, was dann geschieht.

Das eigentliche Ziel liegt jedoch immer hinter dem Ziel. Es ist die Erfüllung Ihrer Lebensabsicht – im Einklang mit Ihrem wahren Selbst zu leben. Zielklarheit bezieht sich deshalb nicht nur auf einzelne Ziele, sondern auf das Leben selbst. In Wirklichkeit ist das Ziel gar nicht das Ziel, sondern nur das Ende des Weges und der Anfang eines neuen. Das letztendliche Ziel ist ein erfülltes Leben, das Sie erleben, wenn Sie aus Ihrem wahren Selbst heraus schöpfen – und dies hat mit bestimmten Umständen, die dafür notwendig sind, nichts zu tun.

Besonders viel Freude gewinnen Sie an diesem Spiel, wenn Sie es »vom Ziel aus« spielen, vor dem nächsten Zug entscheiden, wo Sie am Ende angekommen sein wollen. Dann bestimmt das Ziel den Weg und die erforderlichen Schritte. Sobald Sie ein klares Ziel haben, können Sie es nicht verfehlen, solange Sie vorher nicht aufgeben.

Das »Spiel des Lebens« auf diesem Planeten ist erst vorbei, wenn alle am Ziel sind. Wenn Sie Ihre Selbstschöpfung als Aufgabe gemeistert haben, können Sie sich dafür entscheiden, als Bodhisattva wieder auf die Erde zu kommen, um anderen zu helfen, sich ihrer selbst bewusst zu werden – oder in die höheren Himmel eintreten. Bodhisattva stammt aus dem Buddhismus und bedeutet wörtlich »reiner Körper«; es handelt sich um eine Person, die im Dienste des Ganzen freiwillig inkarniert.

Die maximale Spieldauer beträgt 120 Jahre. Jedes nicht lebensgerechte Verhalten bucht etwas von der Spielzeit ab.

Bei Verlust der Spielfigur endet das Spiel. Das »Spiel des Lebens« wird ausschließlich im Jetzt gespielt. Sie können weder zukunfts- noch vergangenheitsbezogen spielen, nur im Augenblick. Alles Irdische kann prinzipiell und jederzeit beliebig gewählt werden, soweit die (bewussten und unbewussten) Glaubensgrenzen reichen.

Sie können jede Spielsituation als Problem bewerten, dann ist sie ein Problem. Sie können sie aber auch als Chance begreifen, dann ist sie eine Chance.

Übung: Machen Sie sich eine aktuelle Lebenssituation bewusst. Was ist das Problem daran? Und worin liegt die Chance?

Die von Ihnen geschaffene Realität wird Teil der kollektiven Realität, die Sie nur begrenzt ändern können, es sei denn, Sie glauben, dass Sie es können, dann können Sie es natürlich, tragen aber die volle Verantwortung. Der Einsatz in diesem Spiel ist Ihr Leben, das nach dem Spiel vorbei sein wird! Bevor das Spiel beginnt, wählen Sie die Spielebene.

Es gibt drei Spielebenen:

- Ich kann das Spiel spielen als Opfer, als passive Spielfigur. Dann glaube ich an Glück und Pech und Zufall. Dann bestimmen die Mitmenschen und die Umstände mein Leben.
- Ich kann das Spiel spielen als bewusster Schöpfer aller Umstände, Situationen und Bedingungen.
- Ich kann das Spiel spielen als erwachtes Bewusstsein, als reine Existenz, als vollkommenes Sein. Dann setze

ich keine Ursache mehr, sondern ich bin die Ursache all dessen, was ist.

Viele Menschen verwechseln jedoch die spielerische Einstellung zum Leben damit, mit anderen Menschen, ihren Gefühlen und Bedürfnissen zu spielen. Sie nutzen andere aus, machen es sich auf ihre Kosten bequem, spielen ihre »Spielchen«. Sie glauben, sie könnten nun tun, was sie wollten, etwa Haus und Hof verspielen, da es ja nichts ausmache, wenn alles nur ein Spiel sei. Das Leben als Spiel zu begreifen ist nicht gleichbedeutend mit Leichtsinn, damit, sein Leben zu verspielen. Das ist eine unverantwortliche Form, die sich langfristig rächt, ein trügerisches »Spiel im Spiel«, bei dem sich alles nur um das eigene Ego dreht.

Wenn wir jedoch Bewusstheit erlangen, dann erkennen wir, dass das große Spiel des Lebens nichts mit Infantilismus zu tun hat, sondern damit, stets das Ganze in allem zu erkennen und zu berücksichtigen. So verstanden, ist spielen eine Kunst, die zugleich Ernsthaftigkeit und Mitverantwortung, aber auch Leichtigkeit und Feingefühl beinhaltet.

Den Grad der Identifikation selbst bestimmen

Als Meister des eigenen Lebens kommen Sie mehr und mehr in die Lage, den Grad der Identifikation mit dem, was Sie erleben, selbst zu bestimmen und angemessen zu reagieren. Es gibt demnach zwei Arten und Weisen, das Leben als Spiel zu erleben:

- die Vorstellung, es sei völlig egal, was man tue und in welchem Bewusstsein man ist, da das Leben nur ein Spiel sei: Hier handelt es sich um die »Illusion des Erwachens«, wie sie beispielsweise durch Drogenerfahrungen zustande kommt.
- die Erkenntnis der höchsten Bewusstheit, welche das Leben als Spiel begreift, aber bereit und in der Lage ist, sich dem Leben zu stellen und in dieser Bewusstheit zu bleiben; diese Form von realem Erwachen fürchtet nichts, ist bereit, sich jeder Situation zu stellen und nutzt das »wahre Selbst« als Referenzpunkt für den inneren Lebensauftrag, die Berufung.

Das Spiel bewusst genießen

Sie haben als erwachtes Selbst die Möglichkeit, Ihr Lebensspiel ganz bewusst zu spielen und es auch zu genießen. Dies ist kein Genuss, wie wir ihn durch den Konsum von Drogen erleben, sondern der Genuss, in Einklang mit dem Leben zu sein.

Wenn Sie als wahres Selbst agieren, sind Gewinnen oder Verlieren äußerer Güter »gleich-gültig«. Sobald Sie jedoch unbedingt gewinnen wollen, hören Sie auf zu spielen. Es ist wie beim Joggen – der Gewinn ist das Laufen selbst, nicht das Zurücklegen einer bestimmten Strecke. Wann immer Sie deprimiert sind, weil Sie »verlieren« oder euphorisch sind, weil Sie »gewinnen«, können Sie beides als Bewusstseinsmarker nutzen, um sich an Ihr wahres Wesen zu erinnern und so stimmig wie möglich weiterzuspielen. Im Spiel bewusst Sie selbst zu sein ist ein weitaus größerer Sieg als im Spiel zu gewinnen.

Das Persönliche wie das Unpersönliche umarmen

Wir leben im Grunde genommen in zwei Welten, einer überpersönlichen, in der Prestige und Status keine Rolle spielen und einer persönlichen, in der Anerkennung und Erfolg wichtig sind. Zuerst einmal ist es wichtig, die eigene überpersönliche Natur, das wahre Selbst zu erfahren und als Referenzpunkt bewusst zu nutzen. Dann aber geht es darum, beides, die eigene überpersönliche wie die persönliche Natur zu umfassen. Wie sagt schon Laotse: »Man kann nicht immer auf Zehenspitzen gehen.«

Wir tragen in uns eine natürliche Strebsamkeit und möchten dieser folgen, doch dies bedeutet nicht, sich zu verkrampfen. In Wahrheit geht es gar nicht darum, »vorwärts« zu kommen und dabei »etwas« zu erreichen, es sei denn, genau das ist unser bewusst gewähltes Ziel. Die Zen-Meister sagen: »Wenn ein Huhn hinter etwas herläuft, ist es wichtig – für das Huhn!«

Wenn Sie nicht auf sich hören, sondern nur, weil Ihnen der Verstand sagt, Sie müssten etwas »erreichen«, werden Sie immer wieder feststellen, dass die Erfüllung am Ziel nur halb so schön war, wie Sie vorher dachten. Deshalb sollten Sie nur dort nach etwas streben, wo Sie spüren, dass es für Sie bedeutsam ist.

Den Weg der Freude gehen

Die meisten Menschen haben keine Zeit, das Geschenk des Lebens zu erkennen, sie haben zu tun, müssen arbeiten. In der Bewusstheit der Einheit allen Seins geht es jedoch darum, das Geschenk des Augenblicks zu erfassen und dankbar anzunehmen. Zu erkennen, dass das Leben Sie in jedem Augenblick beschenken möchte.

Zum Spiel des Lebens gehört, alles, was Sie tun, so zu tun, dass es Ihnen Freude macht und somit nie mehr etwas zu tun, was Sie im Schweiße Ihres Angesichts verrichten müssten. Folgen Sie stattdessen Ihrer Berufung, tun Sie das, was Ihnen ohnehin am meisten Freude macht. Das ist wie ein lebenslänglich bezahlter Urlaub.

Frage: Wenn Sie heute im Lotto den Jackpot gewönnen, würden Sie morgen noch Ihrem Beruf nachgehen? Falls Ihre Antwort »nein« ist, sollten Sie den Beruf wechseln – oder zumindest Ihre Einstellung!

Niemand muss müssen

Entfernen Sie jedes Muss aus Ihrem Leben, denn im Spiel des Lebens gibt es kein Muss. Sobald Sie etwas zu müssen glauben, endet das Spiel. Lassen Sie keine Ausrede gelten, wie: Sie müssten ja schließlich Geld verdienen. Es genügt, dem Leben zu gestatten, dass es Ihnen zufließt. Das geschieht ganz spielend, wenn Sie zulassen und glauben können. Sie müssen nicht sterben, denn Sie sind selbst unsterbliches Bewusstsein. Sie werden irgendwann, am Ende Ihren Körper verlassen, aber das ist nur das Ende des einen Spiels und der Anfang eines neuen, denn Sie als Bewusstsein leben ewig. Sie wählen einfach nur ein anderes Spiel mit einem anderen Körper auf dieser oder einer anderen Ebene – und das Spiel geht weiter!

Es ist wichtig, welche Rolle Sie in diesem Spiel einnehmen

Es ist wichtig, welche Rolle Sie in diesem Spiel einnehmen, aber auch, *welches* Spiel gespielt wird. Ich kann das Leben als virtuelles Spiel ansehen, dann bleibe ich Beobachter, ganz gleich, welche Spielsituation gerade läuft. Ob ich gewinne oder verliere, hat nur eine Bedeutung im Spiel.

Sie können die Haltung einnehmen, dass es für jedes Problem auch eine Lösung geben muss und dass diese bereits im Problem enthalten ist. Das Spiel ist nur, die Lösung im Problem zu erkennen und zu verwirklichen. Ein Problem ist dann für Sie kein Problem, sondern nur eine interessante Herausforderung. Mit dieser Haltung kann ich auch die schwierigsten Situationen lieben und annehmen, denn ich betrachte sie als Kompliment des Lebens an meine Fähigkeit, Hindernisse zu meistern. Denn das Leben stellt keinen vor eine unlösbare Aufgabe. Gehen Sie so an das Leben heran, öffnen sich wie von selbst alle Türen

Dabei lenkt mein genetisches Programm (die innere Strebsamkeit) meine Aufmerksamkeit immer wieder nach oben. Ganz gleich, ob ich ein materielles, ideelles, soziales oder spirituelles Ziel verfolge, ich möchte nach oben. Dies bedeutet nicht, andere zu besiegen, sondern das Leben zu erfüllen, das, was mich beschäftigt zu durchlichten. Weitere Spielrollen sind:

- Alchemist/in: Ich tauche ein in die Schwierigkeiten des Lebens und suche die Umwandlungsschlüssel
- Aufstieg: Leben in Kontakt mit dem, was größer ist als »Ich«
- Avatar: Ich akzeptiere alles Ungelöste in der Welt als den inneren Spiegel für Ungelöstes in mir und trage durch mein »Sosein« das Ganze mit
- Liebende/r: Mein Dasein ist dazu da, die Liebe in der Welt zu mehren
- Monopolyspieler/in: Alles gehört mir, den anderen gehört gar nichts
- Schwein am Futtertrog: Nur Sinnesreize sind wichtig, die Welt ist zum Konsumieren

In den Kapiteln über Identität (vom Ich zum Selbst) werden wir uns noch näher damit beschäftigen, wie Sie Ihre Identität verändern können, so dass Sie Ihr Lebensspiel als der gestalten können, die oder der Sie *wirklich* sind.

Checkliste für das Spiel des Lebens

- Was ist es, was ich wirklich will?
- Was bin ich bereit dafür zu lassen? (Das Ärgern, Probleme, Identifikationen, Vorstellungen, Eigenwilligkeiten ...)
- Was bin ich bereit zu tun?
- Bin ich bereit, meinem Herzen zu folgen?
- Bin ich bereit, die »Illusion des kleinen Ich« zu verlassen?
- Bin ich bereit, meine wahre Aufgabe zu erkennen?

- Bin ich bereit, zu meinem Ursprung zurückzukehren und den Meister durch mich wirken zu lassen?
- Bin ich bereit zu denken, fühlen, handeln als der, der ich wirklich bin?
- Wenn Sie sein könnten, wer Sie wollen, wer möchten Sie dann sein?
- Wenn Sie haben könnten, was Sie wollen, was möchten Sie dann?
- Wenn Sie erreichen könnten, was immer Sie wollen, was möchten Sie dann erreichen?
- Wie würden Sie sich verhalten, wenn Scheitern ab jetzt unmöglich wäre?

Übung: Beantworten Sie die vorangehende Checkliste für das Spiel des Lebens spontan.
Tipp: Nehmen Sie später noch einmal bewusst Kontakt mit Ihrer universellen Wahrnehmung auf und beantworten Sie dann die Fragen noch einmal aus dieser Perspektive.

Übung: Erstellen Sie sich eine Liste. Notieren Sie darauf alle Einheitserfahrungen, mystischen Erfahrungen, Erfahrungen des Göttlichen, die Sie im Laufe des Lebens gemacht haben.
Übung: Halten Sie inne – jetzt! Was könnte Ihrem Leben eine positive Öffnung geben?
Übung: Machen Sie sich eine Sache bewusst, in der es momentan »klemmt« oder stagniert. Fragen Sie sich: Welche Mittel, Wege, Einstellungen könnten helfen, die ich noch nicht ausprobiert habe? Unter welchen Umständen gäbe es einen Fortschritt?

Inkarnationsvertrag

- Du erhältst einen neuen und absolut einmaligen Körper. Behandle ihn sorgfältig, denn du kannst ihn nicht während der Inkarnation auswechseln.
- Du bekommst auch ein umfassendes »Denkinstrument«, mit traumhaften Möglichkeiten. Entdecke und nutze sie.
- Das Leben stellt Dich immer wieder vor neue Auf-Gaben, die du mithilfe deiner »Gaben« lösen kannst. Manche erscheinen Dir wie Probleme, aber in Wirklichkeit sind es immer nur verkappte Chancen. Es ist nicht Deine Aufgabe, möglichst viel Geld zu verdienen oder berühmt zu werden. Dein wahres Wesen ist vollkommen. Du kannst nichts falsch machen, Fehler sind Hilfen auf dem Weg. Die Lösung für alle Aufgaben und die Antwort auf alle Fragen liegt in Dir. Eine Lösung erkennst Du daran, dass alle dabei gewinnen.
- Wenn alle etwas tun, heißt das nicht, dass es richtig ist. Während der Nacht hast Du »Heimaturlaub«. Lass Dich nicht verwirren und gehe Deinen Weg. Du hast einen freien Willen und kannst tun, was immer Du willst, aber alles, was Du tust, liegt in Dir begründet, und die »entsprechende« Wirkung kommt zu Dir zurück.
- Wenn Du Deine »Hausaufgaben« nicht machst, bekommst Du vom Leben »Nachhilfeunterricht«. Es kann sein, dass Du das Problem, Schwierigkeit, Krise oder Schicksalsschlag nennst, such dennoch nach der verborgenen »Chance zum Besseren«. Sobald Du

die Aufgabe gelöst hast, ist der Nachhilfeunterricht vorbei. Das Leben »verschwendet« keine Lektionen.

- Du bekommst vom Leben einen Spiegel, der Dir unbestechlich zeigt, was Du alles verursacht hast. Es ist der »Spiegel Deiner Lebensumstände«. Er zeigt Dir auch, wenn eine Aufgabe gelöst ist.
- Wird Dein Körper unbrauchbar, bekommst Du irgendwann einen neuen. Dann beginnt ein neues »Spiel des Lebens«. Es kann sein, dass Du warten musst.
- Der Inkarnations-Vertrag ist erst abgeschlossen, wenn *alle* Aufgaben gelöst sind und *alle* die Vollendung erreicht haben. Sobald Du Deinen Lebensweg als Aufgabe gelöst hast, beginnt die eigentliche ***Aufgabe:*** die Schöpfung mitzugestalten und anderen zu helfen, sich an die Wirklichkeit des Seins zu »er-innern«.
- Du bestimmst auch, *wer* Du im »Spiel des Lebens« bist, ein Opfer der Umstände oder ein bewusstes Wesen. Du kannst in diesem Spiel auch *erwachen* und *erleuchtet* werden.
- Dieser Inkarnations-Vertrag ist für alle gültig – es gibt keine Ausnahmen, es sei denn, Du bist bereits freiwillig hier, um die Schöpfung zu vollenden. Bis dahin gibt es keine vorzeitige Kündigungsmöglichkeit.

Individuelle und kollektive Regeln

Was bedeutet Leben für Sie? Pflichterfüllung, Buße, Genuss – oder Spiel? Wenn wir das Leben als Spiel betrachten, dann bedeutet dies, nicht leichtsinnig zu spielen. Denken wir beispielsweise an das Roulette. Nehmen wir einmal an, jemand würde zum Roulette gehen, dort sein ganzes Vermögen in die farbigen Jetons tauschen. Weil diese so lustig aussehen, so wie Spielgeld – was sie ja auch sind – nimmt er sie nicht ernst. Er glaubt, dass es beim Roulette darauf ankommt, freundlich in die Überwachungskamera zu lächeln und platziert seine Jetons wahllos. Nach einer Stunde teilt man ihm mit, dass er alles verspielt hat und er kein Bargeld zurückbekommt. Nun wacht er auf und rechnet sich aus, dass er die nächste Miete nicht bezahlen kann, sogar pleite ist.

Ähnlich ergeht es uns, wenn wir zwar erkennen, dass das Leben ein Spiel ist, aber weder die Regeln kennen noch begreifen, dass die Art und Weise, wie wir spielen, Rückwirkungen auf uns selbst hat. Wenn wir nämlich diesen Körper verlassen – ein Vorgang, den wir gemeinhin »sterben« nennen – und ohne Sinn und Ziel gespielt haben, dann stehen wir am Ende des Lebens mit leeren Händen da. Wir lernen daraus:

1. Das Leben ist ein Spiel.
2. Sobald wir seine Spielregeln erkennen, wird das Spiel leichter und interessanter.
3. Es gibt kollektive Spielregeln, die für alle gelten, die uns aber oftmals nicht gesagt, falsch oder und vollständig erklärt werden. Es ist Teil des Spiels herauszufinden, dass es Spielregeln gibt und sie ihrem Wesen nach zu erfassen. Ein rein intellektuelles Erfassen reicht nicht.
4. Unabhängig von den kollektiven Spielregeln gibt es individuelle Spielregeln; diese richten sich nach dem »Gesetz, nach dem wir angetreten«. Diese können

die kollektiven Regeln verstärken oder abschwächen.

5. Wir müssen eine Spielregel erst gemeistert haben, bevor wir über sie hinausgehen können.
6. Erkennen wir eine Regel nicht, erhalten wir Nachhilfeunterricht in Form von Krankheit und Leid. Jeder Nachhilfeunterricht ist eine Hilfe des Lebens, uns eine Spielregel bewusstzumachen.
7. Zu Beginn des Lebens bekommen wir eine Spielfigur, unseren Körper. Ob wir ihn hassen oder lieben, wir müssen mit ihm auskommen, und wenn wir ihn ruiniert haben, endet das Spiel.
8. Es ist sinnvoll, mit unserer Spielfigur sorgsam umzugehen, sie gesund und fit zu halten, denn mit einem kranken Körper macht das ganze Spiel keine rechte Freude, auch wenn wir sonst alles richtig machen. Fast alle möchten, dass ihr Körper, stärker, gesünder, schlanker oder attraktiver ist. Das ist auch möglich, aber dafür müssen wir etwas tun. Auch wenn Sie einen perfekten Körper haben, müssen Sie etwas tun, um ihn so zu erhalten. Das Beste, was wir tun können, ist, unseren Körper erst einmal so anzunehmen, wie er nun mal ist. Erst dann haben wir eine Chance, ihn zu ändern.
9. Das Leben ist aber nicht nur ein Spiel, es ist auch ein Vollzeitstudium. Das Studium des Lebens besteht aus unzähligen Lektionen. Wenn wir eine Lektion gelernt haben, bekommen wir eine neue. Wenn wir eine Lektion nicht gelernt haben, wird sie solange wiederholt, bis wir sie gelernt haben. Jede Lektion muss gelernt werden.

10. Schickt uns das Leben mehrere Lektionen gleichzeitig, ist das ein Kompliment des Lebens an Lernfähigkeit und Kapazität. Die Lektionen, die wir zu lernen haben, sind immer offensichtlich – zumindest für die anderen. Wir selbst sind manchmal betriebsblind. Aber wir können ja im Zweifel andere fragen. Um unser Vollzeitstudium erfolgreich absolvieren zu können, sollten wir unser Studienfach kennen, unsere Lebensabsicht, damit wir erkennen, wenn wir vom Weg abkommen.
11. Wir können in diesem Leben keine Fehler machen. Selbst, wenn wir scheinbar ganz eindeutig einen Fehler gemacht und ihn als solchen erkannt haben, war es kein Fehler, sondern ein Lernschritt, der zu einer Erkenntnis führt, die ohne diesen Fehler nicht möglich gewesen wäre. So gibt es auch keine Misserfolge, sondern nur Botschaften des Lebens. Bei allen scheinbaren Fehlern, Misserfolgen und Enttäuschungen sollten wir unsere Aufmerksamkeit sofort auf die Botschaft dahinter richten, damit die Lektion nicht wiederholt werden muss. So sollten wir anderen, die uns enttäuscht haben, nicht nur verzeihen, sondern uns bei ihnen entschuldigen, dass wir sie verurteilt haben, anstatt sie als Boten des Lebens zu erkennen. Wichtig ist auch, sich zu vergeben und sich nicht mehr zu verurteilen. Auch jede Enttäuschung ist ein Geschenk, denn sie beendet eine Täuschung.
12. Schickt das Leben uns bevorzugt Lektionen auf einem Gebiet, kann dies bedeuten, dass es uns in dem Bereich zu einem Spezialisten machen möchte.

Übung: Nehmen Sie einmal eine Lebenssituation ins Bewusstsein, die noch ungelöst ist. Fragen Sie sich: Wenn in dieser Lebenssituation eine »Lektion« enthalten wäre, worin könnte sie bestehen? Und wie meistere ich sie?

Die vier Welten

Wir können uns die verschiedenen Ebenen des Seins aus Sicht der Herabkunft des Bewusstseins im Zuge der Evolution anschauen, wie in einem früheren Kapitel oder aus Sicht des Einzelnen und seiner Lebensperspektive. Das wollen wir nun tun.

Ohne dass wir uns dessen bewusst sind, leben wir in mehreren Welten gleichzeitig.

Die erste Welt ist die *äußere* Welt, die Welt der Dinge, Ereignisse, Situationen, der Umstände und Begegnungen. Wir nennen sie »die Realität«, weil wir sie mit unseren Sinnen erfahren. Wir glauben an Glück und Pech und an den Zufall und richten uns nach den »Gegebenheiten«. Wir wissen nicht, dass Tatsachen, wie die Weisheit der Sprache nahelegt, nur Sachen sind, die gewohnheitsmäßig so getan worden sind. Was aber keineswegs zwingend ist.

Die zweite Welt ist die *innere* Welt unserer Gedanken, Gefühle, unserer Überzeugungen und Meinungen. Aus all dem entsteht die »Illusion des Ich« mit dem Verstand, der glaubt, alles regeln zu müssen, ohne es zu können. Wir treffen unsere Entscheidungen meistens aus dem

Gefühl, obwohl uns das nicht bewusst ist, und der Verstand nachträglich sofort eine rationale Erklärung findet und glaubt, er habe sich entschieden.

Die dritte Welt ist die Welt der *Wirklichkeit des Seins*. Wenn wir in dieser Welt leben, sind wir »zu Bewusstsein« gekommen. Die »Illusion des Ich« ist aufgelöst, und wir leben im Bewusstsein der Einheit allen Seins. So wie die Billionen Zellen meines Körpers als ein Körper erlebt werden, so erkenne ich alles als das *eine Sein*, das »ich bin«. Als Bewusstsein trete ich ein, in die erste und zweite Welt, greife ein oder lasse geschehen. Alles ist gut, so wie es ist. Ich kann das Ziel nicht verfehlen, denn ich bin das Ziel und lebe als »Angekommene«. Ich erkenne: *Realität ist das, was geschaffen wurde, Bewusstsein ist das, was erschafft*. Denn Bewusstsein besitzt die Fähigkeit, sich in die Erscheinung hinein zu verdichten.

Die vierte Welt ist verborgen und doch ständig präsent. Sie ist jenseitig und zugleich diesseitig. Sie geht über das Einheitsbewusstsein hinaus und ist zugleich unbeschreiblich. Sie wird im Indischen Turiya (Sanskrit »das Vierte«) genannt. Der Begriff »turiya« bezieht sich jedoch nicht nur auf die vier Welten, sondern auch auf den »vierten Zustand«. In der alten indischen Psychologie ist das herkömmliche Bewusstsein dreigeteilt in Wachzustand (*jāgrat*), Traumzustand (*svapna*) und Tiefschlaf (*suupti*). Der erwachte Zustand, der über all diese Ebenen hinausgeht, wird »Turiya« genannt.

Inzwischen ist man sich auch in der westlichen Homöopathie der »vierten Welt« bewusst. So ist in den letzten

Jahren die sogenannte »C4 Homöopathie« entstanden, in der es um ein Mitschwingen und spirituelle Aspekte geht.

Hologrammbewusstsein und Quantensprung

Wir alle sind ein Teil des wunderbaren Hologramms, das wir »Schöpfung« nennen. In jedem Teil des Hologramms spiegelt sich das Ganze wider, ist das Ganze als Bild enthalten. Wir sind holographische Wesen, mit einem holographischen Körper und leben in dem holographischen Bewusstsein eines holographischen Universums. Nichts davon ist da, aber alles ist auf der holographischen Ebene absolut real.

Doch wieso erkennen wir das nur schwer? Weil wir gerade erst beginnen, »zu Bewusstsein« zu kommen. Erst damit beginnt die Wahrnehmung der Wirklichkeit. Wenn wir im Kino einen Film ansehen, dann wissen wir, dass die Menschen und Ereignisse, die wir sehen können, nur eine Illusion sind. Bei den Dingen der Realität glauben wir, dass sie da sind, aber das ist eine Illusion. Materie ist ein reines Informationsfeld, das nur als scheinbare Masse oder Energie »in Erscheinung« tritt. Der ganze Kosmos ist ein Informationsfeld. Dieses allumfassende Informationsfeld ist offen für ständige Veränderung, bereit, jede gewünschte Form anzunehmen.

Das Bewusstsein, das wir sind, ist nicht auf den Körper beschränkt, sondern ist überall und in allem. Universelles Bewusstsein ist die Brücke zwischen Wirklichkeit und Realität. Sobald wir uns als universelles Bewusstsein »verstehen«, erkennen wir das Universum.

Die ganze Schöpfung erscheint dann in einem Energiefeld, das alles verbindet. Doch dieses Energiefeld spiegelt auch unsere Überzeugungen. Daher geschieht einem jeden nach seinem Glauben. Die menschliche DNA hat eine unmittelbare Wirkung auf dieses Energiefeld. Sie ist das »Gedächtnis des kollektiven Bewusstseins«. Wie wir allerdings mittlerweile wissen, wird letztendlich unser biologisches Leben von unseren Zellinformationen bestimmt, welche auf unsere DNA einwirken. Das bedeutet, dass wir unserem genetischen Code nicht komplett ausgeliefert sind – aufbauende Erfahrungen und neue Erkenntnisse können ihn positiv verändern.

Wenn wir die Schöpfung als ein Hologramm in diesem Energiefeld erkennen, dann gibt es kein »hier« und »da« und auch kein »davor« und »danach«, sondern nur ein »Hier und Jetzt«.

Indem wir uns als ungetrennten, holographischen Teil dieser einen Kraft erleben, sind wir wieder bei vollem Bewusstsein. Das tiefste Geheimnis ist, dass das Leben nicht ein Entdeckungsprozess ist, sondern eine permanente Schöpfung. Die wissenschaftliche Anerkennung dieser Tatsache ist relativ neu.

»Noch Albert Einstein schrieb in seinen autobiografischen Notizen, dass wir seiner Meinung nach letztendlich passive Beobachter eines bereits existierenden Universums sind, auf welches wir nur wenig Einfluss nehmen können. Im Gegensatz zu Einsteins Sicht geht John Wheeler, ein Physiker und Kollege Einsteins von einer ganz anderen Rolle der Menschheit in der Schöpfung aus. In Bezug auf die Experimente, die Ende des 20. Jahrhunderts zeigten, dass allein das Beobachten in dem beobachteten Objekt eine Veränderung erzeugt, fährt Wheeler fort: »Das alte Wort *Beobachter* müsste aus den Büchern gestrichen und durch das Wort *Teilnehmer* ersetzt werden. Tatsächlich zeigen quantenphysikalische Experimente, dass allein das Beobachten eines Elektrons bereits eine Auswirkung auf seine Eigenschaft hat. Die Experimente lassen vermuten, dass das Beobachten eine Art schöpferischer Akt ist und das Bewusstsein dabei schöpferisch tätig wird.«*

Das bedeutet: Alle möglichen Zukünfte sind bereits im Universum als Möglichkeit gespeichert und können von Ihnen »in Erscheinung« gerufen werden, indem Sie wählen, was Sie erleben möchten. Das Leben ist ein Spiel, und Sie sind am Zug.

Die Quantenphysik beweist uns, dass wir stets das Universum erleben, das unser Geist »in Erscheinung« ruft, denn das Universum wird unablässig neu geschaffen. Wir bemerken es nur nicht, weil wir in unseren Gewohnheiten verhaftet sind.

Das Bewusstsein ist der Künstler, und unser Leben ist das Kunstwerk. Wir sind Beobachter und Teilnehmer in diesem Spiel. Selbst wenn wir nur beobachten, verändern wir bereits das, was ist. Was wir sehen, ist der manifestierte Teil des Universums. Dahinter aber ist der unsichtbare wirkende Teil, die Ordnung, nach der alles geschieht.

* Braden, Gregg, Im Einklang mit der göttlichen Matrix. Warum wir mit allem verbunden sind, S. 10ff., KoHa Verlag, Burgrain, 3. Auflage 2008

Solange wir davon getrennt sind, können wir nicht eingreifen. Der erste Schritt dahin ist die »Wiedervereinigung mit sich selbst«, das »Beenden des Vergessens«. Damit leiten wir auch die Wiedervereinigung mit dem Ganzheitsbewusstsein ein. Das ist der Wiedereintritt in die Vollmacht. Damit verfügen wir über die Kraft, unseren Körper zu heilen und die Aufmerksamkeit aus dem Selbst heraus bewusst zu lenken.

Die Quantenphysik zeigt uns, dass sich Teilchen wie Wellen und Wellen wie Teilchen verhalten. Entscheidend dafür, wie etwas »in Erscheinung« tritt, ist die enthaltene Information. Genau genommen gibt es Materie, Gegenständliches gar nicht, nur Bewegungen, Prozesse, Verbindungen, auch wenn uns die Realität ganz anders »erscheint«! In Wirklichkeit gibt es nur Wirkungen und Geschehen. Nur solange wir ein Gefühl der Trennung erschaffen, sind wir scheinbar getrennt, erleben wir die Illusion der Trennung.

Den Quantensprung vollziehen – immer wieder

Im klassischen »Quantensprung« springt ein Elektron von einer Energieebene zur anderen, ohne den Raum dazwischen zu berühren. Wenn wir die »Quantensprache« beherrschen, bedeutet das nichts anderes, als uns von einem Zustand (Krankheit) in einen anderen Zustand (Gesundheit) zu begeben, ohne in dem Raum dazwischen gewesen zu sein (Heilung). Sobald wir das wirklich verstehen, sind Wunder keine Wunder mehr, sondern die natürliche Folge geistiger Gesetze.

Sobald wir aber aufhören zu fühlen, dass die neue

Wirklichkeit existiert, hört sie auf zu existieren und springt wieder auf die vorherige Energieebene zurück. Wir müssen daher zu dem *werden*, was wir dauerhaft als Realität erleben wollen. Im Thomasevangelium heißt es: »Wenn ihr das in euch erzeugt, wird das, was ihr habt, euch erretten. Wenn ihr das nicht habet, wird das, was ihr nicht habt, euch töten!«

Der nächste Evolutionsschritt wartet auf Sie

Sinnestäuschung

Was wir als Wirklichkeit betrachten, ist die Interpretation der Informationen, die wir durch unsere Sinne erhalten. Aber unser wichtigster Sinn, unser Sehsinn kann nur 8 % des tatsächlich vorhandenen Lichtspektrums erfassen. Damit sind 92 % in unserer Wahrnehmung gar nicht existent.

Selbst wenn wir nur eine einfache Tatsache überprüfen, etwa unsere Lage in Raum und Zeit, ist das nicht leicht zu beantworten. Sie können sagen: »Ich bin hier.« Ja, aber wo ist hier? Nun werden Sie sagen: »Hier im Zimmer.« Und wo ist dieses Zimmer? In diesem Haus. Und wo ist dieses Haus? In einer Stadt in einem Land, das auf der Erde ist. Die wiederum befindet sich im Sonnensystem und dieses in der Milchstraße. Die Milchstraße steckt in einer Ansammlung von Galaxien, die sich irgendwo im Universum befinden. Aber wo? Nicht einmal eine so einfache Frage können wir konkret beantworten.

Oder die Frage nach der Zeit: Wie spät ist es? Es ist 15

Uhr, drei Uhr nachmittags. Und wann ist das genau? An einem bestimmten Tag eines Monats eines Jahres nach Christus. Aber dessen Geburt ist sehr vage. Außerdem herrscht woanders auf der Erde eine andere Uhrzeit. Zeit kann nur in Bezug auf einen bestimmten Ort genannt werden. Eine absolute Zeit gibt es nicht.

Auch wenn wir uns bewusst machen, woraus die Dinge bestehen, lassen uns unsere Sinne im Stich. Denn die Dinge bestehen aus kleineren Dingen, die aus immer noch kleineren, winzigsten Dingen bestehen. Selbst ein Rasterelektronenmikroskop zeigt uns immer noch mehr. Nur woraus bestehen die kleinsten Dinge?

Das schöpferische Universum

Es gibt zwei Arten, Wirklichkeit wahrzunehmen.

Das mechanistische Weltbild – der vom Ganzen isolierte Beobachter

Da existiert ein Universum, ohne dass wir genau wissen, was das ist. Wir haben zwar Sinne, doch die vermitteln uns nur einen ganz kleinen Ausschnitt. Wir müssen die Informationen unserer Sinne noch interpretieren, denn ohne Deutung sind sie bedeutungslos. Unsere Wahrnehmung sagt uns, dass Zeit vergeht, aber wir wissen nicht, was das ist – Zeit: Wir haben einen Körper, der aus fester Materie zu sein scheint, aber Materie ist im Wesentlichen *nichts*. Wir unterscheiden zwischen Ich und Nicht-Ich, aber wir wissen nicht einmal, wer »ich« ist.

Das kreative Weltbild – der teilnehmende Beobachter.

Dieses geht davon aus, dass das Universum existiert, weil wir es fortwährend erschaffen. Wir existieren dabei nicht nur innerhalb unseres Körpers, sondern ebenso außerhalb. Wir untersuchen das Universum und entdecken das, was wir gerade erschaffen, denn auch unsere Untersuchung ist bereits Schöpfung. Wir haben daher gar keine Möglichkeit, etwas Konkretes zu untersuchen, wenn es erst durch unsere Untersuchung entsteht. Bei dieser Methode gibt es auch kein getrenntes Ich und Du, sondern nur ein Sein.

Zwei ganz verschiedene Methoden, die zu je anderen Wirklichkeiten führen, doch beide sind gleichermaßen wahr. Oder ist keine wahr? Beides sind nur Vorstellungen? Welche wählen Sie? Wir leben in einem Reich der schwebenden Dinge. Dinge haben Grenzen. Jedes Ding ist einzigartig. Jedes Ding hat seinen Ort und kann gleichzeitig nur an einem Ort sein – und doch behauptet die Quantenphysik das Gegenteil. Ein Ding erscheint uns absolut real, aber in Wirklichkeit entsteht es aus nichts, gehorcht aber ganz bestimmten Gesetzmäßigkeiten.

Und wie ist es mit Ihnen, Ihren Gedanken und Gefühlen? Sie gehorchen anderen Gesetzmäßigkeiten als die Dinge. Und Ihre Träume? Auch sie sind von einer ganz anderen Welt. Aber welche ist die richtige? Ist die reale Welt vielleicht die Traumwelt und die Welt der Gedanken, Gefühle und Vorstellungen die richtige. Oder gibt es zwei Wirklichkeiten oder gar mehr? Und wie manifestieren sich Gedanken und Vorstellungen in der Welt der Dinge?

Wann hat das alles begonnen? Wenn es einen Anfang gibt, dann gibt es auch eine Schöpfung. Wenn es eine Schöpfung gibt, dann muss es auch einen Schöpfer geben. Das Vorhandensein eines sich ausdehnenden Universums beweist, dass das physische Universum einen Anfang hat. War der Anfang vielleicht ein Gedanke? Und wer war der Denker? Denkt der noch immer?

Gab es eine Zeit, bevor es die Zeit gab? Und ist Zeit ewig? Gab es Sie vielleicht schon, bevor es die Zeit gab? Wenn das Universum einen Anfang hat, haben Sie dann auch einen? Oder waren Sie schon immer und werden immer sein? Wer oder was waren Sie vor aller Zeit? Existierten Sie auch als Gedanke, als schöpferisches Potenzial? Haben Sie eine Seele?

Wir wissen tatsächlich fast nichts über die Welt, wir wissen nicht einmal, wer wir sind. Warum sind wir hier? Wird es eine Zeit geben, wo wir nicht mehr sind? Wir bekommen keine Gebrauchsanweisung, wenn wir diese Welt betreten und doch, tief in uns wissen wir alles. Aber wer ist das, der in uns alles weiß? Ist das überhaupt ein Jemand? Fragen über Fragen. Weder die Wissenschaft noch die Philosophie hat eine befriedigende Antwort. Aber wenn wir die Aufmerksamkeit nach innen richten, dann verschwindet die Frage. Dann verschwinden alle Fragen, und die einzige Wirklichkeit ist: Ich bin!

Die ganze Welt ist Magie

Die ganze Welt ist Magie und als Schöpfer dahinter, das Eine als der Magier, der nicht nur das Universum erschafft, sondern auch sich immer neue Formen gibt, in denen er »in Erscheinung« tritt. Die Welt ist eine ewige Premiere, ein Abenteuer ins Unbekannte. Alles, was ist war noch nie. Wie »er-innert« man die Zellen des Körpers daran, dass sie unsterblich sind? Wie schafft man ein ausreichendes Maß an Unsterblichkeit, damit die Erfahrungen eines Lebens nicht im Winde verwehen, bevor sie vollendet sind? Es gibt noch so vieles zu entdecken, aber die Zeit drängt. Unsterblichkeit ist ein Ausdruck von Wahrheit. Wenn wir »wahrhaftig« sind, sind wir auch unsterblich. Aber wie erinnert man sich an die eigene Wahrheit?

Je weiter man auf der »Bewusstseinsleiter« nach oben steigt, desto unsterblicher wird man. Wenn wir wahrhaftig sind, tritt der Tod zur Seite, denn er hat keine Macht über die Wahrheit. Aber um das Unterste zu lösen, muss man das Oberste erreicht haben.

Die höchste Schwingung aufrechterhalten

Nur die höchste Schwingung reicht aus, um die Fesseln der Materie zu lösen und damit zu erlösen. Es geht darum, als höchstes Bewusstsein unseren Körper in Besitz zu nehmen, sich mit ihm zu identifizieren und jede Zelle mit diesem Bewusstsein zu erfüllen, bis sich das starre Materiebewusstsein darin aufgelöst hat. Dabei müssen wir sehr sorgfältig und gründlich vorgehen, jeden

Schlupfwinkel erstarrten Bewusstseins ausfindig machen und jede falsche Schwingung, die uns nicht mehr entspricht, umwandeln in unser erwachtes Sein. Vor allem aber die höchste Schwingung ständig aufrechterhalten, bis das Werk vollendet ist. Da sind alte Schwingungen von Angst, Wut, Ärger, Gier, die seit undenklichen Zeiten aus dem kollektiven Bewusstsein weitergegeben wurden und uns krank machen und letztlich sterben lassen. Erst wenn sie erlöst sind, ist das Werk vollendet und geht ein in das kollektive Bewusstsein und wird an die weitergegeben, die nach uns kommen. Das ist unser Dienst an der Menschheit.

Wenn es uns dank unseres erwachten Bewusstseins gelungen ist, aus dem Selbst heraus zu leben, ist die Aufgabe noch nicht gelöst, wir sind nur bereit, mit der eigentlichen Aufgabe zu beginnen. Wer nur für sich allein Befreiung erlangt hat, hat nicht gesiegt – erst wenn der Letzte diesen Schritt vollzogen hat, ist die Aufgabe erfüllt.

Eine bewusste Entscheidung

Die »Herabkunft« des neuen Bewusstseins beginnt mit der bewussten Entscheidung. Alles beginnt mit dem entscheidenden »ersten Schritt«: der Entscheidung nämlich, die volle Verantwortung für das zu übernehmen, was ein jeder erlebt, die Bereitschaft, sich selbst in jedem Augenblick als MitschöpferIn des Lebens anzuerkennen. Dies ist der erste, alles entscheidende Schritt, mit dem die bisherige Evolution sich vollendet.

Wer diesen Schritt vollzogen hat, mag anderen Vorbild und Beispiel sein, ebenfalls diesen Schritt zu tun. Und je mehr diesen Schritt tun, desto stärker wird die Kraft, die allen diesen Schritt erleichtert. Der Unterschied zwischen den Menschen mag noch so groß erscheinen, es gibt doch nur *ein* Bewusstsein, *eine* Kraft, *ein* Sein. Viele vor uns haben Stück für Stück die Voraussetzungen dafür geschaffen, dass wir heute überhaupt die Möglichkeit haben, diese Entscheidung zu treffen, ja sie überhaupt zu erkennen. Sollten wir uns nicht ihrer würdig erweisen, indem wir unseren Teil dazu beitragen, dass unsere Nachkommen es noch leichter haben?

Das Losungswort heißt: »Erinnere Dich!« und folge Deiner Wahrheit. Die Himmelsleiter ist in Dir, und der Himmel wartet!

Von der Raupe zum Schmetterling

Die horizontale Entwicklung des menschlichen Bewusstseins ist weitgehend abgeschlossen. Was jedoch vor uns liegt, ist die vertikale Entwicklung. Dies verlangt eine bewusste Ausrichtung, denn die Entwicklung geschieht nicht von selbst. In jedem von uns wartet der vollkommene Meister darauf, in Erscheinung zu treten, wenn wir ihn einladen. Es ist der Schritt vom zweidimensionalen zum dreidimensionalen Bewusstsein und letztlich zum multidimensionalen Bewusstsein. Dieses Erwachen zu sich selbst ist ein natürlicher Prozess, der unmittelbar nach der bewussten Ausrichtung einsetzt. Er ist ein elementares Bedürfnis der Seele wie das Atmen. Dieser Prozess ist unabhängig vom Glauben, der Kultur, der Rasse oder dem Geschlecht. Aber ohne diesen Schritt stecken wir in einer evolutionären Sackgasse. Gott wartet schon so lange auf Sie – worauf warten Sie?

KAUSAL-TRAINING ist der Schritt, von der Raupe zum Schmetterling. Von Anfang an war die Raupe nur eine Vorbereitung auf den Schmetterling. Tief in der Raupe gab es immer die Sehnsucht zu fliegen, aber eine Raupe *kann* nicht fliegen, auch nicht mit äußerster Anstrengung.

Erst wenn sie ihrer Bestimmung folgt und die Wandlung durch sich erlaubt, tritt ihre wahre Gestalt »in Erscheinung«. Sie breitet als Schmetterling ihre farbenprächtigen Flügel aus und erhebt sich ganz selbstverständlich in die Luft hinauf in eine andere Ebene des Seins. Sie fliegt und gehorcht damit ganz anderen »höheren« Gesetzen als die Raupe. Sie erhebt sich über ihr bisheriges Sein und lässt es hinter sich zurück. Der Schmetterling muss nicht die Probleme der Raupe lösen, er übersteigt sie einfach und lebt sein neues Leben. Wenn die Raupe ihrer Sehnsucht folgt und fliegen will, dann kann sie nicht Raupe bleiben. Das kann sie nur als Schmetterling, ihrer eigentlichen Bestimmung.

Die Erfahrung als Raupe ist nicht »schlechter« als die des Schmetterlings, aber es ist gut zu wissen, dass es eine Wahl gibt. Letztlich erkenne ich, ich bin weder die Raupe noch der Schmetterling, ich bin der, der wählen kann. Ich bin der, der die Erfahrung des »Raupenbewusstseins« gewählt hat und die, die den Weg dahin geht, das »Schmetterlingsbewusstsein« zu erlangen. KAUSAL-TRAINING zeigt Ihnen immer wieder, dass es eine Wahl gibt. Im KAUSAL-TRAINING kann ich meine Zukunft »anprobieren«. Ich kann das Meisterbewusstsein durch mich sprechen, wirken lassen und *erleben,* wie es sich anfühlt. Bin ich schon bereit?

Im Schmetterlingsbewusstsein zu leben ist eine Meisterprüfung, die wir in jedem Augenblick neu ablegen. Der Schmetterling ist mein wahres Sein, meine Wirklichkeit, aber weil ich so lange Raupe war, braucht es Schritte, um die alte Erfahrung ganz loszulassen. Es gibt keinen Kompromiss, nur »entweder-oder«. Entweder ich bleibe die, die ich zunächst bin, das »Raupenbewusstsein« mit all seinen Konditionierungen. Oder ich lasse die bisherige Identifikation los. In der Klarheit des umfassenderen Bewusstseins ist plötzlich alles ganz einfach. Wenn ich mir nicht mehr als Raupe selbst im Wege stehe, dann verwandelt sich mein Leben, und »Wunder« können geschehen.

Die Geburten des Menschen

Wenn wir in diese Welt kommen, haben wir zunächst »Vollpension«. Wir ruhen geborgen im Mutterleib und werden durch die Nabelschnur mit allem versorgt. Es kommt uns vielleicht vor wie das Paradies, aber wir können nicht bleiben. Nach neun Monaten müssen wir hinaus. Dann müssen wir laufen lernen, sprechen, zur Schule gehen, später arbeiten und Geld verdienen.

Irgendwann entdecken wir möglicherweise mithilfe von Mental-Training, uns auf Ziele auszurichten. Das bereichert unser Leben. Aber irgendwann funktioniert das nicht mehr, und wir glauben dann, dass wir etwas falsch gemacht hätten, auch wenn das gar nicht der Fall ist. Eine Phase unserer Entwicklung ist einfach zu Ende, und eine neue beginnt. Es ist der notwendige (»ein Not wendender«) Schritt vom unbewussten »Ich« zum reinen Selbst, aus der Illusion heraus in die Wirklichkeit des bewussten Seins.

Sobald wir unsere neue Identität entdeckt haben und wir damit unsere »Grundschule« beendet haben, sind wir bereit für die Aufgabe, in Einklang mit der Schöpfung bewusst und stimmig zu leben. Dazu aber müssen wir unser »kleines Ich« erkannt und uns von der Identifikation mit ihm gelöst haben. Dann haben wir wieder »Vollpension«. Wir leben im *Tao,* im Einklang mit dem Ganzen. Das heißt: Das Leben sorgt für uns. Das Richtige geschieht zur rechten Zeit.

Alles »geschieht« ganz von selbst, entsprechend unserem So-Sein. Wenn wir beruflich tätig sind, empfinden wir das nicht mehr als »Arbeit«, sondern handeln zentriert aus unserer Mitte heraus. Unsere Stimmigkeit, nicht die äußeren Umstände, erleben wir wieder als Zustand des Glücks.

Die Entwicklungsphase der eigenwilligen Zielausrichtung ist ein Übergangsstadium, in dem wir nicht bleiben können, wenn uns Größeres ruft, ebenso wenig, wie wir im Mutterleib bleiben können, wenn es Zeit für die Geburt ist. Der *innere Ruf* ist Vorbote unserer »geistigen Geburt«. Ihm zu lauschen ist die Voraussetzung dafür, unseren Platz in der Schöpfung einzunehmen. In dieser Bewusstheit ist kein »Ich« mehr, das etwas ganz Bestimmtes »will«. Wenn doch, zeigt das, dass an dieser oder jener Stelle noch ein Loslassen, eine Erkenntnis, ein Bewusstseinsschritt erforderlich ist, um auch in diesem Lebensbereich die »Illusion des Ich« vollkommen aufzulösen.

Die Zukunft bestimmt die Gegenwart

Ein einfaches Beispiel: Wenn Sie am Sonntag Gäste erwarten, dann müssen Sie heute entsprechend einkaufen. Das, was Sie später kochen wollen, bestimmt bereits, was Sie jetzt kaufen. Der Bauer überlegt sich, was er ernten möchte. Die beabsichtigte Ernte bestimmt den Umfang der Saat.

Damit Ihr Auto in Zukunft nicht kaputtgeht, bringen Sie es jetzt zur Inspektion und lassen das Öl wechseln. Damit Sie in Zukunft nicht liegenbleiben, gehen Sie heute tanken. Damit Sie im Alter nicht Not leiden, betreiben Sie heute Altersvorsorge, machen einen Rentenplan und legen etwas dafür zurück. Damit Ihre Kinder es später einmal leichter haben, lassen Sie sie jetzt studieren oder geben ihnen eine ordentliche Ausbildung mit auf den Weg. Damit Sie nicht arbeitslos werden, lernen Sie ständig dazu und erhöhen Ihren Wert; werden ein Experte auf einem Gebiet oder bieten etwas ganz Besonderes, vielleicht Einmaliges. Ein erwartetes Ereignis der Zukunft bestimmt die Gegenwart. Das heißt, die Wirkung bestimmt die Ursache. Ursache und Wirkung sind in Wirklichkeit eins, wie die zwei Seiten einer Medaille. Und da Zeit eine Illusion ist, geschieht alles jetzt!

Schicksal und Bestimmung

Wir alle haben unser Schicksal, aber kaum jemand fragt sich je, wo das Schicksal herkommt. Es gibt keine »Schicksalsverteilungsstelle«, und auch, wenn wir an Karma glauben, ist das keine befriedigende Erklärung, denn woher kommt Karma? In der klassischen Karmalehre gibt es drei Arten von Karma:

- Vorratskarma: Das ist das Karma (Schicksal), das in diesem Leben noch nicht zur Geltung kommt, weil es zu gravierend wäre und erst für spätere Leben geplant ist;
- Inkarnationskarma: das Karma, das in diesem Leben bewältigt werden möchte und deshalb in unserem »System« gespeichert ist;
- Gegenwartskarma: Das ist das Karma, das wir tagtäglich mit jedem unserer Gedanken, Gefühle, Urteile und Handlungen schaffen.

Fesseln aus Gold binden uns genauso wie Fesseln aus Blei. Insoweit bindet uns »gutes« Karma genauso an die Welt der Erscheinungen wie »schlechtes« Karma. Solange wir uns mit einem »Ich« identifizieren, das eine gute oder schlechte Vergangenheit hat, sind wir – im Leben wie nach dem Tod – an unser Karma (Schicksal) gebunden. Viele Religionen gehen davon aus, dass das Vorratskarma durch die Hilfe eines vollkommenen Meisters ausgelöscht werden kann. Hierfür einige Beispiele aus der Bibel:

- »Und er ist die Sühnung für unsere Sünden, nicht allein aber für die unseren, sondern auch für die ganze Welt.« (Joh 2,2)
- »Wer an mich glaubt, glaubt nicht an mich, sondern an den, der mich gesandt hat; und wer mich sieht,

sieht den, der mich gesandt hat. Ich bin als Licht in die Welt gekommen, damit jeder, der an mich glaubt, nicht in der Finsternis bleibt; und wenn jemand meine Worte hört und nicht befolgt, so richte ich ihn nicht, denn ich bin nicht gekommen, dass ich die Welt richte, sondern dass ich die Welt errette.«

- »Wahrlich, wahrlich, ich sage euch: Wer mein Wort hört und glaubt dem, der mich gesandt hat, der hat ewiges Leben und kommt nicht ins Gericht, sondern er ist aus dem Tod ins Leben übergegangen.« (Joh 5,24)
- »Ich bin das Brot des Lebens: Wer zu mir kommt, wird nicht hungern, und wer an mich glaubt, wird nimmermehr dürsten.« (Joh 6,35)
- » … denn ich bin vom Himmel herabgekommen, nicht dass ich meinen Willen tue, sondern den Willen dessen, der mich gesandt hat.« (Joh 6,38)
- »Ich bin das Licht der Welt; wer mir nachfolgt, wird nicht in der Finsternis wandeln, sondern wird das Licht des Lebens haben.« (Joh 8,12)
- »Ich bin die Tür; wenn jemand durch mich eingeht, so wird er errettet werden und wird ein- und ausgehen und Weide finden.« (Joh 10,9)
- »Der Dieb kommt nur, um zu stehlen und zu schlachten und zu verderben. Ich bin gekommen, damit sie Leben haben und es in Überfluss haben.« (Joh 10,10)
- »Ich bin der gute Hirte; der gute Hirte lässt sein Leben für die Schafe.« (Joh 10,11)
- »Ich bin die Auferstehung und das Leben; wer an mich glaubt, der wird leben, auch wenn er gestorben ist.« (Joh 11,25)

- »Ich bin der Weinstock, ihr seid die Reben. Wer in mir bleibt und ich in ihm, der bringt viel Frucht, denn getrennt von mir könnt ihr nichts tun.« (Joh 15,5)
- »Ich bin der Weg und die Wahrheit und das Leben. Niemand kommt zum Vater als nur durch mich.« (Joh 14,6)

Wir können hier Jesus Christus auch als einen inneren Aspekt in uns ansehen, mit dem wir die Einheit anstreben. Die biblische Aussage »Niemand kommt zum Vater denn durch mich« (Joh 14,6) wurde oftmals missverstanden und hat für viel Verwirrung gesorgt. Gemeint ist in dieser Aussage nicht die Person Jesu, denn dieses würde die Erlösungskraft jedes anderen Meisters oder Religionsgründers unterminieren. Jesus war, als er so sprach, im Christusbewusstsein, was bedeutet, dass wir nur über das allerhöchste Bewusstsein mit der Quelle, aus der wir hervorgegangen sind, bewusst eins werden können. In der Verschmelzung mit dem Meisterbewusstsein, welches die Sufis »Fina Fal Sheikh« nennen, wird das karmische Vorratslager gelöscht.

Karmabande lösen

In dem Maße, wie es uns gelingt, die Bande, welche uns an das Karma-Bewusstsein fesseln, zu lösen, erleben wir uns als lebendig im Augenblick. Diese Identifikation lösen wir jedoch nicht, indem wir so tun, als hätten wir mit unserem Karma nichts zu tun. Dies wäre genauso unsinnig, als wenn jemand eine Mahnung feierlich verbrennen würde, ohne die Schulden auszugleichen und zu glauben, die Sache wäre damit erledigt. Dieses Verhalten würde Sie früher oder später wieder einholen. Der erste Schritt der Lösung liegt darin, das, was ist, das, was Ihnen »die Bluthunde des Karma« vor die Füße werfen, anzunehmen.

Sobald Sie anerkennen: »Ja, das habe ich kreiert«, auch wenn Sie nicht wissen, warum, tun sich auch die Mittel und Wege auf, Ihr Inkarnationskarma zu durchschreiten.

Übung: Machen Sie sich etwas in Ihrem Leben bewusst, das Sie als »karmisch« (schicksalhaft) empfinden. Fragen Sie sich:

1. Worin liegt das Karma?
2. Welche Aufgabe ist damit verbunden?
3. Wie könnte ich diese Aufgabe lösen? Was brauche ich dafür?

Das *Inkarnationskarma* verläuft gemäß den Eindrücken, die in unserem Unbewussten von Geburt an gespeichert sind. Indem wir mehr und mehr uns selbst als Ursache unseres Erlebens anerkennen, erlösen wir unser Inkarnationskarma, sodass es immer weniger zum Tragen kommt. Durch eine bewusste Lebensführung und durch tiefe Lebensannahme können wir Karma, das äußerst schmerzhaft wäre, stark abmildern.

Gegenwartskarma vermeiden durch Kausalbewusstsein

Tatsächlich verursachen wir aufgrund der Glaubenssätze, Überzeugungen, Prägungen, Vorlieben, Abneigungen und sämtlicher Eindrücke, die wir aufnehmen, in jedem Augenblick das Karma, das im Spiegel des Lebens als unsere erlebte Realität »in Erscheinung« tritt.

Das Loslassen von Vorrats- und Inkarnationskarma geht einher mit der Erinnerung an das »wahre Sein«. Indem wir unser Karma lösen, wächst die Kraft der »Erinnerung« und umgekehrt: Erfahrungen der Selbst-Erinnerung und ein Leben aus dem bewussten Sein können Unmengen Vorratskarma verbrennen.

Die Anhäufung von weiterem *Gegenwartskarma* vermeiden Sie, indem Sie in jedem Augenblick so bewusst wie möglich leben, und, wann immer es Ihnen möglich ist, als wahres Selbst handeln. Durch Verzeihen, Meditation und Gebet können Sie Eindrücke im Gemüt, welche im Alltag entstanden sind und weiteres Karma erzeugen würden, löschen.

Der Spiegel Leben – Ihr persönliches Feedbacksystem

Das Leben ist ein Spiegel, der dem Menschen zeigt, was aus seinem Inneren »in Erscheinung gerufen« wird. Der »Spiegel Leben« fügt nichts hinzu und lässt nichts weg, er zeigt in verschiedenen Bereichen, was gerade ist:

- der Spiegel unseres Denkens
- der Spiegel unserer Überzeugungen
- der Spiegel unserer Ängste
- der Spiegel unserer Gefühle
- der Spiegel unserer Erwartungen
- der Spiegel unserer Muster und Verhaltensweisen
- der Spiegel unseres Selbstbildes
- der Spiegel unseres Weltbildes
- der Spiegel unserer Lebensabsicht
- der Spiegel unserer Beziehungen
- der Spiegel unserer Lebensumstände

Es gibt noch mehr Spiegel: etwa den Spiegel unserer Wünsche, Erfolge, Probleme, unserer Zuneigungen und Abneigungen, unserer Gesundheit und unserer wirtschaftlichen Situation und so weiter. Jeder Blick in einen der Spiegel ist eine Botschaft und eine Chance zum Besseren.

Die grundlegende Denkrichtung eines Menschen wird von der Realität so vollkommen widergespiegelt, dass wir sie nicht mehr als Abbild unseres Denkens erkennen, sondern glauben, die Realität sei eben so. Wir verlagern das Problem von innen nach außen. Dort aber kann man es nicht ändern, weil es dort nicht seinen Ursprung hat. Unsere Probleme sind zumeist Ausdruck einer Grundüberzeugung, die wir für unumstößlich halten. Nicht fanatischer Eifer, sondern das Erkennen dessen, was nicht mehr zu uns gehört, kann uns befreien.

Der Spiegel der Lebensumstände

Wir verbringen unser ganzes Leben vor einem Spiegel, dem »Spiegel der Lebensumstände«. Unsere Lebensumstände spiegeln unser Sosein, insbesondere unsere »blinden Flecken«. Unsere Lebensumstände, »richtig gelesen«, zeigen uns Aufgaben, unseren Weg und den jeweils nächsten Schritt.

Um den Weg leichter erkennen zu können, schickt uns das Leben seine Botschaften ständig. Genau genommen ist alles, was wir erleben, eine Botschaft. So ist auch jedes Problem eine Botschaft, jeder Mangel, alles Leid. Das Leben will Sie damit nicht ärgern, und es ist auch nicht alles Zufall, sondern eine Botschaft mit der Bitte um Änderung. Symptome und Probleme liegen im Außen, die Ursache dafür aber immer im Bewusstsein, in Ihrer Haltung und Ihrem Verhalten – und nur dort können Sie sie ändern.

Das Leben spricht fortwährend zu uns, aber nur wenige verstehen die Botschaft. Jeder Wunsch ist eine ebenso wie die Gesundheit, die Beziehungen oder unser beruflicher Werdegang. Aber auch die wirtschaftliche Situation oder die geistige Entwicklung.

Wenn wir eine Botschaft nicht befolgen, vielleicht weil wir sie gar nicht bemerkt oder nicht verstanden haben, wiederholt das Leben die Botschaft in deutlicher Form, wir bekommen vom Leben Nachhilfeunterricht. Das Leben ist ganz geduldig und wiederholt die Botschaft solane, bis wir sie bemerken und befolgen. Deswegen erleben viele Menschen immer wieder die gleiche Situation.

Im »Spiegel der Lebensumstände« zeigt mir das Leben Unstimmigkeiten in meinem Sosein und damit meine Aufgabe und meinen Weg zur Erfüllung. Sind meine Lebensumstände nicht optimal, kann mein Sosein nicht optimal sein. Zeigt sich ein Mangel im Außen, ist meine Aufgabe, diesen Mangel *in mir* zu beseitigen. Im »Spiegel meiner Lebensumstände« kann ich immer genau erkennen, was gerade zu tun ist.

Alles, was wir erleben, jede Situation, jede Begegnung, jede Veränderung in der äußeren Realität, spiegelt immer nur die *innere* Wirklichkeit, mein Sosein wieder. Wann immer das Außen nicht stimmt, genügt es, die innere Wirklichkeit zu ändern, und sofort beginnt sich die äußere Realität entsprechend zu verändern. Es ist nicht hilfreich, sich darüber zu ärgern oder darunter zu leiden, denn sobald mir Dinge bewusst werden, kann ich neue Impulse der Veränderung setzen.

Sobald Sie die Verantwortung für Ihre äußere Realität übernehmen und sie als Ihre Schöpfung erkennen, haben Sie die Macht, sie entsprechend zu ändern. Ganz gleich, was die Realität spiegelt, Sie begegnen immer nur sich selbst. Jeder andere ist immer nur ein Botschafter des Lebens. Wenn Sie mehr Liebe in Ihr Leben bringen wollen, sollten Sie mehr lieben, die *anderen*, aber vor allem sich selbst – so wie Sie sind. Nehmen Sie das Leben, wie es ist, aber machen Sie daraus, was sein könnte, das, was Ihr eigentliches Leben ausmacht.

Das Feedback-System Leben und seine Sprache

Das Leben hat uns mit dem »Spiegel der Lebensumstände« ein perfektes »Feedback-System« gegeben, das uns wie in einem Spiegel unser sonst unsichtbares Sosein sichtbar macht. Um zu verstehen, was wir aussenden, müssen wir die Sprache der Lebensumstände entschlüsseln und auf uns anwenden können.

Ein Beispiel: Wenn Sie einen Computer besitzen und nicht wissen, wie Sie mit »Javaskript« (das ist eine Programmiersprache) arbeiten können, dann ist das, was sich auf Ihrem Bildschirm zeigt, ein Rätsel.

Oder ein noch einfacheres Beispiel: Nehmen wir an, Sie können weder lesen noch schreiben. Dann ergeben die Vielzahl der Zeichen, die Sie auf einer Zeitung finden, für Sie keinen Sinn. Ebenso ist es mit der Sprache der Lebensumstände. Um sie zu verstehen, müssen wir tiefer in diese Sprache eintauchen, in die erste, zweite und dritte Ebene.

Grundsätzlich können Sie davon ausgehen: *Alles* ist Botschaft! Das bedeutet jedoch nicht, auf jede Winzigkeit zu reagieren. Es gibt Pseudo-Erwachte, die schleichen sich den Bahndamm entlang, weil dort steht »Geleise« (Gehleise), die biegen mit dem Auto rechts ab, weil an der Straße ein Schild steht »Rechts abbiegen« und die klopfen an jede Tür, an der steht »Bitte klopfen«! Die fragen sich den ganzen Tag: Was mag das für eine Bedeutung haben, dass mir heute auf der Straße ein grünes Auto begegnet ist? Dies ist keine Erleuchtung, sondern mangelndes Unterscheidungsvermögen. *Alles* ist Botschaft – soweit es in mir eine Resonanz erzeugt, das heißt, soweit es mich betrifft. Nur wenn ich selber stimmig bin, fällt es mir leicht, aus den Millionen von Signalen, die ich jeden Tag erhalte, die wenigen essenziellen herauszufiltern, die mich wirklich weiterbringen.

Probleme sind Aufforderungen, einen Evolutionsschritt zu tun

Eine andere Form der Botschaft ist das Problem. Jedes Problem ist in Wirklichkeit eine Aufgabe, die das Leben mir stellt und die ich zu lösen habe, um wieder einen Entwicklungsschritt zu tun. Jedes Problem enthält immer auch die perfekte Lösung. Diese wird sichtbar gemacht durch eine exakte Definition des Problems, denn ich kann eine Aufgabe erst lösen, wenn ich sie kenne. Für das wahre Sein ist eine Lösung nicht leicht oder schwierig, denn das sind Beurteilungen eines Ichs. Geht nicht gibt's nicht.

Jede Aufgabe enthält immer eine Gabe, meist eine Erkenntnis. Oft besteht die Lösung darin, etwas aufzugeben und loszulassen. In Wirklichkeit gibt es kein Problem – nur Aufgaben, die Sie mithilfe Ihrer Gaben lösen können.

Der Spiegel der Empfindungen

Wir haben noch ein weiteres unmittelbares Feedback-System: unsere Empfindungen. Das hat den Vorteil, jede Veränderung in unserem Sosein »augenblicklich« wahrzunehmen, und es zeigt uns, ob etwas in Disharmonie ist. Empfindungen bedeuten, wie das Wort sagt, etwas »in sich zu finden«.

Sie werden oft überlagert von Gefühlen, die ebenfalls

als Botschafter dienen. Störgefühle etwa irritieren die Empfindungsfähigkeit. Sie können davon herrühren, dass die Vergangenheit sich in die Gegenwart einmischt, beispielsweise, weil alte Erinnerungen »getriggert« wurden. Sie können auch aus aktuellen Disharmonien entstehen. Störgefühle sind Botschafter. Ihre Botschaft gilt es zu entschlüsseln. Sie erfordern eine Änderung im Bewusstsein, in der Einstellung, manchmal auch im Handeln und Sprechen.

Wenn Sie sich gut fühlen, erleben Sie sich im Ein-Klang mit sich selbst, dem Leben und der ganzen Schöpfung. Und immer, wenn Sie sich nicht ganz wohlfühlen, zeigt das, dass etwas zu tun ist – innen oder außen. Wenn Sie den richtigen Schritt tun, erleben Sie sich wieder im Ein-Klang mit dem Ganzen.

Wenn Sie sich schlecht fühlen, ist das eine Bitte des Lebens, Ihre Gedanken (Gedankenmuster, Gedanken über andere, das Leben, sich selbst) zu ändern und einen Schritt zu tun. Ihre Gedanken sind der Auslöser Ihrer Gefühle. Sie können sich fortwährend dafür entscheiden, sich gesund zu fühlen, wohlhabend, erfolgreich, liebevoll oder erfüllt, und im gleichen Augenblick beginnt das Universum, die »entsprechenden« Umstände in Ihre Nähe zu führen. Wenn Sie frei sind von beeinflussenden Emotionen, sind Ihre Empfindungen das beste »Frequenz-Feedback-System«!

Symptome als Botschaft

Auch jede Krankheit ist eine Botschaft, eine Information (lat. in-formatio = Formung durch Unterweisung) über etwas Ungelöstes in uns. Eine Krankheit ist keine Strafe, nur eine Folge unseres Verhaltens und immer eine Chance zum Besseren. Hinter jeder Krankheit steht daher immer eine Aufgabe, die wir noch nicht erkennen konnten. Allein dies zu wissen kann uns demütig machen und uns für Einsichten öffnen. Wenn wir eine Botschaft lange nicht beachten, schickt uns das Leben den Schmerz, der uns schmerzhaft auf unser Versäumnis aufmerksam macht. Das Symptom ist gar nicht die Krankheit, sondern die Information *über* die (eigentliche) Krankheit (im Bewusstsein). Der Krankheitsverlauf zeigt getreu die Lernschritte, die wir machen, und die Heilung zeigt, dass der Lernprozess abgeschlossen ist.

Es geht also nicht darum, ein Symptom aufzulösen, sondern die Ursache dahinter zu erkennen und zu beseitigen. Das Symptom verschwindet automatisch – aber erst dann –, wenn es seine Aufgabe erfüllt hat, die Botschaft erkannt und zu einem Bewusstseinswandel geführt hat, der wirklich seinsverändernd ist. Sobald das geschehen ist, verflüchtigt sich das Symptom ganz von selbst.

Die Botschaft des Körpers zu befolgen ist der zweitbeste Weg. Der beste Weg ist, gar nicht erst zu warten, bis der Körper eine Botschaft schickt, sondern schon vorher das Notwendige zu tun. Ein Symptom oder ein Schmerz kommt nie aus heiterem Himmel. Immer hat es vorher schon eine Reihe von Signalen gegeben, die Sie nicht beachtet haben, weil Sie sie wahrscheinlich gar nicht als solche erkannt haben. Nichts, was in Ihrem Leben geschieht, ist Zufall, sondern hat eine Ursache und ist Botschaft. Das kann eine Nachricht sein, die Sie in der Zeitung lesen oder im Fernsehen anschauen und die in Ihnen eine starke Resonanz erzeugt; das kann ein Gespräch sein, das Sie mit einem Bekannten oder Arbeitskollegen führen, der vielleicht über etwas klagt, das auch Sie beachten sollten. Das kann eine vorübergehende Unpässlichkeit sein oder eine starke Müdigkeit, die sie zur Ruhe zwingen will. Erst wenn Sie all das nicht beachten, zwingen Sie den Körper, Ihnen eine unübersehbare Botschaft zu schicken. Lassen Sie es nicht so weit kommen, sondern achten Sie schon vorher auf die Zeichen.

»Falsch« als Botschaft ist genauso wertvoll wie »richtig«

Der Umgang mit den Spiegeln des Lebens ist vergleichbar mit dem Kinderspiel: Topfschlagen! Sie erinnern sich sicher noch? – Während einem die Augen verbunden sind und man sich bemüht, mit einem Kochlöffel einen versteckten Topf zu finden, rufen die anderen Kinder »Warm!« oder »Kalt!«, je nachdem, wie nah oder weit man noch vom Ziel weg ist. Viel öfter als »warm« haben wir dabei den Treffer »kalt« erzielt, und doch haben wir den Topf schließlich erreicht.

Das Gleiche spielt sich so auch im Leben ab. Wir brauchen nur ein klares Ziel, fangen an, den ersten Schritt zu tun und auf das Feedback des Lebens »warm« – »kalt« zu reagieren. Wenn wir das beharrlich tun, können wir unser Ziel nicht verfehlen.

Viele geben beim ersten Feedback »kalt« auf, sagen: Ich

halte das nicht aus, diese negative Kritik. Es ist sehr viel leichter, wenn Sie sich bewusst machen, dass gerade negatives Feedback Sie weiterbringt.

Das Feedback ist wie das Navigationsgerät in Ihrem Auto: Wenn Sie den Anweisungen folgen, führt es Sie sicher ans Ziel. Selbst wenn Sie einer Anweisung nicht folgen, errechnet es den Kurs sofort neu, auch viele Fehler können nicht verhindern, dass Sie Ihr Ziel letztlich erreichen.

Versuchen Sie, Feedback positiv zu sehen. Vermeiden Sie dreierlei:

- Feedback sollte Sie nicht traurig machen und zum Aufgeben veranlassen.
- Seien Sie nicht wütend auf den Überbringer des Feedbacks oder auf die Inhalte.
- Ignorieren Sie das Feedback nicht.

Die intelligenteste und produktivste Art, mit dem Feedback des Lebens umzugehen, ist zu sagen: »Danke für das hilfreiche Feedback!«

Auch beim Kinderspiel Topfschlagen erfahren wir nicht direkt, wohin es denn jetzt gehen soll, wir hören nur »Kalt«! So kommt es auch in unserem Leben vor, dass immer wieder Menschen uns signalisieren »So nicht«! Die Feinheiten eines Änderungsprozesses müssen wir dann selbst herausfinden. Und deswegen sollten wir nicht beleidigt sein, sondern Handlungsalternativen mithilfe der Techniken, wie sie in diesem Buch beschrieben sind, entwickeln. Sie können natürlich auch direkt um Feedback, etwa um eine ehrliche Antwort bitten, zum Beispiel:

- Wie würden Sie auf einer Skala von 1–10 unser Produkt / unsere Beziehung / unsere Dienstleistung / unser Gespräch / unser Treffen beurteilen?
- Was müsste geschehen, damit Sie mir 10 Punkte geben?

Machen Sie sich zur Gewohnheit, jedes Gespräch, Projekt, Meeting, jede Beratung mit dieser Bewertung abzuschließen.

Der spirituelle Alltag

Fassen wir noch einmal zusammen: Jede Situation in der äußeren Realität spiegelt immer nur Ihre innere Wirklichkeit wider. Sobald Sie jede Realität als Ihre eigene Schöpfung erkennen und verantworten, steigen in Ihnen die kreativen Impulse und im Außen die Umstände auf, die belastende Realitäten in erfreuliche verwandeln.

KAUSAL-TRAINING ist das Erwachen in die Wirklichkeit des reinen Bewusstseins. Was Ihnen Ihre äußeren Sinne zeigen, ist nur ein ganz kleiner Teil der Wirklichkeit. KAUSAL-TRAINING ist der Schlüssel zu unserer inneren Schatzkammer – zu unglaublichen Fähigkeiten. Es ist das Eintreten in eine völlig neue Welt.

Früher fand die Einweihung in die Gesetze des Lebens an besonderen Stätten statt, in Pyramiden, Ashrams oder Tempeln, bei einem Einsiedler in einer Berghöhle oder in der Stille der Wüste. Heute heißen die Einweihungsstätten: Firma, Schule, Praxis, Behörde, Organisation, Institut, Partnerschaft oder Kindererziehung.

Ihr Alltag ist ein vom Leben liebevoll zusammengestellter Plan, der Ihnen hilft, Schritt für Schritt zu sich zu finden, sich wieder zu erinnern an die, die Sie wirklich sind, immer waren und immer sein werden. Das Leben ist der beste Nachhilfelehrer und ein guter Therapeut, denn es heilt letztlich alle. Wir haben die Wahl, ob wir auf dem Königsweg der Erkenntnis lernen oder auf dem Weg des Leidens. Wann immer Sie Leid erfahren, ist es an der Zeit, eine andere Wahl zu treffen.

Dabei stellt das Leben eine Anzahl »Privatlehrer« kostenlos zur Verfügung. Sie heißen: Kollegen, Freunde, Vorgesetzte, Konkurrenten, Partner oder Kinder. Wenn wir versuchen, den »Unterricht« zu schwänzen, bekommen wir »Nachhilfeunterricht«, den wir dann, wenn wir nicht im Kausalbewusstsein sind, möglicherweise als schwieriges »Schicksal« werten.

Ist eine Lektion gelernt, beginnt *sofort* die nächste. Das Leben wiederholt nichts. Jede Lektion wird solange wiederholt, bis sie gelernt ist. Der Unterricht ist erst vorbei, wenn *alle* Lektionen gelernt sind. Wir haben jedoch in entscheidenden Situationen unseres Lebens die Wahl, auf dem »Königsweg der Erkenntnis« zu lernen oder auf dem »schmerzlichen Weg des Leidens«.

So betrachtet wird der Arbeitsplatz von der bloßen Einkommensquelle zum Stipendium in der Schule des Lebens, zum Ort der persönlichen Entwicklung und Entfaltung. Die Arbeit ist keine Pflicht mehr, sondern Chance, das erwachte Bewusstsein zum Ausdruck zu bringen. Nicht länger ist nur das Einkommen der Maßstab, sondern der Grad der Entwicklung meines Bewusstseins. Indem die täglichen Aufgaben aus der eigenen Mitte heraus gelöst werden, vertieft sich täglich das Bewusstsein.

Eigenwilliges Wünschen und Wollen lösen sich immer mehr auf hin zum Sein. Das Leben sorgt dafür, dass ich alles habe, was ich zum vollen Ausdruck meines Lebens brauche. Während ich so zum Beispiel meinem Unternehmen helfe, aus der Verlustzone herauszukommen, sich im Markt zu profilieren, neue Produkte zu schaffen, neue Bereiche zu erschließen und den Gewinn zu mehren, sind das alles doch nur Trainingsgelegenheiten, um immer bewusster zu werden.

Der tiefe Sinn des Bewusstseinstrainings ist nicht das Erleben unbekannter Zustände, innerer Stimmen und Erleuchtungserfahrung, sondern der bewusste und liebevolle Umgang mit den Dingen. Ihr Bewusstseinstrainer ist Dr. Alltag. Bewusstseinstraining aber ist nicht etwas, das ich nach Feierabend oder am Sonntag stundenweise mache, sondern etwas, das einmal begonnen, nie mehr endet. Willkommen im Club.

Neinsagen zum Unstimmigen

Zur Meisterschaft gehört auch die Kunst des Neinsagens. Dazu gehören Mut und liebevolle Konsequenz. Denn dieses Nein ist in Wirklichkeit ein Ja zu mir selbst, zu meinem wahren Sein. In jedem Nein steckt das Ja zum Wesentlichen, zu dem, was zählt. Es ist der Mut, die Maske abzulegen und der eigenen Unzulänglichkeit ins Auge zu schauen. Erst dann kann ich die Vollkommenheit des wahren Seins erkennen. Sobald ich echt, ehrlich und authentisch bin, kann ich mein ganzes Leben danach ausrichten, alles Falsche loszulassen und das Echte zu leben.

Ein liebevoller Umgang mit der eigenen Unvollkommenheit

Ein ganz wichtiger Aspekt im Umgang mit den »Spiegeln«, die Sie durch Ihre Lebensumstände, Probleme, Symptome oder Gefühle bekommen, ist ein liebevoller Umgang mit der eigenen Unvollkommenheit. Viele Menschen haben die Vorstellung, sie müssten »perfekt« sein. Sie hassen Nichtperfektes. Deshalb weigern sie sich, in die vom Leben bereitgestellten Spiegel zu schauen. Sie träumen lieber den Traum, perfekt zu sein, als wahrzunehmen, »was ist«. Sie vertragen keine Kritik, keine Niederlagen, keine Fehler. Dadurch fließt Aufmerksamkeit auf Selbsthass und Selbstzerstörung. Und dadurch bleiben sie an ihre Fehler gebunden. Solange wir glauben, dass Selbstbestrafung aus uns bessere Menschen macht, wird sich das auch nicht ändern.

Das »Dritte Reich« mit seinem Wahn vom »Übermenschen« hat uns gezeigt, wohin wir kommen, wenn wir das Schwache, Fehlerhafte, Ungute – bei uns oder anderen – ausrotten wollen – wir werden dadurch nicht übermenschlich, sondern unmenschlich.

Fehler zu machen ist Bestandteil der menschlichen Existenz. Wir sollten eine entspannte Haltung Fehlern gegenüber einnehmen, denn durch Selbstverurteilung werden wir nicht weiser, sondern nur festgefahrener. Wenn Ihnen der »Spiegel des Lebens« beispielsweise zeigt, dass Sie ein Armutsbewusstsein haben, dann sollten Sie dieses erst einmal nur akzeptieren: »Ja, das ist gerade so!«

Von Jesus Christus, dem die unbeliebten Zöllner lieber waren als die geachteten Pharisäer, können wir lernen, dass man die Menschen ungeachtet ihrer Fehler lieben kann. Und genau das sollten wir auch tun. Dies bedeutet nicht, Fehler, Versäumnisse, Misserfolge zu ignorieren, sondern liebevoll mit der (eigenen) Unvollkommenheit umzugehen. Man könnte sagen: Lasst uns »vollkommen liebevoll« mit der eigenen Unvollkommenheit umgehen – nur dadurch können wir Vollkommenheit erreichen. Denn die Vollkommenheit, die wir suchen, hat nichts mit einem »Ich« zu tun, weder mit einem vollkommenen noch mit einem unvollkommenen. Sie ist vielmehr ein Wechsel in der Perspektive, eine Verlagerung in der Identität. Wichtiger als jeder Versuch, ein »besserer« Mensch zu werden, ist, dass wir uns lieben, so wie wir sind.

Vom Verstand zur universellen Wahrnehmung

Vom Verstand zur Vernunft

Der Verstand ist ein wunderbares Werkzeug. Er hat Zugriff auf einen sehr umfassenden Daten- und Erfahrungsspeicher. Wo er sich selbstständig macht und wir uns – unbewusst – seiner Vorherrschaft unterwerfen, begrenzt er uns. Worin liegen seine Begrenzungen?

Die Unwägbarkeit von Vorstellungen – die Last von Erwartungen

Unser Verstand hat über alles und jedes eine bestimmte Vorstellung: wie unser Leben sein sollte, wie wir es gern hätten. Und wir versuchen dann, wenn wir nicht bewusst sind, diese Vorstellung vom Leben zu verwirklichen. Dabei bemerken wir nicht, dass wir gar nicht *unser* Leben leben, sondern nur unsere Vorstellung davon. Folge: Wir sind unzufrieden oder unglücklich, entweder, weil es nicht so gekommen ist, wie wir wollten oder gerade deshalb, weil es so gekommen ist. Wenn es tatsächlich einmal so kommt, dass sich unsere Erwartungen hundertprozentig erfüllen, dann macht uns das unter Umständen auch nicht glücklich, denn schließlich haben wir es ja erwartet. Hinzu kommt: Auch erfüllte Träume können uns irgendwann unglücklich machen, nicht umsonst spricht man von der »Melancholie der Erfüllung«. Der Weg der Vorstellungen und Erwartungen ist alles andere als ideal, weil wir so bestenfalls unsere Vorstellungen vom Leben verwirklichen, aber nicht unserer wahren Bestimmung folgen.

Das Schöne am KAUSAL-TRAINING ist: Im KAUSAL-TRAINING brauchen Sie – im Gegensatz zum Mental-Training keine Vorstellung davon, auf welche Weise das Universum Ihre Wünsche erfüllen soll, denn es kennt ohnehin den besten, schnellsten und sichersten Weg. Ihre Vorstellung, wie das gehen soll, würde nur die Möglichkeiten des Universums begrenzen. Doch wenn es für Sie wichtig ist zu erfahren, dass Sie überhaupt in der Lage sind, eine Vorstellung zu verwirklichen, dann ist Mental-Training sicherlich ein brauchbarer Weg dorthin – auch wenn er nur einen Zwischenschritt auf dem Weg zum eigentlichen Ziel darstellt.

Meinungen beschreiben die Realität – Ihr Sosein bewirkt Ihre Realität

Meinungen sind Vorschläge des Verstandes – Standpunkte, die man einnehmen kann oder auch nicht. Keiner ist richtig oder falsch. Deshalb ist es nutzlos, eine Meinung über die Wirklichkeit zu haben. Besser ist es, die Dinge auszuprobieren, dann erübrigt sich jede Diskussion und Argumentation.

Der Verstand kann nicht alles verstehen

Mancher kommt in Versuchung zu sagen: »Ich glaube, das Leben ist viel zu komplex, als dass so ein einfacher Weg funktionieren könnte. Vor allem kann ich nicht verstehen, wie das gehen soll!« Nun, ich weiß auch nicht, wie die Fernbedienung meines Fernsehers funktioniert, aber wenn ich auf den entsprechenden Knopf drücke, erscheint das gewünschte Programm. Die meisten kennen die vielen Möglichkeiten ihres Handys auch nicht, obwohl sie täglich damit zuverlässig telefonieren.

Der Verstand an Schwierigkeiten

Der Verstand versucht immer Schwierigkeiten zu entdecken, das Bewusstsein findet Lösungen. Die Meinung anderer Menschen ist nur die Meinung anderer Menschen und hat mit Ihnen und Ihrem Tun absolut nichts zu tun. Wenn ein anderer nicht gut findet, was Sie tun, heißt das nicht, dass es nicht gut ist, sondern nur, dass er es nicht gut findet, und das ist sein gutes Recht. Aber die Wirklichkeit wird von einer Meinung nicht verändert. Das Sosein eines Menschen bestimmt seine erlebte Realität, ob er es glaubt oder nicht.

Alles hat zwei Seiten

Alles, was existiert, ist zunächst eine Idee. Die Existenz der Idee ist bereits die Schöpfung, alles Weitere ist nur ihr »In-Erscheinung-Treten«, auf welcher Ebene auch immer. Wir alle sind ein aktiver Teil des Schöpfungsprozesses. Damit aber ist die Dualität geboren, zunächst als Idee, dann in ihren vielfältigen Ausdrucksmöglichkeiten. Das heißt schließlich auch, dass kein »Ding« ohne sein Gegenteil existiert. Wir hätten keinen Begriff von »viel«, wenn wir nicht auch »wenig« kennten. Auch »Licht« ergibt ohne Dunkelheit keinen Sinn. Materie ergibt keinen Sinn ohne den leeren Raum dazwischen. Die Erschaffung wahrnehmbarer Realität erfordert die Erschaffung von Gegensatzpaaren. Wenn es ein »Etwas« gibt, muss es auch das »Nichts« geben, von dem es sich unterscheidet. Der Verstand ist darauf geeicht, diese Dualitäten wiederzugeben. Wenn Sie ihn fragen, ob Sie sich ein Haus kaufen sollen, dann wird er Ihnen antworten: Es zu kaufen hat diese und jene Vorteile, es nicht zu kaufen, diese und jene Vorteile – entscheiden kann er allein nicht, zumindest nicht gut.

Der Verstand, der die Probleme beschreibt, ist nicht in der Lage, sie zu lösen. Sobald wir aber zu Bewusstsein kommen, verschwinden Probleme, die nur in der Vorstellung existierten.

Vernunft und Wahrnehmung in eine Balance bringen

Wenn der Verstand vom Bewusstsein *gebraucht* wird, nennen wir das *Vernunft*. Mithilfe des Verstandes können wir die Auswirkungen von gegenwärtigen Handlungen für die Zukunft berechnen, und das kann uns sehr helfen. Die Chance, Fehler zu machen, wird durch die Vernunft deutlich verringert, aber nicht eliminiert. Die Vernunft sagt uns zum Beispiel:

- Eine weitere Tasse Kaffee würde dir zwar gut schmecken, aber danach bist du nervös, lass das lieber. – Stimmt!
- Das Sonderangebot für das neue Auto/Haus ist zwar günstig, doch wenn du mehr ausgibst, als du dir gerade leisten kannst, dann kommst du unter finanziellen Druck. – Stimmt! Kleiner Tipp am Rande: Sie sollten nie mehr Geld ausgeben, als Sie haben. Die Vorstellung, »Na ja, ich bin Schöpfer, ich hole das dann schon wieder herein«, ist kein Wohlstandsbewusstsein, sondern nichts anderes als Leichtgläubigkeit, gepaart mit Dummheit. Sobald Sie unter finanziellem Druck stehen, besteht die Gefahr, in ein Mangelbewusstsein zu rutschen, aus dem heraus es sich bekanntlich schwer schöpferisch sein lässt. Hier ist die Vernunft sehr nützlich.
- Der Mensch, den du gerade im Urlaub kennengelernt hast, ist zwar verführerisch, doch wenn du seinet- oder ihretwegen deine bestehende Beziehung zuhause auflöst, kann es sein, dass du später vor einem Scherbenhaufen stehst. – Stimmt!

Doch Vernunft ist noch mehr. Mit Vernunft wird in der klassischen Philosophie die Fähigkeit bezeichnet, von einzelnen Beobachtungen und Erfahrungen auf universelle Zusammenhänge zu schließen, deren Bedeutung zu erkennen und ihnen gemäß zu handeln. So entspricht die Vernunft dem obersten Erkenntnisvermögen, das etwa die Beschränkungen des Verstandes erkennt. Das heißt, Vernunft bedeutet auch: einer höheren Ordnung gemäß. *Vernunft* ist wertvoll und sollte beachtet werden.

Wenn wir vom Verstand zur umfassenden Wahrnehmung vordringen, dann besteht immer die Gefahr, uns in der Irrationalität zu verfangen. Dies gilt insbesondere, solange wir in der intuitiven Wahrnehmung noch ungeübt sind. In dieser Zeit sind wir möglicherweise anfällig für alle möglichen absurden Gedanken. Bis unser intuitives Unterscheidungsvermögen geschärft und erprobt ist, ist uns die Vernunft ein wertvoller Begleiter.

Aus der Wahrnehmung heraus sprechen und zuhören

Die menschliche Sprache wurde erfunden, um Informationen weiterzugeben und um damit das Miteinander zu erleichtern. Leider erleichtert sie nicht nur das Miteinander, sie macht es mitunter auch schwieriger. So ist oftmals die Sprache genau das Haupthindernis für eine Verständigung.

Das Wort verkörpert einen Bewusstseinsinhalt, bringt ihn in die konkrete Form eines Lautes, der über das Ohr wieder in das Bewusstsein eintritt. Aber entsprechend dem Grad des Bewusstseins des Empfängers nimmt es dort eine Form an, die nicht mehr identisch ist mit der Form, die aus dem Bewusstsein des Senders stammt. So hören alle zwar das Gleiche, aber es löst unter Umständen einen ganz anderen Bewusstseinsinhalt aus. Das Gemeinte, Gesagte und Verstandene sind also keineswegs identisch.

Beispiel:
Sie sagt: Liebling, schaust du noch lange fern?
Sie meint: Liebling, ich will mit dir kuscheln.
Er hört: Du schaust zu lange fern!
Er versteht: Du solltest lieber die Waschmaschine reparieren, statt so viel fernzuschauen!

Die häufigste Form verbaler Kommunikation ist somit das Missverständnis. Sie können davon ausgehen, dass der andere in jedem Fall *nicht* das versteht, was Sie sagen wollen, auch wenn Sie Ihre Worte sehr sorgfältig wählen. Es ist daher sinnvoll, sich immer zu vergewissern, was der andere verstanden hat und vor allem, *wie* er es verstanden hat. Schon, wenn Sie den *anderen* nur bitten wiederzugeben, was Sie selbst gesagt haben, werden Sie überraschende Abweichungen feststellen.

Wir sehen daran, dass die Sprache zum Transport von Informationen nur bedingt geeignet ist, aber solange wir keinen besseren Weg haben, sollten wir wenigstens das Beste daraus machen. Die *Universalsprache* ist energetisch und wird telepathisch übermittelt, aber nur wenige beherrschen sie noch beziehungsweise schon, obwohl wir alle ständig zumindest rudimentären Gebrauch davon machen, sonst würden wir wahrscheinlich noch mehr Missverständnisse haben. Wir sollten daher unsere Worte sehr sorgfältig wählen, damit sie das aussagen, was wir mitteilen wollen.

Aber ein Wort ist sehr viel mehr als nur eine Information, denn es enthält auch eine wirksame Energie, die das Wort erst lebendig werden lässt. Ein so lebendiges Wort bewirkt eine Veränderung im *anderen*. Die Worthülse ist die Information, der Wortinhalt aber eine Energie, die bewirkt, was gemeint ist. Es ist der Geist des Wortes, der wirkt, und so sollten wir nur noch Worte des Geistes sprechen. Wir erleben diesen Geist des Wortes, wenn wir ein Wort im Herzen bewegen. Das kann zum Beispiel eine Frage sein, die uns beschäftigt. Indem wir die Frage im Herzen bewegen, erkennen wir die Antwort in der Frage, die Lösung in der Aufgabe. Eine ganz neue Ebene des Verständnisses erschließt sich uns plötzlich mit der Erkenntnis: Es kann sich uns nie eine Frage stellen, die nicht bereits die Lösung enthält! Alles beantwortet sich selbst, und wir brauchen nicht mehr woanders zu suchen, solange wir auf das lebendige Wort achten. Deshalb sollten wir auch die Worte des anderen in der Wahrnehmung bewegen. Unsere Wahrnehmung gibt uns Antwort auf folgende Fragen:

- Was hat der andere gesagt?
- Was hat er oder sie gemeint?
- Was hat er oder sie von dem, was ich gesagt habe, gehört?
- Was hat er oder sie verstanden?
- Welches erfüllte oder unerfüllte Bedürfnis spricht aus ihm oder ihr?
- Welche Empfindung?
- Welche erfüllte oder unerfüllte Bitte?

Auch wenn wir selbst sprechen, sollten wir die Wahrnehmung einbeziehen. Unsere Wahrnehmung, nicht unser Verstand ist in der Lage, die Worte so zu wählen, dass sie den anderen erreichen.

Die Botschaft hinter dem Wort

Der Grad Ihres Bewusstseins entscheidet, welche Ebene der Kommunikation Sie wahrnehmen. Jede Kommunikation hat mehrere Ebenen:

1. An der Oberfläche liegt die Ebene der reinen Information.
2. Gleichzeitig erfolgt aber eine oft ganz andere energetische Kommunikation.
3. Und gleichzeitig darunter liegt die Kommunikation des Bewusstseins.

Auch wenn scheinbar nur die reine Information wahrgenommen wird, wirken die anderen Ebenen unterschwellig, unbewusst, vom Verstand unbemerkt. Dies gilt auch für den verbalen Austausch: Mit den gleichen Worten werden ganz verschiedene Botschaften weitergegeben und empfangen. Die sachliche Information wendet sich an den Verstand, die energetische an die Emotion und die Botschaft des Bewusstseins an das Bewusstsein. So kommt es in Gesprächen oftmals zu – für den Verstand unverständlichen – Reaktionen, je nachdem, welche Ebene im anderen gerade auf welche Weise angesprochen wird.

Übung: Spüren Sie gelegentlich nach, wenn Sie mit jemandem sprechen: was der andere gesagt, gemeint, gehört, verstanden hat.

Übung: Schreiben Sie einen Brief, in dem Sie etwas über sich selbst, ein Thema, ein Problem, ein Anliegen, eine Empfindung, eine Situation darlegen. Der Adressat kann ein spiritueller Meister oder auch ein guter Freund sein. Dann gehen Sie in die Stille, und empfangen Sie aus dieser Stille heraus die Antwort, die der andere auf der Bewusstseinsebene geben würde. Für diese Übung ist es anfangs hilfreich, ein Bild des Empfängers aufzustellen und über das Bild des *anderen* mit seiner Resonanz in Kontakt zu kommen.

In die Wahrnehmung kommen – Aus der Wahrnehmung heraus entscheiden

Bewusstsein hat viele Aspekte. Da ist das subatomare Bewusstsein, das mit allem subatomaren Bewusstsein interagiert. Da ist das Zellbewusstsein, das auf der DNS basiert. Dann gibt es das Körperbewusstsein, das die einzelnen Zellen zu einem größeren Ganzen zusammenfügt. Dann das emotionale Bewusstsein, das von vergangenen und jetzigen Emotionen geprägt wird. Schließlich das mentale Bewusstsein, das durch unsere Überzeugungen geprägt ist und letztlich das universelle Bewusstsein, das wiederum sämtliche Aspekte des Bewusstseins zu dem einen Ganzen zusammenfügt. Vielleicht gibt es sogar noch so etwas, wie das »Bewusstsein des Bewusstseins«.

Über die Erinnerung zur Wahrnehmung gelangen

Jedem ist es möglich, sich an den Beginn des heutigen Tages zu erinnern. Aber obwohl diese Erinnerung noch sehr lebendig ist, ist sie doch sehr lückenhaft, sobald wir versuchen, uns an Kleinigkeiten zu erinnern. Ganz unmerklich wird diese Erinnerungslücke von der Wahrnehmung geschlossen.

Übung: Erinnern Sie sich an den Beginn des heutigen Tages, und zwar in *allen* Einzelheiten:

Es beginnt mit dem Aufwachen. Was war das Erste, an das Sie gedacht haben? Was war Ihre erste Bewegung? Machen Sie sich jede Einzelheit deutlich. Lassen Sie den Film der Erinnerung wie in Zeitlupe laufen. Machen Sie sich so jede Einzelheit bewusst, bis Sie aufstehen.

- Mit welchem Fuß steigen Sie zuerst aus dem Bett?
- Wie gehen Sie zum Bad?
- Was tun Sie dort zuerst?
- Wie viel Zahncreme nehmen Sie auf die Zahnbürste?
- Wie ist die Creme geformt?
- Schmecken Sie noch einmal die Zahncreme.
- Machen Sie sich Ihre Bewegungen beim Zähneputzen bewusst.
- Putzen Sie zuerst hin und her oder rauf und runter?
- Wie oft machen Sie das?

Sie merken schon: Sehr schnell ist die Erinnerung überfordert, weil der Verstand viele Einzelheiten nicht für »merk-würdig« hält und deshalb nicht abrufbereit hat.

Hier springt ganz unmerklich die Wahrnehmung ein. Beim Nacherleben können Sie sich an *alle* Einzelheiten ganz deutlich erinnern, weil die Wahrnehmung nichts löscht. Sehr schnell »erleben« Sie nun Situationen, die Sie nicht mehr erinnern, die Sie gar nicht bewusst wahrgenommen haben.

Das heißt, auf diesem Weg überfordern Sie absichtlich Ihr Erinnerungsvermögen, um ganz natürlich in die Wahrnehmung zu kommen. Die Wahrnehmung ist eine natürliche Fähigkeit des Menschen, die nur verdeckt bleibt, weil der laute Verstand mit dem Erinnerungsvermögen sich vordrängt und die Wahrnehmung übertönt. Sobald er aber nicht weiterweiß, entsteht der Freiraum für die Wahrnehmung der Wahrnehmung.

Sobald die natürliche Fähigkeit der Wahrnehmung eingeübt ist, kann sie jederzeit ins Bewusstsein treten, sobald die Aufmerksamkeit auf sie gerichtet wird. Sie können dann jederzeit ganz bewusst in die Wahrnehmung eintreten. Dabei erkennen sie, dass Sie wirklich alles wahrnehmen können. Das, was in diesem Augenblick irgendwo an einem ganz anderen Ort geschieht ebenso, wie das, was zu irgendeinem Zeitpunkt irgendwo geschehen wird. Das ist möglich, weil in Wirklichkeit alles jetzt geschieht und die scheinbare Linearität der Zeit nur eine Illusion ist. Wahrnehmen kommt aus dem Bewusstsein, und da das individuelle Bewusstsein ein untrennbarer Teil des Allbewusstseins ist, ist Wahrnehmung allumfassend.

Der äußere Weg ist analysieren und verstehen. Der innere Weg ist beobachten und wahrnehmen, was *ist*.

Die energetische Wirkung einer Information beobachten

Ob Sie es wollen oder nicht, jede Information verändert Sie und damit Ihr Leben. Bestimmen Sie deshalb in Zukunft ganz bewusst, welche Information Sie aufnehmen wollen, denn so, wie Sie auf die Qualität Ihrer Nahrung achten, auf die Reinheit der Luft, die Sie atmen, so sollten Sie auch ganz bewusst Ihre geistige Nahrung bestimmen. Was Sie denken, anschauen, anhören oder lesen –, denn alles hat einen entsprechenden Einfluss auf Ihr Leben, entsprechend seiner energetischen Qualität.

Hilfreich ist folgender Umgang mit Information: Versuchen Sie, Informationen nicht nur dahin gehend zu bewerten, ob sie neu oder alt, interessant oder langweilig ist, sondern jede Information sofort vollziehend erleben. In Wirklichkeit ist eine Information nicht nur eine Wissenseinheit, sondern informierte Energie, ein energetisches Wirkungsfeld, das Sie verändert und bereichert, wenn Sie es zulassen. Lassen Sie zu, dass jede Information Ihr Leben bereichert und Sie verwandelt und Ihr Bewusstsein erweitert.

In einem ersten Schritt geht es nun darum, seine Aufmerksamkeit auf die energetische Wirkung einer Information zu richten. Alles andere loszulassen und darin zu versinken. In konzentrierter Entspannung wahrzunehmen, was eine Information in Ihnen bewirkt. Ihr beim Wirken zuzuschauen. Nicht eingreifen, nichts verändern, nur wahrnehmen, was geschieht.

Richten Sie einmal bei jeder Information Ihre Aufmerksamkeit nach innen und beobachten Sie, wie dieses energetische Wirkungsfeld Sie verändert und Ihr Leben verzaubert. Machen wir das einmal ganz bewusst miteinander: Schauen wir doch einmal auf eine Information und machen uns einiges bewusst:

- Was geschieht, während Sie der Information zuschauen?
- Spüren Sie, wie Sie die Information verändert?
- Wie ist die energetische Qualität der Information?
- Was genau bewirkt sie in Ihnen?
- Können Sie diese Wirkung verstärken, verändern, vertiefen?
- Können Sie bestimmen, was diese Information bewirken soll?
- Erkennen Sie noch irgendein Hindernis in Ihnen? Können Sie es auflösen?
- Können Sie erkennen, wie die Information günstigstenfalls Ihr Leben verändert?
- Erkennen Sie, wie wichtig es ist, welche Informationen Sie aufnehmen?

Wahrnehmung mit Aufmerksamkeit verbinden

Wahrnehmung übersteigt die begrenzte Sinneswahrnehmung, denn die ist linear, während wir hier in einem Augenblick alles gleichzeitig erfassen. Dies geschieht durch Seinsverbindung, ja Verschmelzung mit dem Wahrgenommenen. Wir erfassen so eine Situation, erkennen sofort Schwierigkeit und Lösung, den Weg und die Schritte. Dazu aber darf die Aufmerksamkeit nicht mehr herumstreunen, sondern sollte still auf dem Wahrgenommenen ruhen.

In der Wahrnehmung erkennen Sie, wie es zu einer bestimmten Situation gekommen ist, welche Umstände dazu geführt haben, wohin ein möglicher Schritt führt und was sich daraus ergibt. Voraussetzung für eine vielleicht sogar blitzartige Einsicht ist die völlige Neutralität des Wahrnehmenden. Also kein Urteil, keine Bewertung, keine Vorliebe mehr mit der Wahrnehmung verbinden. Sobald wir versuchen durch die Brille der Persönlichkeit zu sehen, wird die Wahrnehmungsfähigkeit reduziert oder verzerrt. Dann ist es sinnvoll, sich einzugestehen, dass Sie gerade nicht in der Wahrnehmung sind. Das macht nichts – es ist viel besser, als so zu tun, als ob.

Reine Wahrnehmung gelingt nur als reines Bewusstsein, in der vollkommenen Präsenz des Seins. Der Verstand wird dabei nicht gebraucht.

Wir können natürlich unsere Wahrnehmung auch auf das eigene Leben richten und hier die anstehenden Aufgaben erkennen, dazu Lösungen und die erforderlichen Schritte. Wir können dabei lernen, ständig in der Wahrnehmung zu bleiben und damit im Fluss des Lebens selbst. Sind wir im Zustand der ungeteilten Wahrnehmung und Achtsamkeit, erleben wir die Gegenwart des einen Seins in jedem Augenblick.

Die Wahrnehmung auf etwas richten

Was immer ich in meine Wahrnehmung einbeziehe (waro, germanisch: »Aufmerksamkeit«), hat sofort eine verändernde Wirkung. Die wird normalerweise nicht bewusst, weil wir nicht darauf achten. Achte ich aber darauf, kann ich sie ganz klar erkennen.

Übung: Vielleicht beginnen Sie damit, Ihren Atem zu beobachten. Indem Sie Ihren Atem bewusst wahrnehmen, ohne ihn zu verändern, einfach nur beobachten, können Sie nicht denken, Sie haben den Verstand auf einfache Weise überschritten. Das erscheint anfangs schwierig, bis Sie es ganz selbstverständlich beherrschen. Dann ist es wie mit dem Schwimmen, Sie können es nicht mehr verlernen, auch wenn Sie es länger nicht ausüben.

Reine Wahrnehmung öffnet die Tore des Lebens und es eröffnen sich ganz neue Möglichkeiten, die nur die Wahrnehmung betreten kann. Und Ihre bewusste Wahrnehmung transformiert Ihr ganzes Wesen. Es ist der Weg des Buddha.

Hierzu eine ***Übung:*** Vipassana – Zeuge sein. Bei dieser Übung muss man sich nicht anstrengen, nicht an sich arbeiten, einfach nur den Atem beobachten. Das Einströmen des Atems und dann die kleine Pause, bevor er wieder ausströmt, und wieder eine Pause. Das ist der Kreislauf des Atmens. Und der Verstand ist nicht beteiligt. Wahrnehmen ist kein mentaler Prozess, sondern nur ein wertfreies und bewusstes Beobachten dessen, was ist.

Die Übung Vipassana wird in den buddhistischen Schulen weltweit gelehrt, es gibt jedoch eine Besonderheit, die zu beachten ist, und die in den meisten Fällen nicht explizit erwähnt wird, nämlich die Frage »*Wer* beobachtet den Atem«? Solange da ein »Ich« ist, das den Atem beobachtet, vermag man mittels Vipassana wohl eine Beruhigung der Gedanken erreichen, aber kein »Erwachen«. Denn ich bleibe mit der Idee »*Ich* beobachte den Atem« in der Dualität – da ist ein Beobachter, und da ist der Atem, der beobachtet wird. Sobald ich mich aber mit dem Atem selber identifiziere, nutze ich diese Übung zum Erwachen, so wie es Buddha erlebte. Denn Vipassana war genau die Technik, mit der Buddha vor 2500 Jahren Erwachen erlangte. Sobald Sie aus der Nondualität heraus beobachten, sind Sie reine Wahrnehmung – gleichzusetzen mit Erwachen.

Und irgendwann beginnt man, auch andere Dinge wahrzunehmen, und ganz von selbst wird das Wahrnehmen zu einer ständigen Gewohnheit, zum Leben als Zeuge des Seins. Irgendwann können Sie sich sogar wahrnehmen, wenn Sie schlafen, denn das Bewusstsein, das beobachtet, schläft nicht, nur das Ich.

Sobald wahrnehmen nicht mehr eine Sache von Sekunden ist, sondern von ununterbrochenen Minuten, verändert sich Ihr Leben grundlegend. Sie sind angekommen und bleiben wach und bewusst, und das verändert Ihre Realität, Ihr Schicksal, Ihr ganzes Leben. Sie haben sich grundlegend geändert und ziehen damit nach dem Gesetz der Resonanz ganz andere Ereignisse in Ihr Leben. Was Ihr Leben bisher belastet haben mag, geschieht nicht mehr. Ein ganz neues Leben beginnt.

Die Wirklichkeit des Seins tritt in Erscheinung, sobald wir unsere Wahrnehmung darauf richten und gerichtet halten. Das ist alles, was zu tun ist, nur unsere Wahrnehmung darauf richten und gerichtet halten. Wir brauchen keine Vorstellung von dieser Wirklichkeit, was zählt, ist unsere Absicht. Unsere Absicht lenkt die Wahrnehmung und unser Wille hält die Aufmerksamkeit gerichtet.

Indem Sie Ihre reine Wahrnehmung auf einen bestimmten Aspekt Ihres Lebens richten, setzen Sie damit die schöpferische Kraft in Tätigkeit, ohne jedoch ein bestimmtes Ergebnis zu verursachen. Sie halten Ihr Bewusstsein einfach darauf gerichtet und lassen geschehen, was geschieht.

Übung: Ich nehme ganz bewusst einen bestimmten Gedanken in mein Bewusstsein und beobachte, was er mit mir macht. Wie er mich verändert. Was ist anders als zuvor? Das Gleiche mache ich mit einem Gefühl. Ich erkenne, mein Körper reagiert immer sofort auf jede Veränderung. An dem Instrument Körper kann ich erkennen, welche Wirkung ein Gedanke oder ein Gefühl hat, aber auch eine Vorstellung, ein Urteil oder eine Meinung.

Stehen Sie vor einem Problem und halten Ihre Wahrnehmung darauf gerichtet, geschieht sofort *Lösung*. Stehen Sie vor einer Entscheidung, dann halten Sie Ihre reine Wahrnehmung darauf gerichtet, und erkennen Sie das Richtige.

Haben Sie eine Frage und halten Ihre Wahrnehmung darauf gerichtet, erkennen Sie die Antwort. Sie halten Ihre Wahrnehmung auf eine bestimmte Sache gerichtet in der unerschütterlichen Gewissheit, dass die Antwort auf alle Fragen, die Lösung aller Aufgaben bereits vorhanden ist und deshalb in Erscheinung tritt. Ganz von selbst und vollkommen mühelos.

Der blinde Fleck

Die Dinge sind oftmals anders, als sie scheinen. Wir sehen viel zu häufig unsere Lebenssituation aus der Sicht des Egos und verkennen dabei die Wirklichkeit. Um allumfassend wahrnehmen zu können, sollten wir unseren

»blinden Flecken« auf die Spur kommen. Hierfür dient die folgende Übung.

Übung (der blinde Fleck): Begeben Sie sich in eine Position, die sich für Sie gut anfühlt, und gehen Sie in die Stille. Nehmen Sie Kontakt auf mit Ihrem wahren Selbst. Dann stellen Sie sich vor, Sie hätten zuhause eine Fernsehanlage mit vier Bildschirmen, die im Quadrat angeordnet sind. Richten Sie Ihre Wahrnehmung auf den jeweiligen Bildschirm, und nehmen Sie die entsprechende Information im Bewusstsein wahr. Notieren Sie, was Sie dabei erleben.

1. Der Bildschirm links oben zeigt Ihre eindeutige Identität (»Was jeder weiß«). Dieser Bildschirm zeigt, wie Sie sich wahrnehmen, in Übereinstimmung mit dem, wie auch die anderen Sie sehen. Schließen Sie kurz die Augen, und lassen Sie einfach Bilder oder Gedanken in Ihr Bewusstsein aufsteigen. Und wenn Sie das Bild oder den Satz erhalten haben, sagen Sie »danke«!
2. Der Bildschirm rechts oben zeigt Ihren blinden Fleck (»Was nur die anderen sehen«), ohne, dass es Ihnen – zumindest in diesem Maße – bewusst ist. Schließen Sie kurz die Augen, und lassen Sie wieder Bilder oder Gedanken in Ihr Bewusstsein aufsteigen. Und wenn Sie das Bild oder den Satz erhalten haben, sagen Sie wieder »danke«!
3. Der Bildschirm links unten zeigt Ihren Schatten, das (»Rumpelstilzchen«), was nur Sie selbst von sich wissen und vor den Augen der anderen verborgen hal-

ten. Verfahren Sie hier genauso, schließen Sie wieder mit »danke«!

4. Der Bildschirm rechts unten zeigt das große Unbekannte, die unbewusst treibende Kraft, die wirksam ist, ohne irgendjemandem bewusst zu sein.

Anwendungsbeispiel: Ein Klient, Mitinhaber einer Firma, kommt in die Praxis und klagt über die schwierige Beziehung mit seinem Geschäftspartner.

Antworten des Klienten:

1. Was jeder weiß: dass er sich Mühe gibt;
2. Was nur die anderen wissen: dass er in seiner eigenen Welt lebt;
3. Was nur er weiß: dass es viele ungelebte Bedürfnisse gibt;
4. Was keiner weiß: dass alles, was geschieht, so wie es gerade geschieht, Gnade ist.

Indem der Klient erkennt, dass das, was gerade geschieht, Gnade ist, auch wenn es äußerlich schwierig ausschaut, kann er seine Situation akzeptieren und durch sie hindurchgehen, statt sich von ihr vereinnahmen zu lassen.

Das soziale Gehirn – die Wahl zum Guten

Viele Menschen denken, sie hätten keine Wahl. Dies entsprach bis vor Kurzem auch dem Weltbild der Wissenschaft, die davon ausging, dass der Mensch nicht mehr sei als eine Maschine, die »Reizreaktionen« folgte, nicht aber wählte. Nach den neuesten Erkenntnissen der Neurowissenschaftler ist dies allerdings nicht der Fall. Der vordere Teil des Frontalhirns wird als Ort der Selbststeuerung angesehen.* Aus einem »normal« genutzten Frontalhirn heraus kann es die eigene Person und Welt noch nicht neu erfinden, sondern ist zunächst einmal an die Gesamtheit der im Gehirn gebundenen Programme für Handeln, körperliches Empfinden und emotionales Fühlen gebunden. Hier tut sich ihm allerdings bereits ein beachtliches Terrain auf. Die Wahlmöglichkeiten bestehen auf jeden Fall nicht nur darin, in einer bestimmten gegebenen Situation ein Handlungs- und Empfindungsprogramm zuzulassen oder abzublocken.

Professor Francis Crick wies bereits vor Jahren nach, dass die Illusion des »Getrenntseins vom Ganzen« und auch das »Getrenntsein von den eigenen Gefühlen« sehr stark mit einer Überaktivität der Schläfenlappen im Gehirn zu tun hat.** Auch Studien von Dr. Haffelder beweisen: »Die neurologische Effizienz verbessert sich, wenn die Partiallappen beruhigt werden und die Frontallappen mehr Energie erhalten; daraus folgt, dass das Bewusstsein der Getrenntheit, wie Überlebenskampf, Angst, Verurteilung, Hass nicht natürlich sind.«***

»Durch Experimente fanden zwei Professoren aus

* s. dazu Joachim Bauer, Warum ich fühle, was du fühlst. Intuitive Kommunikation und das Geheimnis der Spiegelneuronen, Hamburg 2005.

** Francis Crick: Discoverer of the Genetic Code (Eminent Lives) von Matt Ridley, London 2006.

*** dort

Pennsylvania – ein Radiologe und ein Psychiater – heraus, was im Gehirn vor sich geht, wenn Menschen beten. Ganz unabhängig davon, ob es Christen, Buddhisten oder Anhänger einer anderen Religion sind: Es werden die gleichen Gehirnzellen auf die gleiche Art aktiviert. Die Autoren sind davon überzeugt: Mystische Erfahrung ist biologisch real und naturwissenschaftlich wahrnehmbar.

Bei einer Studie mithilfe eines bildgebenden Verfahrens entdeckten die Wissenschaftler, dass die mystischen Erfahrungen der Versuchspersonen – die Bewusstseinszustände, die sie als das Aufgehen des Selbst in etwas Größerem beschrieben – nicht von emotionalen Irrtümern herrührten oder einfaches Wunschdenken waren. Sie gingen vielmehr mit einer Reihe wahrnehmbarer neurologischer Prozesse einher, die zwar nicht ungewöhnlich sind, aber außerhalb des Spektrums normaler Gehirnfunktionen liegen. Spirituelle Erfahrung ist ihrem Ursprung und Wesen nach auf das Engste mit der menschlichen Biologie verflochten. Diese Biologie bedingt in gewisser Weise den menschlichen Drang zur Spiritualität.«*

»Unter Neurobiologen beginnt sich mehr und mehr die Erkenntnis durchzusetzen, dass das ursprüngliche Leitmotiv menschlichen Handelns nicht Konkurrenz ist, sondern ganz im Gegenteil Kooperation, das Prinzip Menschlichkeit. Das Konkurrenzmotiv wäre demnach eben nicht Ausdruck der primären Natur des Menschen,

* Quelle: Andrew Newberg, Eugene D'Aquili, Vince Rause und Judith Cummins, Der gedachte Gott. Wie Glaube in Gehirn entsteht, München, 3. Auflage 2003

sondern im Gegenteil das Ergebnis einer Störung derselben! Kern aller Motivation ist es, zwischenmenschliche Zuwendung, Wertschätzung und erst recht Liebe zu finden und zu geben. Was wir im Alltag tun, wird meist direkt oder indirekt dadurch bestimmt, dass wir sozialen Kontakt gewinnen oder erhalten wollen. Bei dauerhaft gestörten Beziehungen oder dem Verlust von Bindungen kann es zu einem »Absturz« der Motivationssysteme kommen. Dann – und erst dann – setzen Aggressionen ein.«*

Moderne Neurologen gehen heute davon aus, dass der Frontallappen die physische Entsprechung für den Ort ist, aus dem heraus bewusste Wahl möglich ist. Möglicherweise ist dies der Grund, warum in östlichen Traditionen viele Menschen auf das »dritte Auge« meditieren. Viele Menschen erfahren das Innehalten, den Augenblick der Stille als eine »Umschaltstation« von der Aktivität der niederen Hirnteile hin zu einem bewussten Gebrauch von dem, was wir auch »kreative« oder »inspirierte« Intelligenz nennen. Hierbei sind die »niederen« Hirnteile nicht »schlecht«, sie bedürfen allerdings der Führung durch eine höhere, integrierende Instanz, welche sich möglicherweise in den Vorderlappen abspielt. Heute wissen wir, dass wir von der Evolution auf den Gebrauch unserer Bewusstheit und damit auf die Wahl angelegt sind. Wir wissen also, dass wir ein »soziales Gehirn« haben. ** Wir sind von unseren höheren Gehirnregionen dazu

* Joachim Bauer, Prinzip Menschlichkeit. Warum wir von Natur aus kooperieren, Hamburg 2006.

** dto.

angelegt, sozial zu denken und auch holistisch. Unsere Drüsen schütten, sobald wir dies tun, Belohnungshormone aus! Aus dem Grund sollten wir lernen, als Universum zu denken und nicht mehr aus dem hautverkapselten Ego heraus. Wir alle sind Bestandteile eines unsichtbaren universellen Gehirns!

Wo zwei oder drei in meinem Namen …

Ich erinnere mich daran, wer ich wirklich bin und richte meine Aufmerksamkeit, als »ich bin« auf einen bestimmten Aspekt meines Lebens, eine Situation, einen Umstand oder eine Sache. Indem ich meine Aufmerksamkeit als »ich bin« darauf gerichtet halte, löst sich alles Unstimmige dieses Aspekts auf, und seine wahre Form tritt in Erscheinung. Das ist kein Tun, sondern ein Geschehenlassen. Wichtig ist es, die Aufmerksamkeit so lange am Brennpunkt gerichtet zu halten, bis ich spüre, dass die Wandlung eintritt.

Wenn zwei oder mehr Menschen die Illusion der Trennung aufheben, und eins werden, beginnt im gleichen Augenblick das *Eine Sein* durch sie zu wirken. Deshalb wird die Wirkung um ein Vielfaches verstärkt, wenn mehrere Menschen gemeinsam ihre Aufmerksamkeit auf etwas richten. Hier gilt das bereits erwähnte Jesuswort: »Wenn zwei oder drei in meinem Namen versammelt sind, bin ich mitten unter ihnen.« (Mt 18,20)

Übung: Setzen Sie sich mit einem Partner/einer Partnerin oder mehreren Partnern zusammen. Gehen Sie gemeinsam in Ihre Bewusstheit, in Ihr wahres Selbst. Einer von

Ihnen spricht über ein Thema, das ihm oder ihr am Herzen liegt, so lange, bis jeder das Anliegen im Kern erfasst hat. Maximal fünf Minuten müssen genügen (gegebenenfalls Wecker stellen und »stopp« sagen), oft geht es auch wesentlich schneller.

Dann wird geschwiegen. Alle richten als »ich bin« ihre Aufmerksamkeit auf das Thema und erleben, wie sich das Thema auflöst. Ich kann auch als *ich bin* meine Aufmerksamkeit auf meine wahre Identität richten und gerichtet halten und bin so im vollkommenen Einklang mit dem Einen Sein.

Das *Eine Sein* beginnt im gleichen Augenblick zu wirken, sobald die Einheit vollzogen ist, das heißt, die trennende Illusion des Ich aufgelöst wurde. Um in die Allmacht einzutreten, ist es daher erforderlich, als ersten Schritt bewusst die Illusion der Trennung aufzulösen und *als* das Eine zu wirken. Bleibt das *Eine Sein* ungerichtet, wirkt es selbsterinnernd und löst die Programme und Verhaltensmuster des Ich auf, bis nur noch das *Eine Sein* da ist. Durch das Richten der Aufmerksamkeit kann das *Eine Sein* auch auf einen bestimmten Aspekt auf der Ebene der Erscheinungen gerichtet werden und beginnt dort, entsprechend dem inneren Bild zu wirken. Gemeinsam sollte die Aufmerksamkeit darauf gerichtet bleiben, bis es sich erfüllt hat, das heißt, bis ein Gefühl der Freude und Dankbarkeit anzeigt, dass es geschehen ist. Damit wurde die Erfüllung angenommen! Eine Wiederholung ist nicht erforderlich, und über die Sache sollte auch nicht weiter gesprochen werden, bis eine Veränderung eingetreten ist. Sollten unerwartete Hindernisse auftauchen, kann dies kommuniziert werden mit dem Ziel, die Auftragsbestätigung zu wiederholen beziehungsweise zu erweitern.

Die Verbindung mehrerer Menschen in der Einheit vervielfacht das Potenzial der schöpferischen Kraft. So können wir innerhalb einer Familie, Partnerschaft, Gemeinschaft stets einander helfen – frei von Vorstellungen »das Göttliche« in Gang setzen.

Universal Mind – als Universum denken

Der universelle Bewusstseinscomputer

Wenn wir uns das Universum als riesigen Bewusstseinscomputer vorstellen, dann sind unser Bewusstsein das Betriebssystem, unsere Gedanken, Gefühle und Überzeugungen der Input und die erlebte Realität der Output. Wenn wir das Ergebnis, die erlebte Realität ändern wollen, müssen wir den Input verändern, also unsere Gedanken, Gefühle und Überzeugungen, und dann wird sich auch der Output entsprechend verändern. Das Betriebssystem des Universums verändert sich indessen nicht. Wenn unser Computer etwas anderes machen soll, ändern wir nicht das Betriebssystem, sondern wir ändern nur die Befehle, die wir eingeben. Dann erfolgt absolut zuverlässig die entsprechende Veränderung. Entsprechen die Veränderungen nicht unseren Vorstellungen, hat nicht der Computer einen Fehler gemacht, sondern die Befehle entsprechen nicht unseren Erwartungen, Absicht und Schöpfungsimpuls stimmen nicht überein.

Sobald das der Fall ist, stimmt auch das Ergebnis! In jedem Augenblick geben wir dem Bewusstseinscomputer bestimmte Befehle, und das, was wir erleben, ist die unmittelbare Folge davon.

Schon das Lenken unserer Wahrnehmung auf einen bestimmten Aspekt des Lebens ist ein schöpferischer Akt. Bewusstsein kann nicht anders, als zu erschaffen, worauf es gerichtet wird. So geschieht ständig Schöpfung. Die Betriebssprache sind Gedanken, Gefühle, Überzeugungen, Vorstellungen (Bilder). Unsere Gedanken, Gefühle und Vorstellungen wirken im gleichen Augenblick, in dem wir sie erschaffen. Die Wirkung ist immer entsprechend. Der Output entspricht immer dem Input. Wir sind ein Ausdruck der stärksten Kraft des Universums, der Schöpferkraft! Sie ist das Werkzeug, mit dem *wir* die Zukunft gestalten.

Als Universum denken

Die Menschen reisen in die Welt. Überall bewundern sie berühmte Bauten, bestaunen Kunstwerke und sehen ehrfürchtig die Größe der Meere, die Kreisbahn der Gestirne und die Unendlichkeit des Universums. Ihre eigene Größe aber erkennen sie nicht.

Wir denken ununterbrochen. Wir können Kopfrechnen, benutzen unsere Phantasie und Kreativität, aber kaum je unser Bewusstsein. Dabei befindet sich unser eigentliches geistiges Potenzial nur im Bewusstsein. Stattdessen versuchen wir etwas zu verändern, indem wir fortwährend denken und tun. Das ist vor allem mühsam, braucht viel Zeit und führt nicht immer zu dem gewünschten Ergebnis. Ganz anders die geistigen Techniken. Diese sind keineswegs neu, sondern seit Jahrtausenden bekannt, aber immer nur wenigen. Es wird Zeit, dass dieses Wissen Allgemeingut wird. Vielleicht fragen Sie sich jetzt, warum das nicht in der Schule unterrichtet wird, wenn es doch so wichtig ist, warum Zeitungen und Fernsehen nicht darüber berichten. Nun, das frage ich mich allerdings auch. Aber wenn Sie bereit sind, können wir gleich einen entscheidenden Schritt tun. Machen wir das einmal praktisch:

Übung: Machen Sie sich einmal bewusst, wo Ihr Gehirn sitzt. Fühlen Sie Ihr Gehirn so deutlich, wie es Ihnen derzeit möglich ist. Fühlen Sie einmal zuerst die linke, dann die rechte Gehirnhälfte: Welche fühlen Sie deutlicher? Machen Sie sich dann einmal bewusst, wo der Sitz Ihres Bewusstseins ist. Fühlen Sie es mehr links oder mehr rechts? Oder in beiden Seiten gleich? Und nun lenken Sie einmal den Atem in die linke Gehirnhälfte. Tatsächlich ist es die Atemenergie, die Sie dorthin lenken. Fühlen Sie, wie sich dadurch die linke von der rechten Gehirnhälfte unterscheidet. Dann atmen Sie in den vorderen Teil des Gehirns, in die Stirn. Wahrscheinlich haben Sie nun das Gefühl, dass sich dieser Teil des Gehirns nach vorn und oben erweitert. Atmen Sie nun ganz bewusst in den vorderen und hinteren Teil des Gehirns und in beide Seiten, so dass sich Ihr Gehirn scheinbar nach allen Seiten weitet. Durchlüften Sie dabei Ihr Gehirn bis in jede Zelle, und spüren Sie die Frische und erhöhte Aktivität aller Zellen. Atmen Sie nun nach allen Seiten über Ihren Kopf hinaus, und spüren Sie, wie sich Ihr Bewusstsein dadurch erweitert. Lassen Sie Ihr Bewusstsein immer weiter werden, bis Sie an eine Grenze stoßen und Sie erkennen: Das ist keine Grenze. Ihr Bewusstsein ist in Wahrheit grenzenlos. Sie haben es bisher nur immer »zusammengehalten« und lassen es sich nun in seine natürliche Grenzenlosigkeit entfalten.

In Wirklichkeit ist das ganze Universum Ihr Denkraum, wobei das, was im Bewusstsein dabei geschieht, weit über das übliche Denken hinausgeht. Es ist das natürliche Heilsein, das unmittelbar auf Ihren Körper wirkt. Lassen Sie so einmal ganz bewusst Heilung in Ihrem Körper geschehen, und spüren Sie, wie Sie immer mehr ins Heil kommen! In diesem Bewusstsein steht Ihnen Ihr natürliches geistiges Potenzial wieder zur Verfügung. Sie brauchen es nur abzurufen. Wahrscheinlich ist Bewusstsein nicht ein Teil der Welt von Raum, Zeit und Materie. Vielleicht ist es gar nicht Teil von etwas, sondern das ursprüngliche Ganze!

Leben in Einklang mit dem Tao oder der Matrix

Wenn ich gelernt habe, als Universum zu denken, bin ich vielleicht bereit, tiefer in das Geheimnis des Lebens einzutauchen, mich wirklich auf das wahre Leben einzulassen. Dann erkenne ich, dass das Leben eine innewohnende Ordnung hat, dass jeder Augenblick eine bestimmte Chance beinhaltet, die es in Einklang mit dieser Ordnung – bei den Chinesen *Tao* genannt – zu erkennen und zu erfüllen gilt.

Ein erfülltes Leben besteht nicht darin, den Weg des Ich zu gehen, ohne Rücksicht auf Verluste, sondern das

Leben durch mich »geschehen« zu lassen. Dann werde ich selbst zu einem vollkommenen Ausdruck des Lebens. Ich mische mich nicht ungefragt ins Leben ein, sondern erlebe, wie Leben unmittelbar durch mich seine Form annimmt und sich verwirklicht. Dann – und erst dann – lebe ich wirklich.

Kleines und großes Ich umarmen

Wir sind ein multidimensionales Wesen und existieren auf vielen Ebenen. Es hat keinen Sinn, Schritte zu überspringen. Manche Menschen leben in dem Bewusstsein, dass ihnen die reine bedingungslose Liebe oder die Beziehung zum Göttlichen das Wichtigste im Leben ist, und richten sich darauf aus. Wenn dabei allerdings vitale Bedürfnisse unterdrückt werden, dann kann es sein, dass ihr Gefährt, der Körper, auf halbem Weg schlappmacht. Bewusst zu leben bedeutet auch, bewusst für alle unsere Ebenen zu sorgen und uns bewusst auf allen Ebenen zu führen, damit wir nicht Opfer unserer spirituellen Ambitionen werden. Am besten umarmen Sie Ihr wahres, nonduales universelles Selbst ebenso wie ihr kleines »Ich« und entwickeln dann nicht nur eine angemessene Haltung, sondern auch eine Lebenskunst.

Nachdem Sie in den vorangegangenen Kapiteln gelernt haben, wie man wahrnimmt, können wir uns nun daran machen, eine Zielklarheit zu entwickeln, die beides umfasst.

Zielklarheit

Wie man seine Lebensabsicht erkennt und erfüllt

Wohl in jedem Menschen steckt die Sehnsucht, etwas Einzigartiges im Leben zu verwirklichen. Und irgendwie spüren wir auch, dass dies nicht nur möglich, sondern von der Schöpfung gewollt ist. Um das zu schaffen, verfügt jeder Mensch über eine ganze Reihe potenzieller Talente, Fähigkeiten, Anlagen und Kräfte, die den meisten aber gar nicht bewusst sind. Lebensaufgabe ist es nun jedoch, Ihre Lebensaufgabe zu erkennen und zu erfüllen – dann leben Sie erfüllt!

Als Sie sich für dieses Leben entschieden haben, geschah das mit der Absicht, ganz bestimmte Erfahrungen zu machen. Sie können nur glücklich werden und ein erfülltes Leben leben, wenn Sie diese Absicht erkennen und erfüllen. Woran erkennen Sie Ihre Lebensabsicht? Nähern wir uns dieser Frage erst einmal mit der Hilfe unserer Erinnerungen, bevor wir tiefer in die Wahrnehmung einsteigen.

- *Attraktoren:* Jeder hat bestimmte Vorlieben – für ein Land, bestimmte Menschen, Orte oder Dinge. Etwas zieht uns an. Auch Attraktoren können Wegweiser zu unserer Lebensabsicht sein. Und indem wir unsere Aufmerksamkeit auf sie richten, fließt unsere Schöpferkraft darauf und beginnt mit der Verwirklichung.
- *Bedeutsames:* Alles, was uns wichtig ist, bekommt

mehr Gewicht. Dem Universum ist es gleich, was für uns wichtig ist. Manches bekommt Gewicht, und wir ziehen es damit in unser Leben.

- *Fähigkeiten:* Diese erkennen Sie an Ihren Talenten und Fähigkeiten, denn als Sie sich für dieses Leben entschieden haben, haben Sie auch dafür gesorgt, dass Sie alle Fähigkeiten haben, die Sie dafür brauchen. Wenn Sie wissen wollen, wo ein Mensch in den Urlaub hinfährt, brauchten Sie sich nur sein Reisegepäck anschauen: Hat er Bergstiefel und Pickel bei sich oder Badehose und Taucherbrille? Ebenso können Sie am Gepäck Ihrer Fähigkeiten erkennen, wohin Sie möchten. Fragen Sie sich einmal: Was kann ich besonders gut? ***Tipp:*** Machen Sie einmal eine Liste Ihrer besonderen Fähigkeiten und lassen Sie sich ruhig ein paar Tage Zeit, um diese Liste noch zu erweitern. Unsere Fähigkeiten erscheinen uns nämlich so normal, dass wir sie gar nicht als besondere erkennen, bis wir nach ihnen fragen.
- *Freuden:* Nicht nur, was Sie besonders gut können, ist wichtig, auch was Ihnen besondere Freude macht. ***Tipp:*** Machen Sie auch eine Liste dieser Dinge. Finden Sie heraus, was Sie am liebsten tun.
- *Herausforderungen:* Sie erkennen Ihre Lebensabsicht auch an besonderen Problemen, Schwierigkeiten, Auseinandersetzungen, Defiziten, Herausforderungen, die Sie in einem oder mehreren Lebensbereichen haben. Manchmal ist es so, dass genau Sie genau in den Bereichen, in denen Sie sich anfangs unzulänglich fühlten, später durch die Schule des Lebens zu einem »Spezialisten« ausgebildet werden. Wer in sei-

ner Kindheit besonders unter Armut litt, wird möglicherweise später ein Experte der Vermögensbildung. Wem Schüchternheit zu schaffen machte, ein Flirttrainer, und wer sich hässlich fand, ein Fotomodell. Nicht nur unsere Fähigkeiten, auch die Hindernisse geben Auskunft – falls sie für uns bedeutsam sind.

- *Interesse:* Sie erkennen Ihre Lebensabsicht daran, wofür Sie sich interessieren, was Sie im Leben fasziniert, was Sie anzieht und was für Sie stimmt.
- *Zufälle:* Alles, was uns im Leben erreicht, will uns reich machen. Das gilt für die angenehmen Dinge genauso wie für die unangenehmen. Es kommt nur darauf an, wie Sie damit umgehen.

Schlüsselfragen sind hier:

- Was macht mir Freude?
- Was kann ich besonders gut, was sind meine Talente?
- Was bedeutet mir etwas im Leben, was sind meine wichtigsten Werte?
- Was fasziniert mich, zieht mich an?
- Was ist stimmig?
- Wogegen habe ich Widerstände, wo schaue ich weg und warum?

Aber auch:

- Wer bin ich? Als wer lebe ich?
- Was ist der Sinn dieses Lebens?
- Wo will ich am Ende angekommen sein?
- Welche Konsequenzen ergeben sich daraus?

- Was ist dafür zu tun? Vor allem, was ist zu lassen?
- Was sollte ich mir abgewöhnen? Was angewöhnen?
- Was ist mein Weg, mein Ziel, der nächste Schritt?

Wenn wir ein Paket bekommen, können wir es annehmen oder ablehnen. Wenn wir es ablehnen, geht es zurück. Nehmen wir es an, machen wir es uns zu eigen. Was wir so annehmen, ziehen wir damit in unser Leben, und es tritt als unsere Realität in Erscheinung.

All die oben angeführten Punkte sind erst einmal nur Anregungen. Wichtig ist es nun, auf alle Punkte in Ihren Listen die *Wahrnehmung* zu richten und aus ihr heraus zu prüfen, ob sie für Ihre Lebensabsicht relevant sind.

Ihre Wahrnehmung der Lebensabsicht – wenn nicht mehr die Bewertung anderer entscheidet

Ein Handicap kann beispielsweise bedeuten, dass Sie sich in diesem Leben *nicht* mit einer Sache beschäftigen sollen/wollen oder auch, dass Sie sich *gerade* damit beschäftigen sollen/wollen – es hängt von Ihrer »Resonanz« ab und von Ihrer Wahrnehmung.

Beispiel: Nehmen wir einmal an, Sie sind in einer Familie aufgewachsen, in der Sie die Eigenarten Ihrer Eltern als inkompatibel empfunden haben, so als würden Ihr Vater und Ihre Mutter in zwei verschiedenen Welten leben. In dem Fall kann es sein, dass es Ihre Aufgabe ist, sich tiefer mit dem Thema Beziehungen zu beschäftigen und zu lernen, Unverträglichkeiten zu überbrücken. Sie werden ein Beziehungsspezialist und möglicherweise später Mediator für große Firmen. Oder Sie erkennen, dass das Thema persönliche Beziehungen in Ihrem Leben weniger ansteht – dass es Ihre Aufgabe ist, als Single zu leben und unabhängig zu sein von einem festen Partner.

Es ist wichtig, sich in Ihrer Lebensabsicht nicht irritieren zu lassen. Denn andere Menschen haben aufgrund ihrer »Mitgift« ganz andere Prioritäten. Vorgaben anderer, Sie sollten wohlhabend, solide, familiär eingebunden, gesellschaftlich höher positioniert sein, haben nur dann für Sie Bedeutung, wenn Sie, nachdem Sie in sich gegangen sind, spüren, dass diese für Sie stimmen. Weder Trotz noch Anpassung sollten ausschlaggebend für Ihre Lebensentscheidungen sein, sondern die innere Wahrnehmung, das innere Gewissen, die innere Gewissheit. Um ihre Lebensabsicht zu erkennen, ist es wichtig, sich bewusst zu machen, wer Sie sind und *wessen Absicht* Sie erfüllen wollen, die Absicht Ihres Egos mit seinen vielen konditionierten Facetten oder die Ihres wahren Selbst.

Es ist daher ein unverzichtbarer Schritt, dass Sie für die Frage der Lebensabsicht Klarheit erlangen, dass Sie sich als Bewusstsein erkennen und dann diese Frage stellen. Bewusstsein wurde weder geboren noch kann es alt oder krank werden noch kann es sterben. Bewusstsein ist, war und wird immer sein. Als Bewusstsein hatten Sie vor Ihrer Geburt eine bestimmte Absicht und sind dafür in die Begrenzung einer menschlichen Existenz eingetreten – um bestimmte Erfahrungen zu machen.

Was für Sie stimmig ist, erkennen Sie, wenn Sie sich vorstellen, Ihr Leben sei vorbei – auf was möchten Sie zurückblicken können? Stellen Sie sich vor, Sie haben Ihren Körper nach einem langen Leben verlassen, stehen vor der Himmelstür und Petrus fragt Sie. Nach welcher Lebensabsicht wird er fragen? Vielleicht fragt er auch: »Na hat es diesmal geklappt?« Was wird Ihre Antwort sein? Ist Ihre Antwort: »Ich weiß nicht, wovon du sprichst«, wird er sagen »Dann hat es also wieder nicht geklappt. Gleich noch mal«!

Erfüllte Beziehungen – ein wichtiger Teil des Lebensabsicht

Ein wichtiger Teil meiner Lebensabsicht ist, von wenigen Ausnahmen abgesehen, meine Beziehung. Leben Sie in einer harmonischen Beziehung, indem Sie ein idealer Partner sind. In einer idealen Beziehung braucht nur einer ideal zu sein, der andere kann sein, wie er will. Machen Sie den Anfang. Das betrifft meine Familie ebenso wie meine Freunde und natürlich vor allem den Partner beziehungsweise Lebensabschnittspartner. Meine Beziehung wird natürlich ergänzt von meinem Verhältnis zur Gesundheit, zum Geld, zur Berufung, Spiritualität, Sexualität, der Menschheit als solcher, der Erde und so weiter. Wenn ich erkenne, dass meine Lebensabsicht ist, materielle Fülle zu verwirklichen, dann muss ich mich fragen, welches Verhältnis ich zu Fülle und Wohlstand habe. Und wenn meine Lebensabsicht ist, Mitgefühl zu entwickeln, dann geht meine Frage dahin zu erkennen, ob ich eine liebevolle Beziehung zu dem Unerlösten habe, in mir und in anderen. Wenn es um meine Lebensabsicht geht, dann sollte ich mich auch nicht mit anderen vergleichen, nur mit mir selbst. Oftmals irritiert das Ego nämlich die Klarheit der eigenen Lebensabsicht, indem es sich mit anderen misst. Dann beneidet man denjenigen, der einen Ferrari fährt oder einen Millionenbetrag auf dem Bankkonto hat, statt zu erkennen, dass die eigene Aufgabe möglicherweise mehr mit zwischenmenschlichen Beziehungen zu tun hat. Die Frage der Lebensabsicht ist also stets individuell zu beantworten. Wenn ich unsicher bin, kann ich prüfen, ob es für mich jetzt stimmt. Denn der Zeitpunkt ist wichtig. Meine Lebensabsicht hat oft bestimmte Stationen, die eine nach der anderen erfüllt sein wollen. Also sollte ich nichts übersehen.

Ziel- und Jetzt-Bewusstsein

Das Leben hat zwei Ziele: das äußere Ziel, etwas Bestimmtes zu erreichen und das eigentliche Ziel – im Hier und Jetzt zu sein. Ihre Aufgabe ist es, beides miteinander zu verbinden, indem Sie im Sein bleiben und gleichzeitig zielgerecht handeln. Sie erreichen so beide Lebensziele und erleben Erfüllung durch Erreichen des eigentlichen Lebenszieles: dem Erwachen zur inneren Wirklichkeit. Das ist das Ziel »hinter« allem.

Leben findet immer nur im Augenblick statt, deshalb sollten auch wir ständig im Jetzt sein. Wir aber sind mit unseren Gedanken meist woanders, in der Vergangenheit oder in der Zukunft, aber selten dort, wo das Leben ist. Dabei hat jeder Augenblick seine ganz besondere Bestimmung und seine ganz besondere Möglichkeit, dieser gerecht zu werden. Das entdecken wir erst, wenn wir uns ganz auf *diesen Augenblick* einlassen. Wenn wir das tun, erkennen wir, dass uns das Jetzt auf direktem Weg zu unserem Ziel führt, ja, dass wir unser Ziel nur im Jetzt erreichen können.

Wenn Sie so ganz im Jetzt Ihr Ziel verfolgen, erkennen Sie: Wo ein Ziel ist, ist auch immer ein Weg, wo eine Aufgabe ist, ist immer auch eine Lösung. Die Lösung ist sogar in der Aufgabe enthalten. Wenn Sie das Ziel einmal nicht klar erkennen können, wohl aber den nächsten Schritt, dann tun Sie diesen und vertrauen Sie darauf, dass sich daraufhin der nächste Schritt zeigt und letztlich der Weg. Sie können dem Jetzt vertrauen, denn alles, was zählt, ist – jetzt! Solange Sie im Augenblick stimmig sind, können Sie Ihr Ziel nicht verfehlen!

Auf was möchten Sie zurückblicken können?

Vielleicht denken Sie nun: »Das stimmt eigentlich, das sollte ich wirklich einmal tun.« Warum nicht jetzt? Irgendwann ist nie, jetzt ist immer der beste Zeitpunkt. Ich habe mit unzähligen Menschen die Frage diskutiert: »Was würden Sie anders machen, wenn Sie noch einmal am Anfang stünden?« Erstaunlich viele sagten dann: »Ich würde *alles* anders machen.«

- Bei sehr vielen Menschen waren es nicht die Dinge, die sie getan, sondern die, die sie nicht getan hatten, aber im Nachhinein gern getan hätten. Wenn Sie zu dieser Gruppe gehören, sollten Sie sich daran erinnern, dass Sie, so lange Sie leben, Neues anfangen können.
- Bei manchen Menschen war alles richtig gelaufen, nur die negativen Bewertungen haben sie schließlich zu der Vorstellung geführt, dass sie alles hätten anders machen sollen. Wenn Sie zu dieser Gruppe

gehören, sollten Sie sich verzeihen und Ihre Vorstellungen korrigieren.

- Bei einer dritten Gruppe waren es wenige, ganz bestimmte Dinge, die sie lieber unterlassen hätten. Wenn es Ihnen genauso geht, können Sie durch mentales Umerleben und Selbstannahme Ihrem Unterbewusstsein Alternativen zu seiner bisherigen Erinnerung bieten.

Stellen Sie sich doch einmal vor, Sie sind alt, sitzen in Ihrem Lieblingssessel und denken zurück an Ihr Leben. Auf was möchten Sie dann zurückblicken? In einem zweiten Schritt machen Sie sich dann Folgendes klar: Sie stehen noch mitten im Leben. Sie können einen Neuanfang wagen – *jetzt!*

Ich erinnere mich wieder …

… an die Vollkommenheit meines wahren Seins
… an die Lösung für die jetzige Aufgabe
… dass mein wahres Wesen Liebe ist
… was meine Lebensabsicht ist
… dass der Tod die Geburt zu meinem eigentlichen Sein ist und es darauf ankommt, wer ich bis dahin geworden bin beziehungsweise welche Rolle ich bis dahin im Leben eingenommen habe.

Ich gestatte mir *jetzt*, …

… dass sich die Fülle in meinem Leben manifestiert (wie immer sie aussieht)

… dass die Heilung meines Körpers beginnt
… dass die richtige Beziehung(sform) sich zeigt
… dass ich in meiner Identität einen Sprung mache
… dass ich immer stimmiger lebe und immer bessere Entscheidungen treffe.

Letztlich führen alle Ziele zum Selbst, zu dem, der Sie wirklich sind. Dieses Ziel sollten wir nie aus den Augen verlieren, denn es ist unser Wegweiser und zeigt uns klar den nächsten Schritt, der zu tun ist.

Was hindert Sie?

Fast jeder kennt die Situation, dass er oder sie sich sagt: »Wenn nur das nicht wäre, ginge es mir gut!« Irgendein Umstand steht uns immer oder oft im Weg, der den natürlichen Fluss des Lebens zu hemmen scheint.

Eine sagt sich, ich habe nicht genug Geld oder das ist zu schwer, dafür bin ich zu alt, dazu ist es zu spät, aber das sind alles nur Ausreden. Solange Sie leben, ist es *nie* zu spät. Man ist nie zu alt, um etwas Neues zu beginnen, und ob es wirklich zu schwer ist, weiß man erst, nachdem man es versucht hat. Außerdem sind das alles nur Vorstellungen, eingebildete Hindernisse.

Wenn scheinbar etwas den Fluss meines Lebens behindert, dann steht dahinter immer eine Aufgabe und das Leben erwartet von mir die Lösung. Wenn sich mir eine Aufgabe stellt, ist das der Beweis, dass ich sie lösen kann, sonst würde sie mir nicht gestellt. Eine schwierige Aufgabe ist ein Kompliment des Lebens an meine Fähigkeit, Schwierigkeiten zu meistern.

Es ist der Zweck des Lebens, mich immer wieder vor neue Aufgaben zu stellen, und es ist der Sinn des Lebens, sie zu lösen und an ihnen zu wachsen und zu reifen, um schließlich bereit zu sein für neue, sogar umfassendere Aufgaben.

Für unsere eigene Entwicklung sind Schwierigkeiten und Hindernisse unverzichtbar, weil wir nur so unser geistiges Potenzial voll entfalten und zur eigenen Größe erwachsen. Hierzu ein anschauliches Beispiel: Ein Vogel, der versucht, möglichst schnell zu fliegen, scheitert am Widerstand der Luft. Und so könnte er auf die Idee kommen, wenn die Luft nicht wäre, könnte ich viel schneller fliegen. Wenn die Luft aber nicht wäre, könnte er überhaupt nicht fliegen.

In jeder Schwierigkeit, jedem Hindernis, jeder Aufgabe steckt eine ganz besondere Chance, die wir uns einmal bewusst machen sollten:

- Was ist der Entwicklungsschritt, zu dem mich diese Aufgabe auffordert?
- Welche Fähigkeit habe ich aktiviert oder optimiert, wenn ich diese Aufgabe gelöst habe?
- Welche Eigenschaften helfen mir dabei, die Aufgabe zu lösen?

Indem ich aus der Sicht meines wahren Selbst das Leben und meine Lebensabsicht sehe und mich von den Erwartungen darüber, was »man sollte«, löse, kann ich den Lehrplan des Lebens erkennen und freudig bejahen, vor allem aber erfüllen. Mit der Bewusstheit meiner Lebensabsicht im Rücken erlebe ich, wie ich von Aufgabe zu

Aufgabe bewusster werde, wie mein vorhandenes Potenzial sich entfaltet. Die jeweilige Aufgabe sehe ich dann nicht mehr als Schwierigkeit oder Hindernis, sondern als die Chance, den nächsten Entwicklungsschritt, auf den mein wahres Selbst seit Langem wartet, endlich zu tun. Jede Aufgabe eine neue Chance, die ich dankbar nutze und einlöse.

Zielfokussierung

1. Entscheiden Sie sich ganz bewusst für ein Ziel.
2. Geben Sie sich das feierliche Versprechen, dass Sie nicht aufgeben werden, bevor Sie es erreicht haben. Geben Sie niemals auf, und Sie werden jedes gewünschte Ziel erreichen, durch die Macht Ihrer Beharrlichkeit.
3. Nutzen Sie dabei auch die Macht der Motivation. Geben Sie sich einen überzeugenden Grund, das Ziel unbedingt erreichen zu wollen.
4. Leben Sie vom Ziel aus, das heißt, als derjenige, der das Ziel bereits erreicht hat.

Erreichen Sie Ihre Ziele, indem Sie sich Punkt für Punkt auf Aufgaben vorbereiten

Was ist zu tun?

- Situationsanalyse;
- Problemdefinition;
- Zielklarheit;

- Die Aufmerksamkeit abziehen von dem, was nicht sein soll. Die Gefühle des Mangels und das Mangelbewusstsein »löschen«;
- Die Aufmerksamkeit richten und gerichtet halten auf den gewünschten Endzustand, die Lösung, das Ziel.
- Ein umfassendes Wohlstandsbewusstsein schaffen;
- Die richtigen Entscheidungen treffen;
- Die Entscheidungen konsequent und beharrlich umsetzen, bis der Erfolg sich einstellt;
- Die individuelle energetische Signatur in Einklang bringen mit dem gewünschten Endzustand. Ständiges Charisma-Training;
- Sich wertvoll fühlen;
- Das Selbstbild optimieren;
- Die eigenen Überzeugungen optimieren, denn: Einem jeden geschieht nach seinem Glauben;
- Den gewünschten Endzustand geistig in Besitz nehmen, sich bereits am Ziel erleben und ihn sich so zu eigen machen;
- Vorbereitet sein, auf das, was kommt, und es optimal meistern;
- Vom Ziel aus denken und handeln: In das Bewusstsein dessen gehen, der die Aufgabe bereits gemeistert hat. Von dort aus zurückschauen, wie die Aufgabe gelöst wurde, welche Schwierigkeiten aufgetaucht sind und wie man sie hätte vermeiden können;
- Kai-Zen täglich praktizieren; sich dabei fragen: Was mache ich heute besser als gestern? Und was könnte ich morgen besser machen als heute?
- Das Sosein ständig optimieren.

Was ist mir wichtig im Leben?

Checkliste zur Selbstüberprüfung:

- O Stimmig leben
- O Aufwachen
- O Danken
- O Das »Spiel des Lebens« bewusst spielen
- O Das Ärgern verlernen
- O Dem Leben die richtigen »Anweisungen« geben
- O Den »Weg der Freude« gehen
- O Den »Zauberstab« Gedankenkraft bewusst nutzen
- O Die »Kunst der Mühelosigkeit« beherrschen
- O Die »Kunst des Genießens« praktizieren
- O Die »Kunst des Schenkens« praktizieren
- O Die »Sprache des Lebens« verstehen und beherzigen
- O Aus dem ganz normalen Alltag etwas Besonderes machen
- O Die richtigen Entscheidungen »treffen«
- O Die Zukunft verändern, bevor sie eintritt
- O Ein guter Partner sein
- O Ereignisse bestimmen, bevor sie geschehen
- O Erkennen, es gibt keine Probleme, nur interessante Aufgaben
- O Erst gewinnen, dann beginnen
- O Gesund und fit bis in hohe Alter sein
- O In einer harmonischen, erfüllenden Beziehung leben
- O Jeden Augenblick genießen
- O Leben als Beobachter
- O Liebevolle Kommunikation ständig praktizieren
- O Loslassen, was unglücklich macht

- O Märchenhaft leben
- O Mein Leben feiern
- O Meine »energetische Signatur« optimieren
- O Meine Aufmerksamkeit abziehen von … und richten auf …!
- O Meine Lebensabsicht erkennen und erfüllen
- O Meine Traumfigur verwirklichen
- O Meinen Glauben vertiefen
- O Meinen Wunschtraum verwirklichen
- O Meiner Berufung folgen
- O Mich mit Gleichgesinnten umgeben
- O Mich gut ernähren
- O Mich selbst als »Dauerauftrag an das Leben« begreifen
- O Nein sagen, wo es für mich nicht stimmt
- O Nicht mehr »arbeiten« und statt dessen »bezahlten Urlaub für immer« leben
- O Segensreich leben
- O Sich an die Zukunft »er-innern«!
- O Stress vermeiden
- O Sympathisch und wohlwollend sein
- O Urvertrauen entwickeln
- O Mit Geld angemessen umgehen
- O Wohlstand auf allen Ebenen schaffen
- O Wortgeschenke machen
- O Zielklarheit schaffen
- O Zu Bewusstsein kommen
- O …

Übung: Kreuzen Sie die für Sie wichtigen Punkte an!

Was würde mein Leben bereichern und schöner machen?

- O Berufswechsel
- O Bücher schreiben
- O Erfolgreich sein
- O Fähigkeiten erwerben
- O Fahrradtouren machen
- O neue Freunde finden
- O Gesünder leben/sein
- O Haustier, z. B. ein Hund
- O Kinder haben
- O Kochen können
- O Lesen
- O Lieben, echt und bedingungslos
- O Meditieren
- O Menschen kennenlernen
- O öfter Musik hören
- O Öffentlichkeitsarbeit
- O Reisen
- O Sport treiben
- O Sprachen lernen
- O Tanzen gehen
- O Traumauto fahren
- O Traumhaus bewohnen
- O Urlaubsreise
- O Vorträge halten
- O Wohlstand
- O Zeit zu haben
- O …

Übung: Kreuzen Sie die für Sie wichtigsten Punkte an!

Checkliste: Das würde ich ändern, wenn ich könnte

Übung: Erstellen Sie eine Liste unter der Überschrift: »Das würde ich ändern, wenn ich könnte«. (Nachstehend finden Sie Beispiele von Teilnehmern aus meinen Seminaren).

- Ich würde früher anfangen, einfach zu leben.
- Ich würde nichts mehr auf später verschieben.
- Ich würde lernen, im Augenblick zu leben.
- Ich würde die meisten Jugendsorgen einfach streichen.
- Ich würde rechtzeitig auf dem Gebiet, das mir wirklich Freude macht, Experte werden. Dann bräuchte ich mir um Karriere und Geldverdienen keine Sorgen mehr zu machen.
- Sobald das Wetter schön ist, hätte ich immer Zeit, baden zu gehen, zu wandern oder was auch immer.
- Ich hätte überhaupt unendlich Zeit für alles, was wirklich wichtig ist.
- Ich würde mir nie Sorgen machen.
- Ich würde nichts, aber auch gar nichts mehr ernst nehmen.
- Ich wüsste, dass mein Partner nicht schön sein muss, sondern »der Richtige«.
- Ich würde weniger auf den Verstand hören als auf meine Intuition.
- Ich wüsste, dass die Menschen nun mal so sind, wie sie sind. Ich würde aufhören, sie anders haben zu wollen, was ohnehin nicht geht.
- Ich wüsste, dass männliche und weibliche Kommuni-

kation eh nicht kompatibel ist. Ich hätte mehr Verständnis, als vergeblich zu verstehen zu versuchen.

- Ich würde das Privileg schätzen, jeden Morgen aufzuwachen, um wieder einen Tag voller Möglichkeiten vor mir zu haben.
- Ich würde die Kunst lernen, mich nicht zu unterfordern und die Liebe zu mir selbst entwickeln, als Beginn einer lebenslangen Romanze.
- Ich würde alles Unwesentliche loslassen und hätte so unendlich Zeit, für das, was wirklich zählt im Leben.
- Ich würde mich all den schönen Dingen widmen, die einfach guttun.
- Ich würde versuchen, ständig in Einklang mit dem Sein zu leben.
- Ich würde noch mehr lieben, denn wer liebt, kann nicht alt sein.
- Ich würde Humor entwickeln und Liebenswürdigkeit zu meiner Grundeinstellung machen; jedoch nicht erwarten, dass die anderen das dann auch tun, einfach weil ich mich dann in mir wohler fühle.
- Ich würde nicht immer auf den Preis der Dinge achten, sondern auf den Wert.
- Ich würde nie mehr versuchen, die Wünsche und Erwartungen der anderen zu erfüllen, sondern mein Leben leben.
- Ich würde nie mehr versuchen, perfekt zu sein, sondern echt, ehrlich und authentisch, wirklich leben.
- …

Nachdem Sie die Liste angefertigt haben, ersetzen Sie das Wörtchen »würde« durch eine direkte Aussage (»ich lebe, ich weiß, liebe, tue ...«), nehmen sich einen Punkt nach dem anderen und fangen *jetzt* an. Und vor allem: Für einen Neuanfang ist es nie zu spät!

Ihre persönliche Wertehierarchie

Welche Werte spielen in Ihrem Leben eine Rolle, bestimmen Ihr Verhalten? Machen Sie eine Prioritätenliste Ihrer stärksten Werte.

Zum Beispiel: Gesundheit, Erfolg, Wohlstand, Partnerschaft, Liebe, Geduld, Muße, Beharrlichkeit, Disziplin, Ausdauer, Strebsamkeit, Ehrgeiz, Musik, Sport, Tiere, Natur und so weiter.

1. ______________________________

2. ______________________________

3. ______________________________

4. ______________________________

5. ______________________________

6. ______________________________

7. ______________________________

8. ______________________________

9. ______________________________

10. ______________________________

Wollen Sie weiterhin diesen Werten folgen, oder sollten andere Werte in Zukunft Ihr Leben bestimmen?

Wenn ja, welche:

1. ______________________________

2. ______________________________

3. ______________________________

4. ______________________________

5. ______________________________

6. ______________________________

7. ______________________________

8. ______________________________

9. ______________________________

10. ______________________________

Meine Lebensbilanz

Sie zeigt, wo derzeit meine Aufgaben liegen, aber auch meine Chancen.

Rubrik	**1**	**2**	**3**	**4**	**5**
Gesundheit:					
Beziehung, Partnerschaft:					
Beruf, Berufung:					
Geld, finanzielle Situation:					
Familie, Kinder, Eltern:					
Wohnsituation:					
Lebensqualität:					
Freunde:					
Sport:					
Hobby:					
Geistiges Wachstum:					
Individuelle Evolution:					
Weitere wichtige Bereiche:					

Aufgabe: Vergeben Sie in jeder Spalte bis maximal 10 Punkte.

Tragen Sie in Spalte 1 ein, wie sehr Sie sich bisher auf diesen Bereich eingelassen haben.

Tragen Sie in Spalte 2 ein, wie wichtig Ihnen dieser Bereich ist.

Tragen Sie in Spalte 3 ein, wie weit er verwirklicht ist.

Tragen Sie in Spalte 4 ein, wie viel Erfüllung Sie bisher in diesem Bereich erleben.
Tragen Sie in Spalte 5 ein, wie viel unerfülltes Potenzial in diesem Bereich noch liegt.

Ihre derzeitige Hauptaufgabe erkennen Sie in der Spalte 5, dort, wo die höchste Eintragung steht. Gibt es mehrere gleich hohe Eintragungen, so haben Sie derzeit mehrere Aufgaben zu erfüllen.

Machen Sie sich auch bewusst, was zu tun ist, um Ihr Ideal im angezeigten Bereich zu verwirklichen. Wenn Ihr derzeitiger Weg nicht zur Erfüllung führt, sollten Sie einen anderen Weg wählen. Gehen Sie ganz bewusst den Weg der Freude. Fangen Sie mit dem ersten kleinen Schritt an (und wenn es nur ein ganz kleiner ist), und zwar nicht irgendwann, sondern jetzt sofort, denn was nicht gleich getan wird, wird meist nie getan. Jetzt ist der beste Zeitpunkt, Ihre Lebensqualität zu verbessern.

Wie man seine Lebensabsicht und die Botschaften des Lebens erkennt und erfüllt

Der erste Schritt:

- Ich mache mir bewusst, wer hat da eine Absicht?
- Wer bin ich? Als wer lebe ich?
- Wer bestimmt mein Leben? Mein Ich oder mein Selbst?

Der zweite Schritt:

- Was will ich in meinem Leben verwirklichen?

- Ich erlebe in der Imagination noch einmal, weshalb ich mich für dieses Leben entschieden habe, und welche Erfahrungen ich hier machen möchte.
- Was sind meine Interessen? Was fasziniert mich?
- Was möchte ich am liebsten den ganzen Tag tun?
- Was macht mir wirklich Freude?

Der dritte Schritt:
- Wobei geht mir das Herz auf?
- Was waren die prägenden Lebenssituationen meines bisherigen Lebens?
- Was ist der rote Faden, der sich durch mein Leben zieht?
- Was sagt meine Lebensbilanz?
- Was sollte ich loslassen?
- Wo stimmt mein Leben noch nicht?
- Wie müsste/ sollte es sein?
- Was sagt die Sprache …

- O meines Lebens
- O meiner Freuden
- O meiner Interessen
- O meiner Begeisterung
- O meiner Abneigung
- O meiner Talente
- O meiner Fähigkeiten
- O meiner Probleme
- O meiner Überzeugungen
- O meiner Beziehung
- O meiner Gesundheit
- O meiner Aufmerksamkeit

- O meiner Schwächen
- O meiner Stärken
- O meiner Erfolge
- O meiner finanziellen Situation
- O meiner Hobbys

Der vierte Schritt:

- Auf welchen Platz hat mich das Leben gestellt?
- Welche Chancen bieten sich mir in meiner Situation?
- Wie kann ich sie am besten nutzen?
- Was sollte ich lernen?
- Was verbessern?
- Was trainieren?
- Was steigern?
- Welche Eigenschaften oder Gewohnheiten sollte ich ablegen?
- Welche annehmen?
- Was sollte ich loslassen?

Der fünfte Schritt:

- Wie ist meine gesundheitliche Situation?
- Ernähre ich mich optimal? Was sollte ich ändern?
- Habe ich genügend Bewegung? Was ist zu tun?
- Denke ich positiv?

Der sechste Schritt:

- Wie ist meine partnerschaftliche Situation?
- Lebe ich in einer harmonischen, erfüllten Beziehung? Auch zu mir?
- Wie kann ich mein Beziehungsleben verbessern? Ein idealer Partner sein?

Auf den Punkt gebracht – Mein individuelles Programm zu einem glücklichen und erfüllten Leben

Checkliste:

- O Ich frage mich zunächst: Ist das Leben, das ich lebe, wirklich mein Leben? Was wäre denn mein Wunschtraum? Genaue Beschreibung: …
- O Habe ich überhaupt einen Wunschtraum? Warum habe ich ihn noch nicht erfüllt?
- O Was ist zu tun, um die Hindernisse zu beseitigen? (Schwierigkeiten auf dem Weg sind nur Auf-Gaben.)
- O Wie kann ich meinen Wunschtraum verwirklichen?
- O Will ich wirklich oder möchte ich bloß?
- O Bin ich bereit, jetzt den ersten Schritt zu tun?
- O Welche Konsequenzen ergeben sich daraus?
- O Welche konkreten Schritte muss ich tun?
- O Verspreche ich mir durchzuhalten, bis mein Ziel erreicht ist?
- O Ist es nicht ein schönes Gefühl zu wissen, dass ich endlich auf dem Weg bin?
- O Was muss ich loslassen, bevor ich meinen Wunschtraum verwirklichen kann?
- O Welche verschiedenen Ziele ergeben sich aus meinem Wunschtraum?
- O Welche Prioritäten setze ich?
- O Was sind die Werte, die mein Handeln bestimmen?
- O Entsprechen sie mir noch?
- O Macht mir die Verwirklichung meines Wunschtraumes Freude?

- O Was müsste sein, damit mir das Leben mehr Freude macht?
- O Wie kann ich es mir im Leben leichter machen?
- O Lebe ich in einer wirklich erfüllenden Beziehung?
- O Lebe ich im Wohlstand?
- O Bin ich wirklich gesund?
- O Was fehlt noch zu einem erfüllten Leben?

Schöpferische Imagination für Fortgeschrittene

Das innere Sehen

Wir sehen nicht nur mit den Augen. Vor unserem »inneren Auge« können wir Ereignisse »sehen«, die entweder lange vorbei sind oder erst noch in der Zukunft geschehen werden. Wir können unsere Kindheit noch einmal erleben oder den Verlauf einer Prüfung, die noch vor uns liegt. Aber womit sehen wir da? Es handelt sich um *Wahrnehmung als Bewusstsein*.

Dieses innere Sehen kann man üben, indem man einfach die Augen schließt.

Praktizieren Sie das *innere Sehen* mit geschlossenen Augen in dem Raum, in dem Sie sich gerade befinden. »Sehen« Sie alle Einzelheiten der Einrichtung und versuchen Sie, Ihre Wahrnehmung zu intensivieren. Machen Sie sich Ihren Standort im Raum bewusst, und nehmen Sie dann einen anderen ein. Gehen Sie etwa zum Fenster, und betrachten Sie den Raum von dort aus. Schließen Sie die Augen. Mit »was« sehen Sie dann? Öffnen Sie die Augen wieder, und schauen Sie etwas an. Sehen Sie alle Einzelheiten. Schauen Sie dann weiter auf den betrachteten Gegenstand, aber erweitern Sie Ihr Blickfeld, und nehmen Sie ganz bewusst *alles* wahr, was in Ihrem Sichtbereich liegt.

Schließen Sie wieder die Augen, und gehen Sie nun in die »Rundumwahrnehmung«. Das heißt, nehmen Sie auch wahr, was hinter Ihnen liegt. Konzentrieren Sie sich dann auf das, was zeitlich hinter Ihnen liegt, etwas aus der Vergangenheit, zum Beispiel den Beginn des heutigen Tages. Bleiben Sie bei der gleichen Sache, und »sehen« Sie, wie sie sich weiterentwickelt. Richten Sie dann Ihre Wahrnehmung auf die Sache zu einem Zeitpunkt, der noch vor Ihnen liegt: Sie erleben dabei, dass Sie auch »in die Zeit sehen« können wie in einen Raum.

Übung – der imaginäre Spiegel

»Sehen« Sie sich in einem imaginären Spiegel. Lassen Sie sich Zeit, bis Sie Ihre Gesichtszüge immer deutlicher erkennen können. Richten Sie dann Ihre Aufmerksamkeit auf einen bestimmten Aspekt Ihrer Persönlichkeit, und »sehen« Sie, wie die sich in Ihrem Leben auswirkt und ob Sie das so wollen. Konzentrieren Sie sich dann darauf, wie diese Eigenschaft noch stimmiger würde, wie Sie Ihnen ganz entsprechen würde, schließlich darauf, welche Persönlichkeit Ihnen ganz entsprechen würde. »Sehen« Sie, wie Sie aussehen werden, wenn Sie älter sind, und gestalten Sie dieses Aussehen bewusst nach Ihren Wünschen.

Sie erleben dabei Ihr natürliches »Sehvermögen« unabhängig von den Augen. Sie erkennen, dass wir keineswegs die Welt nur visuell wahrnehmen, sondern dass jede und jeder über ein umfassendes »Sehvermögen« verfügt, das wir nur deshalb noch nicht trainiert haben, weil wir nicht wussten, dass es existiert.

Jeder von uns kann auf diese Weise »hellsehen«, mit geschlossenen Augen erkennen, was ist. Nicht nur den Raum wahrnehmen, sondern auch die Zeit, das, was zurückliegt und was noch vor uns. Jeder und jede kann in die »Rundumwahrnehmung« kommen, kann sich das »innere Sehvermögen« immer mehr zu eigen machen.

Imaginieren vom Ergebnis aus

Durch Imagination entsteht Schöpfung. Der Ursprung der Realität ist der schöpferische Geist, der Realität erdenkt. Mit Ihrer Imagination lenken Sie die schöpferische Urkraft auf das, was sein soll. In der Imagination erschaffen Sie ein Bild des gewünschten Endzustandes und nehmen es dankend in Besitz, machen es sich so zu eigen. Sobald Absicht und Ursache übereinstimmen, wird das Leben den gewünschten Endzustand als Ihre erlebte Realität manifestieren, immer und in jedem einzelnen Fall, nach dem Gesetz: *wenn, dann* und *wenn nicht, dann eben nicht*. Das Leben macht keine Fehler; wenn die Saat stimmt, dann stimmt auch die Ernte. Das ist die Rückkehr in die vergessene Allmacht. Alles, was Sie denken, sich vorstellen und glauben können, das können Sie auch in Erscheinung rufen. Das Imaginieren vom Ergebnis aus ist der Anfang aller Wunder.

Stellen Sie sich einmal die schöpferische Urkraft als Projektor vor, das Bild des gewünschten Endzustandes, das Sie schaffen, ist das Dia, und die Welt, das Leben, ist die Leinwand, auf der das Bild in Erscheinung tritt. Ihr Glaube ist das Licht, durch das das Bild erst sichtbar wird. Sobald Sie ein solches Bild geschaffen haben und auf Ihrem geistigen Bildschirm einige Minuten festhalten, ist es bereits auf der geistigen Ebene verwirklicht. Alles, was existiert, ist materialisierte Vorstellung, sind gedachte Tatsachen, verwirklichte Gedankenbilder. Erst wenn etwas gedacht ist, kann es zur Realität werden.

Visualisieren Sie, dass Sie jetzt empfangen, und ganz gleich, was Sie visualisiert haben, Sie empfangen es noch im gleichen Augenblick. Sie können auch Dankbarkeit visualisieren und ein starkes Glücksgefühl und »zwingen« damit das Leben, Ihnen dafür einen konkreten Grund zu geben. Sagen Sie daher nicht: »Das kann ich mir nicht leisten«, denn das ist eine Aufforderung, die zur Folge hat, dass Sie es sich auch in Zukunft nicht leisten können.

Wenn Sie Schulden haben und sich darauf konzentrieren, die Schulden loszuwerden, konzentrieren Sie sich in Wirklichkeit auf Schulden und vermehren damit Ihre Schulden. Nutzen Sie die Macht des Visualisierens, um Ihre Situation umzukehren. Nehmen Sie einen Bankauszug, machen eine Kopie davon und ändern den Kontostand vom Minus in das erwünschte Guthaben, das Sie gerade noch für realistisch halten können. Jetzt haben Sie etwas Konkretes in Händen, und wenn Sie das mit einem starken Gefühl der Freude und Dankbarkeit verbinden können, haben Sie es geschafft, den Rest können Sie getrost dem Universum überlassen.

Der größte Teil der Zukunft liegt noch ungeformt vor Ihnen, aber auch der bereits geformte Teil kann jederzeit umgeformt werden, solange er noch nicht als Ihre Gegenwart in Erscheinung tritt. Dazu gehört: erst gewinnen, dann beginnen. Erst am Ziel sein, dann den ersten Schritt tun. Nichts kann in Erscheinung treten, das Sie nicht zuvor in Besitz genommen haben, indem Sie sich vorstellen, dass es bereits da ist. Sorgen Sie zunächst dafür, dass Sie unerwünschte Ereignisse nicht mehr anziehen, und erschaffen Sie sich dann, was immer Sie wollen. Leben ist ein Energy-Game: Indem Sie die Richtung Ihrer Imagination ändern, ändert sich Ihr ganzes Leben.

Die größte Täuschung des Menschen ist zu glauben, dass es andere Ursachen gäbe als Bewusstsein. Bewusstsein, das sich fokussiert, wählt aus dem »Quantenfeld der Möglichkeiten« eine heraus und lässt sie »in Erscheinung treten«. Das, worauf wir unser Bewusstsein vorwiegend richten, wird damit zu unserer Realität.

Wichtig ist, dass Sie an die Erfüllung auch glauben können, denn: Einem jeden geschieht nach seinem Glauben! Wenn Sie dann die Erfüllung nicht mehr abbestellen, ist der Erfolg nicht mehr aufzuhalten, und Sie ziehen zuverlässig in Ihr Leben, was Sie so bestellt haben, und das völlig mühelos.

Das Leben wartet auf Ihre Anweisungen und darauf, dass Sie von Ihrer natürlichen Fähigkeit der Imagination Gebrauch machen. Auch Gedanken, Gefühle, Überzeugungen und Taten sind Anweisungen, insbesondere jedoch schöpferische Imagination und geistiges In-Besitz-Nehmen.

Schöpferische Imagination ist somit wirklichkeitsschaffende Energie. Sie gibt dem Ziel seine Form in der Sprache des Unterbewusstseins. Sie sollten das Werkzeug Imagination meisterhaft einsetzen, also nicht wie ein unbeteiligter Zuschauer, sondern wie jemand, der das Ziel erreicht hat.

Praxisbeispiel schöpferische Imagination

Ich erlebe mich in der Erfüllung, ich bin gesund, erfolgreich, wohlhabend oder glücklich – spüre, dass es ist. Ich richte meine Aufmerksamkeit auf die Erfüllung und halte sie darauf gerichtet. Ich mache mich für die Erfüllung anziehend, indem ich mich immer wieder voller Freude und Dankbarkeit in der Vorstellung der Erfüllung erlebe. Dabei spüre ich die innere Gewissheit der Erfüllung. Aus dieser »Erfüllung« ergeben sich ganz selbstverständlich die entsprechenden Gedanken, Gefühle, Handlungen. Freude und Dankbarkeit dienen hierbei als Auftragsbestätigung des Lebens. Dabei fühle ich, dass es geschehen ist. Wann immer ich in die Imagination gehe, bleibe ich in der Freude und Dankbarkeit. Was immer ich erreichen will, ist nur drei Schritte entfernt. Es sind immer die gleichen drei Schritte zu tun.

1. Zielklarheit schaffen: Den gewünschten Endzustand bewusst machen und mir bildhaft vorstellen. Bestimmen, was ich in Erscheinung rufen will.
2. In den gewünschten Endzustand hineingehen. Mich in der Erfüllung erleben. Spüren, es ist geschehen, ich habe es erreicht, bin am Ziel. Damit befinde ich mich in der Schwingung der Erfüllung und bleibe, bis mich ein starkes Gefühl der Freude und Dankbarkeit erfüllt – als Auftragsbestätigung des Lebens.
3. Loslassen – einfach geschehen lassen. Bis das Imaginierte als meine erlebte Realität in Erscheinung tritt. Das Danken nicht vergessen, segnen, damit es sich segensreich in meinem Leben auswirkt.

Sie können den gewünschten Endzustand imaginativ auch in Ihrer individuellen Zeitlinie festmachen, indem Sie sich in der gewünschten Zeit in der Erfüllung erleben.

Damit es als unsere erlebte Realität erfahrbar wird, brauchen wir also das so Geschaffene nur noch »in Erscheinung« zu rufen. Dabei ist die Unterscheidung, zwischen Vergangenheit, Gegenwart und Zukunft nur eine hartnäckige Illusion, eine Sichtweise. Imagination und Tatsache unterscheiden sich nur durch das »In-Erscheinung-Treten« auf der Ebene der Realität. Der Schauspieler ist der gleiche, ob er nun hinter dem Vorhang steht oder auf die Bühne tritt.

Geschieht es nicht sofort, ist noch ein Hindernis da, und ich beginne wieder mit Schritt eins. Dazu gehört auch das Erkennen und Auflösen der verschiedenen Identitäten, die die unerwünschten Umstände verursacht haben, und die nun zum Hindernis für die Erfüllung geworden sind. Sind alle Hindernisse beseitigt, muss sich meine Schöpfung als erlebte Realität manifestieren, weil sie mit den obigen Schritten Teil meiner energetischen Signatur geworden ist und so die entsprechenden Ereignisse in mein Leben zieht.

Tipp: Wir schauen uns im Kino oder Internet viele Filme an, die fortwährend unser Bewusstsein beschäftigen. Stattdessen sollten wir viel öfter schöne Musik auflegen und in unserer Phantasie spazieren gehen, um auf diese Weise den »Film unseres Lebens« zu träumen und in Besitz nehmen. Legen Sie sich am besten eine Monatsliste an mit einem Monatsthema, das Sie jedes Mal, wenn Sie eine Pause machen, imaginieren. Notieren Sie jeweils das

Ergebnis Ihrer Imagination in Ihrem Tagebuch (ein kurzer Satz genügt). So imaginieren Sie sich in Ihre Erfüllung hinein. Nachfolgend ein Beispiel für Monatsthemen:

Monat	***Imaginations-Thema***
Januar	*Materieller Wohlstand*
Februar	*Berufung*
März	*Schlank sein*
April	*Gesundheit*
Mai	*Fitness*
Juni	*liebevolle Beziehung*
Juli	*erfüllte Sexualität*
August	*Lebensgenuss*
September	*neue Möglichkeiten*
Oktober	*Wunder*
November	*Verbundenheit mit anderen*
Dezember	*das Vollkommene in allem*

Meditation und Gebet zur Unterstützung der Vorstellung

Meditation oder Gebet dienen unterstützend dazu, die *Energie der Vollendung* in uns zu erzeugen. Nicht das, was wir tun, wirkt, sondern die dahinterstehende *Energie der Vollendung.* Dazu ist ein besonderer »schöpferischer Bewusstseinszustand« erforderlich. Das bedeutet »in der Gnade« zu sein, zu empfangen. Aber Gnade ist nichts, das von etwas anderem »gewährt« wird, sondern ein »Zustand des Empfangens«, in den jeder jederzeit eintreten kann. Aus einer Möglichkeit wird durch Gnade erlebte Realität.

Ein Gebet ist aber nur wirksam, wenn das Erbetene im Gebet »vollzogen« wird, und damit das Gebet während des Betens schon erhört ist. Je stärker unser Bestreben, etwas Unerwünschtes ändern zu wollen, desto mehr stärken wir das Unerwünschte. Je intensiver wir das Erwünschte jedoch geistig »in Besitz« nehmen, desto schneller und leichter kann es sich manifestieren.

Schöpferische Imagination, auf diese Weise geübt, ist ein wunderbares geistiges Werkzeug, mit dessen Hilfe jeder sein Leben bewusst gestalten kann. Es ist die Befreiung aus dem »Gefängnis der Gegebenheiten«.

Mentales Umerleben – die Tagesrückschau

Die vielleicht wichtigsten zehn Minuten des Tages sind am Abend, wenn Sie noch einmal den Tag vor Ihrem geistigen Auge Revue passieren lassen, und in Ihrer Vorstellung alles »umerleben«, so wie Sie es gern erlebt hätten. Lassen Sie in Ihrer Vorstellung einfach alles gut ausgehen, ganz gleich, wie es gewesen sein mag. Das ändert zwar nichts am Geschehenen, aber der Tag wird dadurch energetisch neu geboren, mit der entsprechenden Wirkung auf Ihre Zukunft. Richten Sie dabei Ihre ganze Aufmerksamkeit mit Freude auf den so revidierten Tag. Die Wirkung wird Sie immer wieder überraschen, denn Sie schaffen sich damit energetisch eine ideale Vergangenheit. Auf die gleiche Weise können Sie auch zukünftige Ereignisse umerleben, bevor sie geschehen sind, und ihnen energetisch einen idealen Verlauf und Ausgang geben. Sie können so zum Beispiel die Belastungen einer schweren Kindheit energetisch auflösen und sich eine ideale Zukunft schaffen. Sie schaffen sich damit nicht nur eine andere Vergangenheit oder Zukunft, sondern auch ein entsprechendes Bewusstsein.

Realität umfühlen

Sie können die Realität »umfühlen«, indem Sie sich einen gewünschten Endzustand nicht nur vorstellen, sondern fühlen, wie er sich anfühlt. Entscheidend ist Ihr Erleben, Ihr Gewahrwerden. Es geht nicht darum, sich vorzustellen: Das fühlt sich so und so an, sondern um ein Erleben, wie Sie sich in der Erfüllung fühlen. Fühlen heißt daher, den gewünschten Endzustand vollziehend zu erleben. Sich die neue Realität zu eigen machen und ganz bewusst in der Erfüllung leben, atmen, denken, fühlen, *sein*. Also nicht wie ein Zuschauer von außen die Dinge betrachten, sondern dankbar und voller Freude erleben, dass es geschehen *ist*. Sie können so auch ein strahlendes Immunsystem fühlen, das alles Unheile sofort eliminiert und ständig vollkommene Gesundheit schafft.

Auf die gleiche Weise können Sie jeden Aspekt des Lebens »umfühlen«. Fühlen Sie doch einmal, wohlhabend zu sein. Erleben Sie in einer Vital-Imagination, einer lebendigen Erfahrung, dass es so *ist* und im gleichen Augenblick wird es so sein. Diese Wandlung wird verstärkt durch die Macht der Wiederholung. Das heißt, mehrmals am Tag, immer wenn es Ihnen in den Sinn kommt, fühlen Sie sich so, erleben sich in der Erfüllung, fühlen, dass es *ist*.

Mentales Vorauserleben

Mentales Vorauserleben ist etwas, das wir sowieso ständig tun, nur meistens unbewusst. Wenn wir morgens zur Arbeit fahren, denken wir: Hoffentlich ist unser Chef nicht wieder zu grantig – und während wir dies denken, läuft in unserem Bewusstsein bereits ein ganzer Spielfilm ab. Wann immer wir bemerken, dass destruktive innere Filme in uns ablaufen, sollten wir innehalten und innerlich sagen: »Danke, dass du mich an etwas erinnerst, das ich in mir ändern sollte.« Erinnern Sie sich wieder daran, wer Sie eigentlich sind. Und dann lassen Sie gedanklich einen positiven Film laufen, so wie es auch sein könnte. Sie bieten dem Unterbewusstsein dadurch Alternativen an, und außerdem stimmen Sie sich unterbewusst für diese Alternativen ein. Ihr mentaler Film sollte Ihnen realistisch vorkommen. Vielleicht erleben Sie mental voraus, dass Ihr Vorgesetzter sich so verhält wie immer, dass es aber heute zu einer kleinen Veränderung kommt, die Ihnen vielleicht wie ein Wunder erscheinen mag. Während Sie den Alltag später mit Ihrem Vorgesetzten in der Realität »normal« erleben, seien Sie gleichzeitig offen für das Wunder – geschieht es, ist es gut, geschieht es nicht, ist es auch gut. Sie werden erleben, dass durch Ihre veränderte Einstellung das Wunder viel häufiger geschieht, als Sie es erwarten, oft vielleicht genau dann, wenn Sie es am wenigsten erwarten.

Natürlich können Sie das mentale Vorauserleben auch nutzen, um zu phantasieren. In dem Fall seien Sie sich ganz einfach der Tatsache bewusst »ich phantasiere jetzt«. Sie stellen sich vielleicht vor, Ihr Chef sei ein wahnsinnig netter Kerl oder gar ein verkleideter Gott, der nur so ekelhaft tut. Oder Sie versetzen sich selbst in ein Traum-Ich hinein, in dem Sie so sind, wie sie schon immer sein wollten. Genießen Sie es, baden Sie sich darin. Nichts anderes tun Sie doch ohnehin, wenn Sie Superman oder Batman im Fernsehen anschauen. Und dann kommen Sie, aufgetankt, regeneriert und voller Kraft, wieder zurück ins Hier und Jetzt.

Weiterhin hilft Ihnen mentales Vorauserleben, den Tagesablauf beziehungsweise Handlungsabläufe zu strukturieren und zu organisieren, indem Sie beispielsweise mental vorauserleben, welche Tätigkeit Sie im Büro als erste, welche als zweite … vornehmen. Dieses Vorgehen hilft bei vielen Aufgaben, die Planung und Organisation erfordern.

Eine weitere Möglichkeit, mentales Vorauserleben zu üben besteht darin, dass Sie durch Ihr Vorauserleben wahrnehmen, ob ein ganz bestimmtes Verhalten Ihnen guttun würde oder nicht. In dem Fall geht es nicht um Phantasie, sondern um Realitätsnähe, die fein auf Sie abgestimmt ist. Diese Form von mentalem Vorauserleben gleicht einem *mentalen Anprobieren* der zukünftigen Realität, kann aber auch bei Mini-Entscheidungen herangezogen werden, zum Beispiel, wenn Sie nicht wissen, ob Sie Schweinsbraten oder Penne Arrabiata im Restaurant bestellen sollen.

Mentales Vorauserleben lässt sich gleich vierfach sinnvoll einsetzen:

1. Phantasiereisen: Hier geht es weniger um Realitätsnähe als vielmehr um das Auftanken durch gezieltes und ganz bewusstes Erleben einer alternativen Realität. Dabei ist es wichtig, den Anspruch loszulassen, dass es genauso kommen muss. Es ist ja nur eine Phantasie! Wenn sich dann diese alternative Realität trotzdem einstellt, was öfter vorkommt, als Sie denken, umso besser.
2. Mentales Vorauserleben von kleinen Veränderungen zum Guten: Hier ist Realitätsnähe, verbunden mit einer gewissen geistigen Offenheit für minimale Realitätsveränderungen, gefragt.
3. Mentales Vorauserleben, um den Tag oder einen Handlungsablauf zu strukturieren: Hier lassen Sie einfach den Film der Handlungen geistig ablaufen und halten jeweils inne, wenn etwas stockt oder innerlich zu strukturieren oder zu organisieren ist.
4. Mentales Ausprobieren als Entscheidungshilfe, um Ihre Handlungen und Worte optimal zu wählen. Hier sind Realitätstreue und Einfühlung gefragt.

Tipp: Machen Sie jeden Morgen vor dem Aufstehen »mentales Vorauserleben«; beginnen Sie mit Ihrer Lieblingsphantasie, und begeben Sie sich dann abschnittweise in immer konkretere Realitätsstufen hinein.

Schnelltechniken der Imagination

Auch Sie können »zaubern«

Als Kind gehen wir ganz selbstverständlich davon aus, dass Zaubern funktioniert, es erscheint uns ganz natürlich. Aber mit der Zeit geht uns dieses Gefühl verloren. Wir lernen, dass man sich alles hart erarbeiten muss, und weil wir das glauben, erleben wir es dann auch so. Indem wir uns bewusst machen: »He, ich kann zaubern«, treten wir wieder ein in diese natürliche Wandlungskraft. Für den Anfang reicht auch schon ein »Möglicherweise kann ich zaubern – auch wenn ich es bisher noch nicht bewusst erfahren habe«.

In Wirklichkeit können wir alle zaubern, oder wie würden Sie es nennen, wenn Sie Ereignisse, Lebensumstände, Situationen und Zufälle in Erscheinung rufen können ... Sie schwingen Ihren Zauberstab Schöpferkraft, und es funktioniert – immer und überall.

Ich möchte Sie einladen zum aufregendsten Spiel der Welt, dem Spiel des Lebens. Mit Ihrem Zauberstab Imagination geschieht alles völlig mühelos.

Voraussetzung ist, dass Sie Ihr Imaginations-Instrument ganz in Besitz nehmen und die Macht der Gedanken bewusst und gezielt einsetzen, um Ihr Leben wunschgemäß zu gestalten. Es gibt weder Glück noch Pech noch Zufall, sondern nur Ursache und Wirkung. Alles, was Sie denken, sich vorstellen und glauben können, das können Sie auch in der Realität verwirklichen.

Machen Sie sich den Unterschied klar zwischen Herträumen und Wegträumen. Wollen und Wünschen gehören zum Wegträumen. Herträumen heißt, das Erwünschte geistig in Besitz zu nehmen, sich zu eigen machen, am Ziel sein.

Übung: Mit der Hand in Besitz nehmen

Alles, was existiert, ist zunächst eine Idee. Die Existenz der Idee ist bereits die Schöpfungsakt, alles Weitere nur das In-Erscheinung-Treten in der Realität. Aus der Idee wird ein Gedanke, der zu einer Vorstellung führt, die der Idee die Kontur verleiht. Damit ist sie auf der geistigen Ebene bereits Wirklichkeit. Ihre »Bestellung« ruft sie dann nur noch in Erscheinung. Machen wir das einmal praktisch. Wichtig ist, die Idee »in Besitz zu nehmen«, sie im wahrsten Sinne des Wortes zu be-greifen.

Übung: Schauen Sie einmal Ihre Hand an. Schauen Sie sie ganz genau an, und dann sehen Sie in Ihrer Vorstellung, wie Sie mit der Hand das in Besitz nehmen, was Sie haben wollen. Fühlen Sie, wie Sie es in Ihren Händen halten. Haben Sie es? Dann haben Sie es!

Alles, was Sie so bereits geistig in Besitz genommen haben, kann Ihnen das Leben nicht mehr verwehren. Indem Sie den gewünschten Endzustand als erfüllt erleben, und ihn damit geistig in Besitz nehmen, machen Sie ihn sich zu eigen. Er ist nun Teil Ihrer Realität geworden, und das Leben muss ihn als Ihre erlebte Realität in Erscheinung treten lassen. Es ist auf der Kausal-Ebene bereits Wirklichkeit.

Der universelle Einstellknopf

Mit dem universellen Einstellknopf kann ich auch die Erfüllung beschleunigen oder an einen bestimmten Zeitpunkt binden oder die innere Gewissheit der Erfüllung verursachen. Mit der Imagination des universellen Einstellknopfes geben Sie Ihrem Unterbewusstsein unmittelbar den Auftrag in seiner Sprache, und Sie spüren danach sofort, dass es geklappt hat!

Übung: Ich imaginiere einen Knopf mit der Aufschrift: *Universeller Einstellknopf.* Über dem Knopf imaginiere ich den jeweiligen *Auftrag*, etwa Gesundheit. Ich drücke den Knopf in meiner Vorstellung und fühle, wie »es« geschieht, meine Energie sich verändert. Ich fühle auch, wenn der Auftrag sich vollendet/erfüllt hat. Ich kann auch fühlen, wie viel Prozent bereits erfüllt sind. Ich kann erkennen, was noch geschehen muss, damit mehr erfüllt wird.

Über den universellen Einstellknopf kann ich auch einen Dauerauftrag erteilen. Dazu imaginiere ich über dem Knopf die Aufschrift:

- Dauerauftrag Parkplatz bestellen
- Dauerauftrag Gesundheit
- Dauerauftrag Wohlstand
- Dauerauftrag harmonische Beziehung
- Dauerauftrag idealer Partner sein

Die Blitztechnik des Umkreisens

Übung: Schreiben Sie den gewünschten Endzustand auf ein Blatt Papier, möglichst in die Mitte. Versuchen Sie ihn mit so wenigen Worten wie möglich zu beschreiben, aber auf keinen Fall mehr als einen einfachen Satz, im Idealfall nur ein Wort. Optimieren Sie Ihre Formulierung, bis sie energetisch stimmt, bis Wort, Bild und Erwartung im Einklang sind.

Schauen Sie nun auf das, was Sie geschrieben haben, und sehen Sie es bildhaft im Stadium der Verwirklichung vor sich. Versenken Sie sich ganz in das Bild des erfüllten Endzustandes.

Dann beginnen Sie das Geschriebene linksherum, also gegen den Uhrzeigersinn zu umkreisen. Lassen Sie sich dabei nicht vom Geschriebenen ablenken, sondern lassen sie das Umkreisen ganz automatisch geschehen. Das Umkreisen dient nur dazu, Ihren Körper und vor allem Ihren Verstand zu beschäftigen, so dass Sie sich als reines Bewusstsein mit der Erfüllung des Geschriebenen verbinden und diese Verbindung halten. An einem starken Gefühl der Freude und der Dankbarkeit erkennen Sie, dass es nun geschehen ist. Ihre Selbstversunkenheit bewirkt, dass sich das Geschriebene von einer Möglichkeit zur erlebten Realität wandelt und in Ihrem Leben Gestalt annimmt.

Wenn Sie spüren, dass es geschehen ist, bleiben Sie noch eine Weile in der Gewissheit der Erfüllung, in der Freude und Dankbarkeit, dass es nun Teil Ihres Lebens geworden ist.

Die richtige Richtung:

- Linksherum (gegen den Uhrzeigersinn) kreisen bewirkt Annehmen
- Rechtsherum (im Uhrzeigersinn) kreisen bewirkt Loslassen.

Bestellungen beim Universum

Das Universum ist wie ein Katalog, in dem alle Möglichkeiten gespeichert sind. Das Leben bittet Sie zu wählen und sagt immer nur: »Dein Wunsch ist mir Befehl«! Viele Menschen versäumen jedoch die Bestellung und wundern sich, dass sie nicht bekommen, was sie gerne hätten. Eine kleine Geschichte mag dies deutlich machen:

Ein Mann kommt in den Himmel und wird von Petrus zu seinem Haus geführt, einer wunderschönen großen Villa, mitten in einem herrlichen Park und voller Dinge, die er sich zeitlebens auf der Erde gewünscht hatte. »Da sind ja all die Dinge, die ich auf der Erde gern gehabt hätte«, sagt er, worauf Petrus meint: »Nun, das ist das, was für dich vorgesehen war, aber du hast es nie abgerufen!«

Einmal bestellen genügt – es sei denn, Sie glauben, dass man eine Bestellung wiederholen müsste. Dann wiederholen Sie sie. Wenn Sie »wissen«, dass Sie empfangen haben, dann haben Sie empfangen. In dem Moment, wo Sie bestellen, von Glauben und Dankbarkeit erfüllt sind, ist es vollbracht. Die Realität ordnet sich neu, entsprechend Ihrer Bestellung. Sie brauchen dem Leben nicht zu sagen, wie es das machen soll, weil das Leben über Möglichkeiten verfügt, von denen Sie nicht einmal träumen.

Genau genommen bestellen wir ständig beim Leben, sonst gäbe es überhaupt keine erfahrbare Realität, auch wenn uns das normalerweise nicht bewusst ist. Erst wenn wir hier Bewusstsein erlangen, können wir bestimmen, welche Zukunft in unserem Leben Gestalt annimmt. Solange wir »hypnotisiert« sind, das heißt, mit offenen Augen schlafen, wissen wir gar nicht, dass wir permanent unseren inneren Film auf die Leinwand unseres Lebens projizieren.

Unser Glaube hat deshalb eine so große Wirkung, weil er unser Bewusstsein auf das Geglaubte richtet und dort festhält. Es kann daher auch keinen Zufall geben, denn auch der unterliegt dem Kausalitätsprinzip.

Jeder Schöpfungsprozess beginnt mit einer Idee. Ihnen »fällt etwas ein«. Daraus wird ein Gedanke, und mit Ihrer Vorstellung geben sie dem Gedanken eine Form. Damit haben Sie ihn geschaffen. Auf der geistigen Ebene ist es damit bereits Wirklichkeit. Ihre »Bestellung« lässt ihn dann nur noch Gestalt annehmen. Das ist alles.

Wenn Sie stattdessen jammern und sich beklagen, nimmt das Leben das als Auftrag und sorgt dafür, dass Sie allen Grund haben, zu jammern und sich zu beklagen. Auftrag ist Auftrag. Wir bekommen nicht das, was wir gerne hätten, sondern das, was wir »ausstrahlen«. Die grundlegende Schwingung eines Menschen wird von der Realität so vollkommen widergespiegelt, dass wir sie nicht mehr als Spiegelbild unserer Vorstellungen erkennen, sondern glauben, die Realität sei eben so. Das aber ist ein Trugschluss.

Immer wieder wird die Frage gestellt: »Wie lange dauert es, bis das Bestellte Realität wird?« Die Antwort ist, es wird immer sofort geschaffen, denn die Bestellung ist der Schöpfungsakt, und der ist damit abgeschlossen. Das Universum braucht keine Zeit, um zu verwirklichen, was Sie bestellt haben. Alles kann immer sofort geschehen, wenn Sie nicht durch Zweifel wieder abbestellen. Also prüfen Sie, was Sie für möglich halten, was Ihre wahrhaftige Überzeugung ist, denn danach richtet sich das Universum. Dabei spielt es keine Rolle, ob es eine kleine oder große Bestellung ist, denn für das Universum macht es keinen Unterschied, so wie es für ein Versandhaus keinen Unterschied macht, ob Sie ein Päckchen Tempo-Taschentücher bestellen oder einen bordeauxfarbenen Rolls-Royce. Wenn die Bestellnummer stimmt, wird geliefert. Sollten Sie Zweifel an der Liefersumme haben, fangen Sie mit etwas Kleinem oder »Günstigem« an – wie gesagt, dem Universum ist es gleich, aber Sie können Ihre Glaubensgrenze Schritt für Schritt erweitern, so dass Sie von Mal zu Mal mehr glauben können.

Wenn Sie einen Samen pflanzen, braucht er gute Erde, Wasser und Licht, damit er keimen kann. Wenn Sie vergessen haben, ihn zu gießen, hilft weder Vorwurf noch Meditieren: Das Einzige, was hilft, ist Wasser. Genauso verhält es sich, wenn Sie geistige Ursachen setzen. Wenn Sie versäumen, die erforderlichen Bedingungen zu schaffen, war alles vergebens. Aber sobald Sie das Notwendige tun, wird sich die so gesetzte Ursache als Ihre erlebte Realität manifestieren.

Auch Bestellen will gelernt sein

Alles beginnt damit, dass Sie Klarheit erlangen. Das Bestellen selber ist dann recht einfach, etwa wie Kuchen backen, aber Sie sollten schon alles richtig machen. Beim Kuchen backen brauchen Sie einige unverzichtbare Zutaten, wie Mehl, Wasser, Eier und Backpulver und einige hilfreiche Zutaten, wie Rosinen, Zucker, Aroma usw. Sie brauchen einen Ofen und etwas Zeit.

Wenn Sie zu viel Wasser nehmen, wenn die Zutaten nicht im richtigen Verhältnis sind, wird der Kuchen nicht schmecken. Wenn Backpulver fehlt, geht er nicht auf. Ist die Hitze zu groß, verbrennt er. Es muss einfach alles stimmen, dann ist das Ergebnis sicher. Jede Hausfrau weiß das und richtet sich danach.

Auch beim Bestellen gibt es bestimmte Spielregeln, die eingehalten werden müssen, soll das Ergebnis überzeugend sein. Zunächst sollten Sie wissen, was Sie wollen, sonst können Sie keine klare Bestellung aufgeben. Sie müssen sich den gewünschten Endzustand vorstellen können. Das heißt, Sie sollten aus einer vorgestellten Möglichkeit der Zukunft erlebte Realität der Gegenwart machen. Diese klare Imagination des gewünschten Endzustandes gibt dem Leben die zu erfüllende Form. Dann sollten Sie den gewünschten Endzustand in der gewählten Form geistig in Besitz nehmen. Das bedeutet: sich im Zustand der Erfüllung erleben, am Ziel zu sein.

Diese lebendige Imagination erzeugt ein starkes Gefühl der Freude und Dankbarkeit. Jetzt ist es für das Gelingen unverzichtbar, dass die lebendige Imagination des gewünschten Endzustandes aufrechterhalten bleibt, bis das Gefühl der Freude und Dankbarkeit zu der inneren Gewissheit führt, dass es bereits geschehen ist. Brechen Sie vorher ab, ist das so, als nähmen Sie den Kuchen zu früh aus dem Ofen.

Noch schlimmer ist es, wenn Sie abbestellen, bevor geliefert wird. Dazu genügt schon ein Gedanke wie: »Hoffentlich hat das geklappt« oder: »Es wäre schön, wenn es gelingen würde«. Damit machen Sie aus der Gewissheit wieder eine Möglichkeit, gehen in den Mangel und haben erfolgreich abbestellt. Das kann passieren, ist auch nicht weiter schlimm, nur sollten Sie wissen, dass Sie dann ganz neu bestellen müssen, denn bestellt ist bestellt, abbestellt ist abbestellt. Einfach neu bestellen, und alles wird zuverlässig geliefert. Das Leben macht keine Fehler.

Schließlich ist es wichtig, die Augen offen zu halten, damit Sie erkennen, wann geliefert wird. Läutet es an der Haustür, der Briefträger will Ihre Bestellung liefern, Sie aber öffnen nicht, dann warten Sie vergebens. Zusammenfassend bedeutet das:

1. Der erste Schritt ist der Schritt vom Ich zum Selbst, die Erinnerung an die Wirklichkeit des wahren Seins. Das Eintreten in die vergessene Vollmacht.
2. Dann mache ich mir bewusst, in welchem Bereich ich etwas ändern will.
3. Ich akzeptiere zunächst einmal, dass es derzeit so ist. Ich erkenne es als meine Schöpfung und mich als Schöpfer an, übernehme die volle Verantwortung für das, was ist.
4. Dann frage ich mich, was ich loslassen muss, damit die Bestellung sich verwirklichen kann. Ich lasse alles

los, was nicht zu der Bestellung passt, und schaffe so Raum für mein neues Leben. Ergänzend nutze ich die »*Kausalen Wandlungspunkte*«, um ein störendes oder überholtes Programm oder Verhaltensmuster zu löschen: Ich ziehe meine Aufmerksamkeit ab von dem, was nicht sein soll, und halte sie gerichtet, auf das, was sein soll, auf die Lösung.

5. Ich schaffe absolute Zielklarheit und formuliere sie schriftlich. Damit mache ich mein Ziel konkret. Die Idee nimmt Gestalt an.
6. Ich erkenne mein Sosein als Dauerauftrag an das Leben und optimiere es ständig, weil meine erlebte Realität ein getreues Spiegelbild meines Soseins ist, das nichts weglässt und nichts hinzufügt. Ergänzend: Durch Veränderung der Identität (s. Kapitel »vom Ich zum Selbst) können Sie für den gewünschten Erfolg »anziehend« machen.
7. Das Bewusstsein der anstehenden Erfüllung halten: Nicht wieder abbestellen durch Gedanken, wie: »Hoffentlich hat das geklappt!« oder: »Es wäre schön, wenn …« Sollte dies doch einmal vorkommen, denke ich sofort wieder an mein Ziel und verbinde es mit den Worten: »Ach ja, das kommt ja auch noch« – dadurch ist die ursprüngliche Bestellung wieder aktiv.
8. Im Leben die Augen offen halten und sowohl Lieferungen als auch Hinweise auf anstehende Lieferungen erkennen.

Die manifestierende Kraft verstärken durch Pubo-Training

In jedem Menschen schlummern Kräfte und Fähigkeiten, von denen er nichts weiß und daher auch keinen Gebrauch machen kann. Das jedoch ist möglich, wenn die Quelle der Kraft bewusst aktiviert wird. Sobald die Quelle der Kraft in Ihnen aktiviert ist, verbinden sich Geist und Materie zu einer harmonischen Symbiose, zu einem neuen Ganzen – der *universelle Mensch* erwacht durch Sie. Es ist das Erwachen zur Wirklichkeit, eine völlig neue Art, die Dinge zu sehen. Sie wissen plötzlich Dinge, die Sie nicht gelernt haben, durchschauen Menschen und ihre Absichten. Das Sein bekommt eine neue Dimension, die sich mit unserer Sprache nicht einmal andeuten lässt, und Sie erkennen, dass es das ist, wonach Sie sich immer gesehnt haben.

Das Chakra-Energiesystem

Sobald wir zu Bewusstsein gekommen sind, erleben wir, dass Bewusstsein im Körper verschiedene Bewusstseinszentren bewohnt, die Chakren. Jedes Chakra hat eine andere Aufgabe und eine andere Schwingung. Aber es bringt wenig, sie zu beschreiben, solange wir sie nicht selbst wahrnehmen können.

Unsere Chakren können sich auf zwei Wegen öffnen, von unten nach oben oder von oben nach unten. Erfolgt die Öffnung von oben nach unten, geschieht es sanft, weil die Inhalte der höheren Chakren in die unteren Chakren sinken und deren Inhalte behutsam erlösen. In dem

Maße, wie das geschieht, ganz gleich, durch was es ausgelöst wird, erleben wir unser wahres Wesen, werden wir uns des wahren Seins bewusst. Bis dahin wiederholen die verschiedenen Chakren ständig ihre gespeicherten Schwingungen und verursachen damit ein Schicksal, das wir so gar nicht wollen. Der spirituelle Lehrer Osho hat seinen Schülern auch in Form tantrischer Unterweisungen zahlreiche Hilfen und Techniken für diese Form der Öffnung gegeben. Das nachstehende Pubo-Training unterstützt die Öffnung der Chakren von unten nach oben, ist aber ein relativ sanfter Weg. Ideal ist es, wenn Sie nach jedem Pubo-Training immer wieder in die Stille und Zentriertheit gehen und sich in Ihrem wahren Sein entspannen.

Der erste Schritt: Pubo-Training

Das Pubo-Training bezieht sich auf die Wahrnehmung und das Training des Pubococcygeus-Muskels. Dieser gehört zu den Muskeln des Beckenbodens und wird zum Beispiel beim Wasserlassen aktiviert. Auch wenn wir den Hintern zusammenkneifen, können wir ihn spüren. Das Training dieses Muskels, der dem Becken innerlich Stabilität verleiht, geschieht in drei Schritten: anspannen, festhalten, loslassen.

Anfangs wird das Anspannen des tiefen Beckenmuskels, also das Zusammenziehen der Vaginal- und Anusmuskeln jeweils nur wenige Sekunden dauern. Wenn Sie die Übung aber mehrmals täglich etwa 30-mal machen, können Sie in wenigen Tagen, längstens 2 Wochen die Spannung des Muskels für 1–2 Minuten halten. Setzen

Sie das Training mehrmals täglich fort, können Sie in etwa 3 Monaten den Muskel für 20 Minuten angespannt halten und zwar vollkommen mühelos, so wie Sie Ihre Faust geballt halten können.

Wichtig ist, dass das Training mehrmals täglich, mindestens 3-mal am Tag durchgeführt wird, anfangs 30-mal anspannen, festhalten und wieder lösen: Sobald das mühelos möglich ist, einfach nur anspannen und solange halten, wie es geht. Allmählich steigern, bis Sie die Kontraktion 20 Minuten mühelos halten können.

Schon nach wenigen Tagen Training, oft schon beim ersten Mal spüren Sie, wie ein Energiestrom zu fließen anfängt, vom unteren Ende der Wirbelsäule aufsteigt und entlang der Wirbelsäule in den Kopf fließt. Sie spüren das als Wärme, Kühle oder Kribbeln, oft gleich als aufsteigendes Licht. Während der Energiestrom entlang der Wirbelsäule aufsteigt, beseitigt er Energieblockaden und richtet die energetischen Organe des Körpers aus, die Chakren.

Sobald der Energiestrom regelmäßig in den Kopf fließt, beginnt er das erste Areal mit mehr Strom zu versorgen, so dass schon beim ersten Mal die Sinne deutlich schärfer werden, die Wahrnehmung und Empfindung der Realität sich intensiviert, so dass die Welt in kräftigeren Farben erstrahlt, Töne und Gerüche, aber auch Gefühle stärker erlebt werden.

Das aber ist nur eine angenehme Nebenwirkung. Was tatsächlich geschieht, ist, dass Gehirnareale aktiviert werden, die bisher geruht haben. Damit wachsen Ihnen Fähigkeiten zu, die vorher einfach nicht zur Verfügung standen. Es sind die natürlichen Fähigkeiten des *wahren Menschen*, der in Ihnen schlummert und nur darauf wartet, dass Sie zu Bewusstsein kommen. Dadurch wird ein natürlicher Entwicklungsprozess des Menschen in Gang gesetzt, der in kurzer Zeit zu unglaublichen Ergebnissen führt.

Das wird die Fähigkeit sein, Wahrheit, Irrtum und Lüge klar und eindeutig zu unterscheiden. Aber auch die Fähigkeit, ergänzend zu hören und zu lesen, das, was unausgesprochen blieb, aber dazugehört.

Nach einiger Zeit erwacht Ihre natürliche Menschenkenntnis, die alles übertrifft, was Sie bisher für möglich gehalten haben. Sie erkennen nicht nur den wahren Charakter eines Menschen, sondern auch den, der er vorgibt zu sein. Sie durchschauen seine Entwicklung, wo er herkommt und wie es weitergeht, ob eine Beziehung sinnvoll ist, welche Schwierigkeiten auftauchen werden, und wie man sie löst. Lassen Sie sich überraschen, was geschieht, wenn das natürliche Genie in Ihnen erwacht, der vollkommene Mensch, der Sie sind.

Der zweite Schritt: bewusste Energiesteuerung

Schon nach wenigen Tagen des Pubo-Trainings können Sie mit dem zweiten Schritt beginnen, der *emotionalen Visualisierung*. Diese Steuerung der Aufmerksamkeit beziehungsweise die Ausrichtung* des Energiestroms begleitet das Training. Sie fühlen, wie die Energie fließt und wo sie ankommt. Durch die Lenkung der Visualisierung

* Es gibt Menschen, die »sehen« die Energieströme nicht, sondern sind eher kinästhetisch veranlagt, sie lenken über ihre inneren Empfindungen, was hier mit »Ausrichtung« bezeichnet wird.

und die Ausrichtung des Energiestroms wird die Quelle noch mehr aktiviert und die wirksame Energie deutlich verstärkt.

Mithilfe der Steuerung der Visualisierung und Ausrichtung kann der Energiefluss bewusst intensiviert und vor allem gelenkt werden, etwa auf Stellen, wo eine Energieblockade vorhanden ist. Indem Sie Ihre Aufmerksamkeit darauf richten und halten, fließt der Energiestrom verstärkt an diese Stelle und löst die Blockade auf. Während Sie Ihre Aufmerksamkeit weiter darauf gerichtet halten, erkennen Sie auch die Ursache der Blockade, die Schritte zu ihrer Auflösung und zur Vermeidung einer erneuten Blockade. Damit beginnt die bewusste Wahrnehmung der Wirklichkeit hinter dem Schein, das Erkennen der Zusammenhänge und der wirksamen Kräfte.

Mithilfe der Aufmerksamkeit lenken Sie Ihre erwachte Wahrnehmung auf das, was Sie durchdringen oder ergründen möchten. Sie können so aber auch ganz gezielt bestimmte erwünschte Fähigkeiten aktivieren, einfach indem Sie Ihre Aufmerksamkeit darauf richten und halten.

Damit aber verändert sich Ihre energetische Signatur entscheidend, die Schwingung Ihres Energiekörpers, und damit – nach dem Gesetz der Resonanz – das ganze Leben. Von nun an ziehen Sie ganz andere Umstände und Ereignisse in Ihr Leben und verhindern zuverlässig alles, was Ihrer neuen energetischen Signatur nicht mehr entspricht. So verändern Sie Ihr Schicksal. Damit löst sich auch zunehmend die karmische Last des bisherigen Menschen von Ihnen, weil der neue Mensch, der Sie sind, kein Karma hat. Wenn Sie so den zweiten Schritt, die emotionale Visualisierung und Ausrichtung täglich praktizieren, spüren Sie immer deutlicher, dass so viel Energie fließt, dass ein Druck im Kopf entsteht und anzeigt, dass es Zeit ist für den dritten Schritt.

Der dritte Schritt: Erwachen zur Wirklichkeit

Sobald Ihr Energiekörper durch das regelmäßige Training mit Energie überfüllt ist, sollten Sie das Kronen-Chakra öffnen, damit die Energie in den Raum über dem Kopf, in Ihr Bewusstsein fließen kann. Sobald das geschieht, verschwindet von einem Augenblick zum anderen der Druck im Kopf und eine umfassende Klarheit wird spürbar – Sie sind endgültig zu Bewusstsein gekommen.

Von nun an braucht es kein Pubo-Training mehr und auch keine Visualisierung. Sie brauchen überhaupt nichts mehr tun, sondern lassen die Energie nur noch geschehen. Der Geist, das erwachte Bewusstsein, lässt den natürlichen Energiefluss zu, und zwar weit über Ihren physischen Körper hinaus. Fasziniert erleben Sie die Grenzenlosigkeit Ihres wahren Seins!

Pubo-Training in Verbindung mit Vergegenwärtigungen

Es gibt zwei Arten von Affirmationen:

- Die Affirmation dessen, was nicht ist. Beispiel: Ein Kranker redet sich ein, gesund zu sein, obwohl er das weder fühlt noch erlebt. Solche Affirmationen erzeugen eher eine negative Vibration, die Affirmation ist eine Selbstlüge.

- Affirmation als Erinnerung an die Wirklichkeit (»Vergegenwärtigung«).

Um die Erinnerung an die Wirklichkeit geht es hier. Die Erinnerung geschieht in zwei Schritten:

- Den Pubo-Muskel anspannen und die Anspannung halten. Durch den damit verbundenen Energiefluss wird das Bewusstsein auf ein höheres Niveau erhoben.
- Während mittels Anspannung des Pubo-Muskels das Bewusstsein auf eine höhere Ebene gehoben wird und Klarheit entsteht, kann nicht nur die Grundstruktur der Persönlichkeit, sondern die archetypische Grundstruktur des Menschseins verändert und neu bestimmt werden. So kann einerseits die Persönlichkeit völlig neu erfunden, mit beliebigen Eigenschaften und Verhaltensweisen ausgestattet werden. Auf dieser Ebene kann aber auch die archetypische Grundstruktur der Menschheit überhaupt verändert werden. Es ist die Erinnerung an die Vollkommenheit des Seins, mit der der wahre Mensch in Erscheinung tritt und das weitere Leben bestimmt. Dann tritt die Evolution in eine neue Stufe, und der wahre Mensch kann seinen Platz in der Schöpfung einnehmen, so wie er von der Schöpfung gedacht ist.

Wollen Sie was?
Wollen Sie lernen, wie »wollen« geht?
Wer nicht »wollen« kann, der muss »müssen«.

Wollen kann man lernen

Noch vor gar nicht langer Zeit sind wir erzogen worden zu gehorchen. Dann galten wir als braves Kind. Die Autoritäten waren die Eltern und Gott, und wenn wir denen nicht gehorchten, luden wir Schuld auf uns und wurden bestraft. In dieser Situation steht stets jemand über mir und bestimmt, was ich tun soll. Solange ich das für richtig halte, erlaube ich mir jedoch selbst nicht zu wollen – selbst zu wollen.

Aber es ist mein Leben, und das sollte ich bestimmen. Daher muss ich mir meine aberzogene Macht wieder zurücknehmen. Dann erwacht der »göttliche Wille« in mir, ich kann ihn spüren und ihm folgen. Wenn ich das nicht tue, spüre ich ihn irgendwann gar nicht mehr, weiß nicht mehr, was ich will.

Irgendwann sollte ich mich fragen: »*Was würde ich denn wollen, wenn ich dürfte?*« Ich sollte mir erlauben, wieder zu träumen, mit Möglichkeiten zu spielen. Mir nicht mehr sagen: »Das wird eh nichts« und deshalb gar nicht erst etwas zu wollen.

Keinen eigenen Willen zu haben heißt aufzugeben, nicht wirklich zu leben. Das Leben zu erleiden als ein Opfer der Umstände. Leben heißt schöpferisch sein, und der erste Schritt ist, wieder zu wollen. Dann weitet sich das Bewusstsein, ich erfahre mich als Schöpfer.

Ich kann mir Ziele setzen und sie sicher erreichen, kann den »Weg der Freude« gehen, ich muss nur anfangen und nicht mehr aufhören, bis ich mein Ziel erreicht habe. Dabei kann ich mögliche Ziele vorher im Geiste »anprobieren«, ob sie wirklich die erwartete Erfüllung bringen. Ich urteile nicht mehr, ob etwas angenehm oder unangenehm ist, sondern prüfe nur noch, ob es »stimmig« ist, ob es zu mir passt. Wenn das so ist, dann packe ich es gleich an.

Das heißt, alles Notwendige immerfort gleich zu tun, etwa schlank werden und bleiben durch konsequente Bewegung jeden Tag. Oder mir mehr Einkommen schaffen, mir etwas »einfallen« lassen. Mir täglich eine »Kreativzeit« nehmen. »Erst gewinnen, dann beginnen«. Das bedeutet: Richtiges Wollen spielt sich zuerst in meiner Phantasie ab, dann im Außen. Das bedeutet auch: immer neue Grenzen entdecken – und überschreiten. Alles, was ich denken kann, kann ich auch erreichen, wenn ich es wirklich will. Mein ganzes Leben verwandeln, ja verzaubern, bis es mir ganz entspricht, bis mein Leben vollkommener Ausdruck meines Seins ist. Denken Sie daran, in jedem Moment können Sie sich zu diesem Verhalten entscheiden. Den ersten Schritt können Sie schon jetzt tun.

Ein Meister benutzt den gleichen Hammer und Meißel wie ein Lehrling, aber er bewirkt etwas ganz anderes. Ein Lehrling verwirklicht seine Vorstellung, der Meister erkennt, was die Schöpfung durch ihn verwirklichen will, und lässt es »in Erscheinung treten«. Die Krönung des Wollens besteht darin, dem Willen meines wahren Selbst zum Ausdruck zu verhelfen.

Übung: Heute ergänze ich einmal die drei Sätze:

- Ich will … (hier füge ich ein, was mir wichtig ist).
- Ich kann … (hier füge ich ein, welche Möglichkeit ich habe, um meinen Willen zu unterstützen).

- Ich werde … (hier beschreibe ich, was ich tun werde, um meinen Willen in die Realität zu überführen).

Erfolg »ersitzen« – Beharrlichkeit ermöglicht Ihnen, alles zu erreichen

Die Chinesen sagen: Der Mensch kann alles erreichen, hat er Beharrlichkeit! Manchmal ist auch schon Ausdauer ausreichend. Wenn ein Frosch in ein Sahnefass fällt, dann kann er aufgeben und ertrinken oder immer wieder den Sprung aus dem Sahnefass versuchen, so lange, bis die Sahne zu Butter geworden ist – beides ist möglich.

Geistige Gesetze sind Wirkungsmechanismen, die unser Universum bestimmen, ganz gleich, ob wir sie kennen oder nicht, ob wir daran glauben oder nicht. Sie gelten universell und ewig. Unser Geist ist ein lebendiger Magnet, mit dem wir Menschen, Dinge, Umstände und erwünschte Situationen in unser Leben ziehen können. Je mehr emotionale und geistige Intensität wir damit verbinden, desto schneller treten sie als unsere Realität in Erscheinung. Auf dem Weg der Verwirklichung gibt es jedoch eine Prüfung, die jeder vor der Erfüllung bestehen muss – die Beharrlichkeit und der Glaube werden getestet. Beharrlichkeit und Glaube sind die beiden Schlüssel, die das Tor zur Verwirklichung öffnen. Absolut nichts kann diese beiden Schlüssel ersetzen, und es gibt wiederum nichts, was mit diesen Schlüsseln nicht zu erreichen wäre.

Misserfolge sind dabei immer nur Botschaften des Lebens, die Ursachen noch einmal zu überprüfen, weil sie mit dem gewünschten Zustand nicht übereinstimmen und eine Korrektur erforderlich machen. Erfolg liegt manchmal sehr nah beim Scheitern.

Immer wieder, wenn ich mit Menschen spreche, habe ich den Eindruck, dass sie in ganz verschiedenen Welten leben. Wie kommt es zu so unterschiedlichem Erleben der gleichen Realität? Es kommt daher, dass wir zwar in der gleichen Welt leben, aber eben nicht in der gleichen Realität. Jeder schafft sich ständig seine ihm entsprechende Realität. Niemand kann sich eine Realität schaffen, die ihm nicht entspricht, aber er kann sich jederzeit aufmachen, sein Sosein zu ändern und damit erleben, wie eine entsprechend veränderte Realität »in Erscheinung tritt«! Dort, wo es noch nicht geklappt hat, liegt es entweder daran, dass der springende Punkt noch nicht gefunden und noch nicht entsprechend transformiert wurde, oder dass es an Beharrlichkeit mangelte.

Jede Schwierigkeit, jedes Problem, jedes Hindernis auf dem Weg ist immer eine Prüfung unserer Beharrlichkeit und unseres Glaubens. Es gibt keine Geschenke der Schöpfung, nur Ursache und Wirkung und wir müssen alles, was wir haben wollen, bezahlen mit dem Gold unseres Glaubens und unserer Beharrlichkeit. Alles ist möglich dem, der glaubt und beharrlich jede Widrigkeit durchschreitet, aus jedem Misserfolg lernt, es besser zu machen, und damit jedes Vorhaben zum Erfolg führt.

Ein Thema »durchsitzen«

Wenn Sie zuverlässig eine Veränderung wünschen, dann rate ich Ihnen, längere Zeit über die Energie des gewünschten Endzustandes zu kontemplieren, sich mit der Energie zu füllen. Richten Sie Ihre Aufmerksamkeit auf den gewünschten Endzustand, und halten Sie sie gerichtet, bis dieser sich einstellt. Manchmal dauert es bis zu drei Stunden, und dann merken Sie, dass Sie durch sind – keinerlei Störschwingungen fallen mehr zwischen Ihre Eigenschwingung und die Vision.

Auf diese Weise kann ich zum Beispiel meinen Körper zwei bis drei Stunden mit der Energie allgemeiner Gesundheit erfüllen, aber auch mit spezieller, etwa einem beweglichen Knie. Wenn ich meine Aufmerksamkeit solange gerichtet halte, bis die Energie sich einstellt, bewirkt das eine sofortige Änderung der Situation, die sich in einem deutlichen Gefühl des Heilseins zeigt.

Auf die gleiche Weise kann eine Beziehung geheilt werden, indem ich zwei bis drei Stunden lang Aufmerksamkeit darauf richte, einen speziellen gewünschten Endzustand vorgebe oder ganz allgemein die Energiequalität »harmonische Beziehung« wähle, mich damit anfülle und so lange ununterbrochen wirken lasse, bis sie sich erfüllt hat. Das zeigt sich in einem Gefühl der Befreiung und Freude oder auch Erleichterung und dem Gefühl: Es ist vollbracht.

Auf die gleiche Weise kann eine bevorstehende Verhandlung oder Prüfung zu einem gewünschten Ergebnis gebracht werden, bevor sie überhaupt beginnt. Es empfiehlt sich überhaupt und generell, im Geiste bereits gewonnen zu haben, bevor man in eine Verhandlung oder Prüfung geht.

Sie können jeden beliebigen Endzustand schaffen und jeden unerwünschten Zustand auflösen oder in einen gewünschten umwandeln. Wenn keine entgegengesetzten Überzeugungen vorhanden sind, die sich negativ auswirken, ist ein Misserfolg unmöglich, und Ihr Erfolg wird unvermeidbar.

Das ganze Geheimnis besteht darin, lange genug die energetische Verbindung zu halten, bis die schöpferische Energie das Werk getan hat. Mit zunehmender Übung wird das meist schon nach 30 Minuten erreicht sein. Jedoch: Wenn Sie auch nur eine Minute zu früh beenden, ist alles vergeblich. Das wäre so, als wenn Sie einen Meter vor dem Ziel aufgäben. Sie haben dann nicht ein bisschen gewonnen, sondern gar nicht.

Beharrlichkeit hat allerdings zwei Seiten: Sie bezieht sich auf das Ergebnis, nicht auf die Strategie. Wenn Ihnen das Leben »falsch, falsch, falsch« signalisiert, dann ist es nicht klug, an der falschen Strategie festzuhalten. Beharrlichkeit bedeutet, am einmal gewählten Ziel festzuhalten, sich aber vom Leben dorthin führen zu lassen und bereit zu sein, ständig die Strategie zu ändern, so wie das Leben es Ihnen zeigt.

Übung: »Ersitzen« Sie sich in der Meditation ein gewünschtes Ergebnis, bis Sie am Ziel sind.

Das Richten der Aufmerksamkeit

Das Richten der Aufmerksamkeit als Werkzeug zur bewussten Gestaltung der eigenen Zukunft

Wir haben bereits mehrfach angesprochen, wie wichtig das Richten der Aufmerksamkeit ist. Stellen Sie sich einmal vor, Sie seien ein als Mensch verkleideter Gott, der freiwillig in die Begrenzung einer menschlichen Existenz gegangen ist, um hier bestimmte Erfahrungen zu machen. Vor Beginn dieser Erfahrung haben Sie dafür gesorgt, dass Sie alles erleben und in die Realität überführen können, worauf Sie Ihre Aufmerksamkeit richten und gerichtet halten. Irgendwann auf dem Weg aber haben Sie vergessen, dass das Richten der Aufmerksamkeit der Schlüssel zur bewussten Gestaltung Ihrer Realität ist. Denn worauf Sie Ihre Aufmerksamkeit richten, dorthin fließt Ihre Schöpferkraft.

Ein ganz einfaches Beispiel zeigt: Nicht was Ihnen im Einzelnen geschieht, sondern auf welchen Aspekt der Ereignisse Sie die Aufmerksamkeit gerichtet halten, entscheidet über Glück und Unglück, Erfolg oder Misserfolg. Nehmen wir einmal an, Sie fahren auf dem Weg zur Arbeit mit dem Auto eine unübersichtliche Kurve den Berg hoch, und Ihnen kommt auf der anderen Seite ein Auto entgegen, halb auf Ihrer Spur. Sie können gerade noch rechts zur Seite fahren, anhalten und so einen Unfall vermeiden. Der Fahrer im anderen Auto telefoniert derweil mit dem Handy, merkt gar nichts von seinem Fehlverhalten und fährt achtlos an Ihnen vorbei. Nun können Sie sich natürlich darüber aufregen, wie verkehrsgefährdend der andere gefahren ist und dass man nicht mit dem Handy telefonieren sollte, während man Auto fährt. Kommen Sie dann in die Firma, erzählen Sie allen Kollegen, wie blöd der Autofahrer gefahren ist, und wenn Sie abends nach Hause kommen, wird die Sache ein drittes Mal aufgewärmt. Konsequenz: Schlechte Laune bei sich selbst, den Kollegen und Ihrem Partner, ein Tag voller Ärger. Stattdessen könnten Sie sich in der gleichen Situation auf die Schulter klopfen und sagen: »Donnerwetter, da habe ich aber gut reagiert.« Sie könnten dankbar sein, dass alles so glimpflich abgelaufen ist. Konsequenz: ein Tag voller Dankbarkeit – bei gleicher Situation.

Viele Menschen haben die Fülle des Lebens bereits im negativen Bereich verwirklicht. Sie haben jedoch nur eine Fülle an Schwierigkeiten, Problemen und Ärger, eine Fülle an Disharmonie und Krankheitssymptomen. Das geschieht, wenn die Aufmerksamkeit vorwiegend oder fast ausschließlich auf Schwierigkeiten ausgerichtet oder gar darin verfangen ist. Wenn Sie die natürliche, positive Fülle des Lebens verwirklichen wollen, sollten Sie Ihrer Aufmerksamkeit nicht gestatten, länger als 2–3 Sekunden bei etwas zu bleiben, was nicht sein soll, sie bewusst vom Negativen abziehen und gerichtet halten auf Chancen und Lösungen! Indem Sie Ihre Aufmerksamkeit ganz bewusst abziehen von Mangel, Krankheit und Leid und auf Gesundheit, Erfolg und Wohlstand lenken, dort halten, müssen diese Elemente als Ihre erlebte Realität in

Erscheinung treten. Wobei Wohlstand viel mehr meint als nur genügend Geld zu haben. Wohlstand bedeutet, dass alles im Leben wohl steht. Das ist der Schlüssel zu Ihrer Macht, das Leben zu gestalten und zu bestimmen.

Wenn Sie Ihre Aufmerksamkeit auf eine *Sache* richten, auf Materie, dann ist der Einfluss scheinbar gering, weil Materie eine sehr verdichtete Form von Energie ist. Richten Sie Ihre Aufmerksamkeit aber auf eine *Situation*, eine Beziehung oder auf Ihre Zukunft, verändern Sie damit deren Energiefeld, so dass sie eine andere Gestalt annehmen können. Sie können so alles, was noch nicht in Erscheinung getreten ist, verändern, indem Sie Ihre Aufmerksamkeit mit einer bestimmten Absicht verbinden, indem Sie auf eine ganz bestimmte Weise hinschauen. Das Richten der Aufmerksamkeit lenkt die *schöpferische Kraft* auf einen bestimmten Aspekt des Lebens und lässt sie dort, entsprechend der innewohnenden Absicht, wirksam werden. Indem Sie sich in dem gewünschten Endzustand bildhaft erleben und ihn ganz *erfühlen*, können Sie prinzipiell jede beliebige Realität hervorrufen. Sie können so etwa Ihren Körper gesundfühlen.

Worauf Sie Ihre Aufmerksamkeit gerichtet halten, das verwirklicht das Leben.

Das Richten der Aufmerksamkeit ist auch der erste Schritt, um etwas geistig in Besitz zu nehmen, es sich zu eigen zu machen. Indem Sie die Richtung Ihrer Aufmerksamkeit ändern, ändert sich Ihr ganzes Leben – und alles geschieht völlig mühelos.

Tipp: Achten Sie einmal darauf, woran Ihre Aufmerksamkeit öfter hängen bleibt. Lenken Sie sie dann bewusst fort, und richten Sie sie auf Ihr Ziel. Denn das, worauf Sie

Ihre Aufmerksamkeit richten, das bestimmt Ihr Leben, Ihr Schicksal.

Sie erinnern sich an den Exkurs über Quantenphysik? Wir sind keine unabhängigen Beobachter eines separaten Universums, sondern der Fokus unserer Aufmerksamkeit ruft aus dem Möglichkeitsfeld der Realität die entsprechende Form in Erscheinung und nimmt als unsere erlebte, individuelle Realität Gestalt an. So lebt jeder oder jede in einer eigenen Welt, die sie als Schöpferin aus dem Möglichkeitsraum hervorgerufen hat, meistens ohne sich dessen bewusst zu sein. Ihre Haltungen und Einstellungen bestimmen, worauf Sie Ihre Aufmerksamkeit richten, bestimmen damit, was folgt, und verhindern zuverlässig alles, was dem nicht entspricht. Doch Sie können sich davon befreien.

Beim Richten der Aufmerksamkeit ist es entscheidend, welche Position Sie einnehmen, ob Sie aus dem »Ich« oder dem Selbst heraus die Dinge betrachten. Solange ein »Ich« die Aufmerksamkeit bestimmt, bleibt diese auch in seinen Grenzen.

Durch gerichtete Aufmerksamkeit Grenzen erweitern

Das nachfolgende Experiment zeigt Ihnen, was gerichtete Aufmerksamkeit zu bewirken vermag.

Übung: Stellen Sie sich ganz locker hin an einen Ort, wo Sie für Ihre ausgestreckten Arme nach allen Seiten genügend Platz haben. Halten Sie Ihre Arme seitlich waagerecht, und drehen Sie sich dabei ganz locker in den

Hüften. Die Beine bleiben fest am Boden, so dass die Bewegung nur aus den Hüften kommt. Dann strecken Sie den rechten Arm waagerecht nach vorn und zeigen mit dem Zeigefinger auf einen beliebigen Punkt vor sich. Drehen Sie nun den Oberkörper mit ausgestrecktem Arm nach rechts, und zwar so weit Sie können, und merken sich den Punkt, wie weit Sie in dieser seitlichen Drehung gekommen sind.

Sie können das Ganze noch ein zweites Mal versuchen, wobei Sie wahrscheinlich etwas weiter kommen, weil Ihr Körper jetzt vorgedehnt ist. Wenn Sie wollen, auch noch ein drittes Mal, und dann haben Sie die Stelle ermittelt, die Sie maximal erreichen können. Nun suchen Sie sich einen Punkt, der deutlich weiter liegt, als der, den Sie maximal erreichen können, und richten Ihre Aufmerksamkeit nur darauf, *diesen* Punkt zu erreichen. Stellen Sie sich vor, wie Sie diesen Punkt mühelos erreichen. Wiederholen Sie auch diese Vorstellung ein paar Mal, und erleben Sie in der Vorstellung, dass es Ihnen jedes Mal gelingt, den vorher unmöglichen Punkt zu erreichen.

Und nun wiederholen Sie die Übung noch einmal in der Realität – und siehe da, jetzt erreichen Sie auch diesen Punkt, der vorher unmöglich war, mühelos. Sie haben Ihrem Körper ein neues Bild vorgegeben, und er hat es sofort verwirklicht, obwohl er zuvor nichts davon wusste.

Sie sehen daran, was Ihre gerichtete Aufmerksamkeit zu bewirken vermag, und Sie werden immer neue Möglichkeiten entdecken, eigene Grenzen mühelos zu überschreiten.

Die Aufmerksamkeit auf ein Ziel lenken

Ich muss erst geistig am Ziel sein, bevor ich den ersten Schritt tue. Erst gewinnen, dann beginnen. Wenn etwas in meinem Leben nicht geklappt hat, dann sollte ich die Richtung meiner Aufmerksamkeit prüfen. Nicht mehr fragen: Warum hat es nicht geklappt? Sondern: Was muss ich tun, damit es klappt? Dazu gehört vor allem das Lenken der Aufmerksamkeit auf das richtige Vorgehen und das richtige Ziel.

Mit dem bewussten Richten Ihrer Aufmerksamkeit, und damit Ihrer Schöpferkraft, können Sie alle Bereiche des Lebens verbessern. Gesundheit, Erfolg, Wohlstand oder eine harmonische Beziehung ebenso wie Ihre persönliche Entwicklung, Weisheit oder Erfüllung. Sie können die natürliche Fülle des Lebens in Erscheinung treten lassen. Indem Sie Ihre Aufmerksamkeit ständig auf Chancen und Möglichkeiten und Lösungen gerichtet halten, schaffen Sie Chancen und Lösungen, auch dort, wo Sie sie zuvor nicht vermutet hatten.

Das Richten der Aufmerksamkeit ist vollkommen mühelos. Wenn es nicht mühelos geschieht, zeigt das an, dass es anders leichter ginge. Die Weisheit der Mühelosigkeit aktiviert Glückshormone in Ihnen, so dass alles mit Freude geschieht und Sie bewusst den Weg der Freude gehen.

Übung: Richten Sie Ihre Aufmerksamkeit ganz auf sich, und nehmen Sie bewusst Ihre Energieschwingung wahr. Machen Sie sich bewusst, dass Sie mit ihr Realität Gestalt annehmen lassen. Sie können aber auch von den

Umständen ausgehen und sich bewusst machen, welche Schwingung Sie erfüllen müssen, um das erwünschte Ergebnis zu zeitigen.

Schließlich erleben Sie sich in dem gewünschten Endzustand und nehmen ihn so durch Identifikation in Besitz. Am besten machen Sie sich das durch fortwährendes Praktizieren zur Gewohnheit – damit ändert sich Ihr Leben ganz von selbst.

Die stillschweigende Motivation beachten

Wenn Sie zum Beispiel gern mehr Geld hätten, dann richten Sie scheinbar Ihre Aufmerksamkeit auf mehr Geld. Was aber bringt Sie auf diese Idee? Wahrscheinlich die Erfahrung des Mangels. Das heißt, Sie richten Ihre Aufmerksamkeit aus einem Mangelbewusstsein heraus, doch damit verstärken Sie den Mangel. Unsere Aufmerksamkeit wird nämlich von unserer Motivation gesteuert, und die will etwas haben, um etwas anderes zu vermeiden. Unsere Motivation läuft unterhalb des Denkens ab und ist uns daher meist gar nicht bewusst. Sie funktioniert über Gefühle, und die sind ein sicherer Indikator, ob eine positive oder eine negative Motivation hinter der Absicht steckt. Wenn es sich angenehm anfühlt, geht es Ihnen einfach darum, einen Wunsch zu verwirklichen. Sie haben Freude daran. Fühlt es sich aber eher unangenehm an, dann geht es um etwas, das Sie vermeiden oder loswerden wollen. Vielleicht sogar noch mit der Angst verbunden, zu versagen oder zu scheitern, wenn der Wunsch sich nicht erfüllt. Hinterfragen Sie daher bei jedem Vorhaben die dahinterstehende Motivation.

Nach dem Energieerhaltungsgesetz kann Energie nicht verlorengehen, sondern nur ihre Form wandeln. Energie kann nicht *nicht* wirken, sondern ruft immer die entsprechenden Ereignisse in Erscheinung. Sie müssen die Wahl treffen, wie Ihr Leben verlaufen soll, und Ihr Lebensweg ist Ausdruck dieser Wahl.

Die Aufmerksamkeit auf eine unbekannte, jedoch stimmige Lösung richten

Wenn Sie Ihre Aufmerksamkeit auf eine *ganz bestimmte* Lösung richten, wird diese verwirklicht, ganz gleich, ob es auch die richtige ist. Besser ist es daher, die Aufmerksamkeit auf eine *stimmige* Lösung zu richten, damit sich das Stimmige in Ihrem Leben verwirklicht. Machen wir das wieder einmal praktisch.

Übung: Nehmen Sie einmal eine Schwierigkeit oder eine Aufgabe in Ihr Bewusstsein, und richten Sie Ihre Aufmerksamkeit gleich auf die Lösung. Auch wenn Sie Ihnen nicht gleich einfällt, haben Sie Geduld, sie tritt in Ihr Bewusstsein, sobald Sie Ihre Aufmerksamkeit gerichtet halten, denn die gerichtete Aufmerksamkeit erschafft das, worauf sie gerichtet ist. Halten Sie Ihre Aufmerksamkeit so lange auf die Lösung gerichtet, bis Sie von einem starken Gefühl der Freude und Dankbarkeit erfüllt sind. Das ist das Zeichen dafür, dass Sie auf dem richtigen Weg sind.

Indem Sie bewusst Aufmerksamkeit von Problemen und Schwierigkeiten abziehen und stattdessen auf die Lösung lenken, haben Sie ein wichtiges Werkzeug zur bewussten Gestaltung Ihrer Zukunft und zur Bestimmung aller Lebensumstände.

Vollziehend erleben

»Vollziehend erleben« bedeutet, dass ich jeden Gedanken, den ich als Gebet, Segen oder Affirmation spreche oder denke, geistig mitgehe – mit allen Sinnen und nicht einfach nur so vor mich hin denke.

Vollziehend erleben heißt im Bewusstsein meines wahren Seins Aufmerksamkeit lenken auf das, was sein soll, um Illusionen zu durchdringen und schließlich aus der Fülle meiner wahren Möglichkeiten heraus zu leben. Es heißt auch, im Gewahrsein der Wirklichkeit in dieser Welt einzugreifen, wo immer es gerade not-wendig ist.

Vollziehend erleben heißt, ich versetze mich in den gewünschten Endzustand, erlebe: Ich habe es erreicht, es ist geschehen, ich bin am Ziel. Fühle die Freude und Dankbarkeit der Erfüllung. Ich erlebe, wie ich dann lebe, was sich in meinem Leben dadurch verändert hat.

Vollziehend erleben heißt, Vorstellung und Gefühl miteinander zu verbinden und so geistig zu erleben, wie das Erwünschte »geschieht«. Vollziehendes Erleben ist der schöpferische Prozess auf der geistigen Ebene, bis das Erwünschte vollendet ist und sich auf der Kausal-Ebene voll manifestiert hat. Was Sie sich so »zu eigen« machen, was Sie schon geistig »in Besitz genommen haben«, kann Ihnen das Leben nicht mehr verweigern. Es wird sich auf der physischen Ebene als Ihre Wirklichkeit manifestieren.

Vielleicht meldet sich ein Zweifel: »Wenn das so einfach wäre, könnte das ja jeder!« Nun, es ist so einfach wie säen, und tatsächlich könnte es jeder. Aber wie die Aussaat des Bauern wächst es nicht dadurch, dass es jeder könnte, sondern nur dadurch, dass gesät wird, dass es jemanden gibt, der die Saat einbringt. Vielleicht denken Sie auch: »Wo ist der Beweis, dass es überhaupt geht?« Probieren Sie es aus, und erleben Sie, dass es geht. Sie sind der beste Beweis. Lösen Sie jeden Zweifel geduldig auf, denn der Zweifel kann zu einem absoluten Hindernis werden, wenn Sie ihm nachgehen.

Voraussetzung dafür, dass etwas gelingt, ist immer, dass ich *sein* muss, was ich werden oder erreichen will. Ich mache es mir im Vorfeld *zu eigen*, indem ich mich ganz damit erfülle und fühle, dass es *ist*. Ich denke nicht: »Ich stelle mir vor, es erreicht zu haben«, sondern *er-lebe*, dass *es ist*, bin ganz davon erfüllt. Ich halte die Energie der Erfüllung, bis der erwünschte Endzustand als meine erlebte Realität Gestalt annimmt. Ich muss nicht ständig daran denken. Ich brauche überhaupt nicht mehr daran zu denken, aber wenn ich die Aufmerksamkeit gezielt lenke, dann tue ich dies in der Energie der Erfüllung. Wenn ich das Ergebnis nicht wieder »abbestelle«, zieht die »Energie der Erfüllung« zuverlässig das in mein Leben, was ich mir vorher *zu eigen* gemacht habe, und zwar vollkommen mühelos.

Am Ende ist wichtig, dass ich meiner Aufmerksamkeit nicht mehr gestatte, bei dem zu bleiben, was der Erfüllung widerspricht. Und natürlich, dass ich glauben kann und mich wert fühle, Erfüllung zu empfangen. Dazu gehört, dass ich alle Überzeugungen auflöse, die die Erfüllung be- oder verhindern könnten. Schließlich nutze ich die

»Macht der Wiederholung«, indem ich immer wieder die Freude und Dankbarkeit der Erfüllung erlebe.

Zur Traumfigur durch Veränderung der Aufmerksamkeit

Übung: Richten Sie doch einmal Ihre Aufmerksamkeit auf Ihre Figur. Was tritt dabei in Ihr Bewusstsein? Sehen Sie sich so, wie Sie sind? Oder wie Sie sich gerade fühlen? Oder sehen Sie vor Ihrem inneren Auge Ihre Traumfigur?

Das Geheimnis ist die bewusste oder meist unbewusste Ausrichtung der Aufmerksamkeit und das Bild, das Sie dabei von sich schaffen. Wenn dieses Selbstbild etwas mollig ausfällt, dann helfen Fasten und Diäten natürlich bestenfalls vorübergehend. Sobald Ihr Körper wieder genügend Baumaterial bekommt, wird er dieses mollige Bild verwirklichen. Diesen Regelmechanismus können Sie zu Ihrem Vorteil nutzen, indem Sie die Vorgabe ändern und ihm das Bild Ihrer Traumfigur vorgeben, so dass er in Zukunft alles daransetzen wird, genau dieses Bild zu verwirklichen.

Wenn Sie dann zu viel gegessen haben, wird Ihr Körper mehr Kalorien in Wärme umsetzen, weil das zusätzliche Baumaterial für die Verwirklichung der Traumfigur nicht gebraucht wird. Sie sehen, wie entscheidend es ist, die Vorgaben des Körpers entsprechend Ihren Wünschen zu ändern.

Das geschieht besonders zuverlässig, wenn Sie so tun, als hätten Sie bereits diese Traumfigur. Wenn Sie sich in Ihrer Vorstellung so sehen und das mit einem starken

Gefühl der Freude und Dankbarkeit verbinden, wird die Körperintelligenz alles daransetzen, dieses Bild so schnell wie möglich umzusetzen.

Auch hier gilt: Worauf Sie Ihre Aufmerksamkeit richten, dorthin fließt Ihre Schöpfungskraft. Richten Sie deshalb wiederholt Ihre Schöpfungskraft auf Ihre Traumfigur, und spüren Sie, wie gut Sie sich mit dieser fühlen.

Falls Sie Mühe haben, sich Ihre Traumfigur anzueignen, sollten Sie sich fragen, ob es nicht etwas in Ihnen gibt, das sich mit der alten Figur recht wohlfühlt, etwa, weil Fettpolster auch als »Pufferzonen« dienen, die Sie nicht mehr haben werden, wenn Sie schlanker geworden sind. Wenn Sie dann immer noch schlank werden wollen, sollten Sie erkennen, dass Sie statt der Pufferzonen etwas anderes in Besitz nehmen sollten, zum Beispiel Bewusstheit und die Bereitschaft, äußere Grobheiten fortan *innerlich* abpuffern zu lassen.

Gesundheit durch gesteuerte Aufmerksamkeit

Wenn es Ihr Ziel ist, ganz gesund zu sein, dann richten Sie doch einmal Ihre Aufmerksamkeit auf Ihre Gesundheit. Sehen Sie Ihren Körper dabei in vollkommener Gesundheit, auch und gerade, wenn das derzeit nicht der Fall ist. Fühlen Sie, wie gut sich Ihr Körper anfühlt, auch und gerade, falls Sie derzeit Schmerzen haben. Lassen Sie nicht zu, dass Ihre Aufmerksamkeit von den Schmerzen angezogen wird, sondern halten Sie Ihre Aufmerksamkeit auf ein starkes Wohlgefühl in Ihrem Körper gerichtet. Bestimmen Sie, worauf Sie Ihre Aufmerksamkeit richten, und erleben Sie den Augenblick.

Jeder Wunsch enthält die Kraft seiner Verwirklichung, wenn Sie es nicht beim bloßen Wünschen belassen, sondern die entsprechenden Ursachen setzen. Entscheidend ist immer, worauf Sie Ihre Aufmerksamkeit richten. Richten Sie doch einmal Ihre Aufmerksamkeit darauf, glücklich zu sein, oder erleben Sie, wie es sich anfühlt, vollkommen gesund zu sein.

Das Wort sprechen – die Mantra-Methode

Jeder Mensch hat die natürliche Fähigkeit, das Wort zu sprechen. Sie aktivieren diese natürliche Fähigkeit, indem Sie sich vor einen Spiegel stellen und zu Ihrem Spiegelbild so sprechen, dass Sie sich dabei ganz tief berühren. Lernen Sie so, wirklich ergreifend zu sprechen. Optimieren Sie die Energiequalität des gesprochenen Wortes solange, bis Sie selbst mit der Wirkung zufrieden sind. Zuerst wird die Energiequalität des gesprochenen Wortes Sie berühren, dann wird sie Sie bewegen und letztlich wird sie Sie verändern.

Das Wort wird noch mächtiger, wenn Sie es innerlich sagen, lautlos, imaginativ den Inhalt sich vorstellen und sich in der Erfüllung erleben. Sie machen so aus einer möglichen Zukunft erlebte Realität der Gegenwart.

Sie steigern die Wirkung des Wortes noch weiter durch die Macht der Wiederholung. Die intensivste Form der Wiederholung ist das Übermantra. Es ist eine Kombination der Coue'schen Formelbildung und dem indischen Mantra. Sie bringen dabei den gewünschten Endzustand zunächst in eine klare Formel und wiederholen diese Formel immer wieder, ohne dass sich ein störender Gedanke dazwischenschieben kann, um die Wirkung abzuschwächen oder aufzuheben.

Eine solche Formel könnte laufen:

- Die innere Heilkraft heilt mich
- Ich bin (mein wahres Wesen ist) eins mit dem Leben und völlig gesund
- Lernen macht Freude und führt zum Erfolg
- Jede Zelle meines Körpers ist gesund, glücklich und stark.

Natürlich wirken auch die seit Jahrtausenden bekannten Mantras wie zum Beispiel das »Om« (Urklang der Schöpfung) oder »Soham« (ich und das Göttliche sind eins). Diese sind besonders kraftvoll, da sie im morphischen Feld, das wir alle miteinander teilen, mit der Kraft von abertausenden Anwendern über die Jahrtausende aufgeladen wurden. Nachfolgend weitere Vorschläge für Mantras*:

- Om mani padme hum (tibetisch: Om mani peme hung: wörtlich: »Juwel im Lotus«; das Streben nach Erleuchtung ist in meinem Herzen; weckt die Kräfte des Mitgefühls und der Liebe zu allen Wesen und den Wunsch nach Befreiung und Erlösung, um dem Wohl aller zu dienen.

* Quelle: Christine Stecher, Mantras. Die Sprache der Götter, Darmstadt 2002

- Gate, gate, paragate, paramsamgate, bodhi svaha (Indien): wörtlich: gegangen, gegangen, über alles hinaus, über alles ganz und gar gegangen; Anrufung der übergeordneten Weisheit.
- Geheiligt werde dein Name (Christentum): Lobpreisung Gottes, die im Frühchristentum als Mantra diente.

– La ilaha illa Alah (Islam): Es gibt keinen Gott außer Gott; von Mohammed empfohlen.
– Wakan Tanka: Name für den universalen Gott in der Sprache der Sioux-Indianer.
– Om bhūr bhuva svaha -tát savitúr várenyam -bhárgo devásya dhīmahi -dhíyo yó na pracodáyāt (Gayatri-Mantra, Indien): Om, wir meditieren über den Glanz des verehrungswürdigen Göttlichen, den Urgrund der drei Welten, Erde, Luftraum und himmlische Regionen. Möge das Höchste Göttliche uns erleuchten, auf dass wir die höchste Wahrheit erkennen.

Wichtig ist, dass Sie jedes Wort oder jede Wortfolge vollziehend sprechen beziehungsweise denken und auch wirklich glauben, was Sie denken. Manchmal kommt es vor, dass sich trotzdem unerwünschte Gedanken dazwischenmischen – in dem Fall halten Sie die Energie gerichtet und machen liebevoll, geduldig, mit weitem Herzen einfach weiter mit Ihrer Formel. Sie werden ein tiefes Aufatmen spüren und dann irgendwann die klare Wahrnehmung: Meine Formel ist jetzt Realität.

Besonders kraftvoll werden Wiederholungsformeln, wenn Sie diese mit ganz bestimmten Bewegungsimpulsen verbinden. Für die Gesundheit ist es beispielsweise hilfreich, wenn Sie den Tanz vom Körperzellen-Blues von Astrid Kuby und Mosaro zu entsprechendem Text und Melodie singen und choreographisch abgestimmt tanzen*:

Jede Zelle meines Körpers ist glücklich,
jede Körperzelle fühlt sich wohl,
jede Zelle meines Körpers ist glücklich,
jede Körperzelle fühlt sich wohl,
jede Zelle, an jeder Stelle, jede Zelle ist voll gut drauf!
jede Zelle, an jeder Stelle, jede Zelle ist voll gut drauf!

Jede Zelle meines Körpers ist glücklich,
jede Körperzelle fühlt sich wohl,
Jede Zelle meines Körpers ist glücklich,
jede Körperzelle fühlt sich wohl,
jede Zelle, an jeder Stelle, jede Zelle ist voll gut drauf!
jede Zelle, an jeder Stelle, jede Zelle ist voll gut drauf!

Jede Zelle meines Körpers ist glücklich,
jede Körperzelle fühlt sich wohl,
jede Zelle meines Körpers ist glücklich,
jede Körperzelle fühlt sich wohl,
jede Zelle, an jeder Stelle, jede Zelle ist voll gut drauf!
jede Zelle, an jeder Stelle, jede Zelle ist voll gut drauf!**

* Liedtext, Melodie und Tanz sehen Sie u. a. im Internet auf YouTube unter http://de.youtube.com/watch?v=uiKIlwNVElY

** Quelle: Astrid Kuby und Mosaro

Manchmal sieht es so aus, als könne man nichts machen. Sieht aber nur so aus!

Die Aufmerksamkeit befreien, um bewusst wahrnehmen zu können

Zur Änderung der Realität brauchen wir freie Aufmerksamkeit. Um diese zu erreichen, müssen wir zunächst unsere gebundene Aufmerksamkeit lösen. Dürfen nicht mehr zulassen, dass sie von diesem und jenem angezogen und gefesselt wird. Besonders Schwierigkeiten, Probleme, Konflikt scheinen die Aufmerksamkeit magisch anzuziehen. Aber auch Gewohnheiten und Verhaltensmuster binden sie, dazu kommen Ängste, Sorgen und Befürchtungen. Das behutsame Lösen der Aufmerksamkeit aus diesen festgefahrenen Mustern erfordert Achtsamkeit, um sie wieder zu befreien. Fixierte Aufmerksamkeit ist wie ein Auto, das im Schlamm steckengeblieben ist. Je mehr Sie Gas geben, desto tiefer wühlt es sich hinein.

Verwirrungen, Irritationen, Schwierigkeiten, Blockaden, unerwünschte Gedanken, Gefühle, Empfindungen, Glaubensmuster – all dieses darf sein und auftauchen. Die Frage ist jedoch stets:

1. Bin ich bei Bewusstsein?
2. Wovon lasse ich mich lenken?
3. Wo will ich hin?

Gelingt es mir, die Kraft am Brennpunkt, meine Aufmerksamkeit auf das gerichtet zu halten, wohin ich will, dann verschwinden Verwirrungen, Irritationen, Blockaden, unerwünschte Gedanken, Gefühle, Empfindungen, Glaubensmuster. Zurück bleibt allein die Klarheit des Ziels, auf das ich ausgerichtet bin und das mich nun magisch anzieht.

Freie Aufmerksamkeit ist ein bewusstes und freiwilliges Ruhenlassen der Aufmerksamkeit auf einer Sache, während Sie innerlich zentriert sind. Freie Aufmerksamkeit bringt uns in die natürliche Souveränität, in das Ruhen in der eigenen Mitte. Freie Aufmerksamkeit ermöglicht das spielerische Aufgehen in dem, was ich gerade tue, das auch »Flow« genannt wird. Freie Aufmerksamkeit ist ganz leicht, sanft, spielerisch. Erst wenn wir unsere freie Aufmerksamkeit voll und ganz auf etwas richten können, entfaltet unsere Wahrnehmung ihr ganzes Potenzial.

Absichtslos gerichtete Aufmerksamkeit

Wenn Sie bei Bewusstsein sind, also in der Präsenz des Seins, dann richten dieses ganz auf einen bestimmten Aspekt Ihres Lebens, eine Situation, eine Beziehung oder was immer Ihnen wichtig ist.

Wenn Sie Ihre Aufmerksamkeit ohne jede Absicht darauf gerichtet halten, löst sich alles auf, was nicht stimmt, und indem Sie Ihre Aufmerksamkeit weiter darauf gerichtet halten, nimmt es seine wahre Form an, so wie es Ihrem Sosein entspricht.* Dabei ist nichts zu tun, alles geschieht.

* Diese absichtslos gerichtete Aufmerksamkeit entspricht der »Energie der Unschuld« i. S. v. Dr. Silvia Hartmann.

Natürlich können Sie Ihre Aufmerksamkeit auch mit einer bestimmten Absicht verbinden, dann manifestiert sich diese als Ihre erlebte Realität.

Sie können Ihre Aufmerksamkeit auch auf Ihre wahre Identität richten, dann lösen sich alle oberflächlichen Identifikationen auf, Ihre wahre Identität tritt hervor und verursacht fortan die Lebensumstände, die zu Ihrem wahren Sein gehören. Da ist kein Tun, nur ein Geschehenlassen. Das ist der Weg des Meisters, der Sie in Wirklichkeit sind. Sie sind die lebende Ursache für die Wirklichkeit des Seins, die unmittelbar in Erscheinung tritt.

Imaginative energetische Lebenstherapie durch gerichtete Aufmerksamkeit (Übung)

Übung: Machen Sie sich eine zu ändernde Situation bewusst.

- Schließen Sie die Augen und stellen Sie sich vor, die Situation verwandelt sich in eine Vision Ihrer inneren Wirklichkeit.
- Sie richten Ihre Aufmerksamkeit *auf die Ursache* und erkennen, wie es zu dieser Situation gekommen ist und was Sie Ihnen sagen will.
- Sie richten Ihre Aufmerksamkeit *auf die Lösung* und erkennen, was zu tun ist, um diese Situation in Harmonie zu bringen.
- Sie richten Ihre Aufmerksamkeit auf mögliche Hindernisse und Schwierigkeiten und erkennen, wie sie am besten zu lösen, oder besser noch, zu vermeiden sind.

- Sie erleben sich *in* der angestrebten Lösung und erkennen, ob die Sie wirklich glücklich macht.
- Sie richten Ihre Aufmerksamkeit *auf Ihr wahres Sein* und erkennen, wer Sie wirklich sind, und was Ihre wahren Ziele sind.
- Sie richten Ihre Aufmerksamkeit *auf Ihre Tätigkeit* und erkennen, was Ihre wahre Berufung ist und wie Sie sie verwirklichen.
- Sie richten Ihre Aufmerksamkeit *auf Ihre Beziehung* und erkennen, was Ihre Beziehung braucht, um sich in Ihr Ideal zu verwandeln.
- Sie richten Ihre Aufmerksamkeit *auf Ihr Leben* und erkennen, was der Sinn Ihres Lebens und Ihre wahre Aufgabe darin ist.
- Sie richten Ihre Aufmerksamkeit *auf Ihren Körper* und erkennen, was Ihr Körper derzeit braucht, um ganz gesund zu sein.
- Sie richten Ihre Aufmerksamkeit *auf Ihre Zukunft* und erkennen, was in der Gegenwart zu tun ist, um die ideale Zukunft zu verwirklichen.

Das Richten der Aufmerksamkeit als Methode zur bewussten Gestaltung des eigenen Lebens

Der Schlüssel zur eigenen Lebensgestaltung ist das Abziehen der Aufmerksamkeit von dem, was *nicht* sein soll und das Richten und Gerichtethalten der Aufmerksamkeit auf das, was *sein soll.*

1. Der erste Schritt ist, Ihrer Aufmerksamkeit nicht zu gestatten, länger als 2–3 Sekunden bei etwas zu blei-

ben, was Sie nicht wollen, sie bewusst abzuziehen und auf das zu richten, was Sie verwirklichen wollen. Dadurch ziehen Sie erwünschte und stimmige Ereignisse in Ihr Leben.

2. Der zweite Schritt ist, mit dem bewussten Richten der Aufmerksamkeit alle Aspekte des Lebens zu optimieren. Angefangen bei der Gesundheit und einer harmonischen Beziehung, über Erfolg, Wohlstand und finanziellen Freiheit, bis hin zu persönlicher Entwicklung, Weisheit und Erfüllung. Nutzen Sie diesen Schlüssel, um ganz bewusst die natürliche Fülle des Lebens in Erscheinung zu rufen. Erkennen Sie, dass *alle* Probleme und Schwierigkeiten in Wirklichkeit nur Chancen zum Besseren sind und bereits die optimale Lösung in sich bergen.
3. Der dritte Schritt ist, Ihre Aufmerksamkeit jeden Abend auf den vergangenen Tag zu richten und in einer Tagesrückschau den vergangenen Tag energetisch umzuerleben, so wie Sie ihn gern erlebt hätten. Das ändert zwar nichts an seinem Verlauf, aber der Tag wird so energetisch neu geboren, mit der entsprechenden Wirkung auf Ihre Zukunft.
4. Der vierte Schritt ist, sich ständig bewusst zu sein, dass Sie alles, wirklich alles, was ist, umwandeln können in das, was *sein soll*. Lassen Sie sich nicht mehr von Tatsachen beeindrucken, sondern schaffen Sie diese selbst. Eine Situation kann noch so schwierig oder gar aussichtslos erscheinen, das ist ohne Belang, denn Sie können sie jederzeit ändern, indem Sie neu wählen. Versuchen Sie mit Leichtigkeit zu agieren, und gehen Sie bewusst den Weg der Freude!

5. Der fünfte Schritt: Richten Sie Ihre Aufmerksamkeit immer wieder auf den oder die, der oder die Sie in Wahrheit sind, auf Ihr wahres Sein. Indem Sie Ihre Aufmerksamkeit so oft wie möglich auf Ihr wahres Sein richten, nimmt es immer mehr Gestalt an und bestimmt schließlich Ihr Leben, so dass Sie eines Tages sagen können: Ich habe wirklich gelebt!

Die Kraft der Überzeugung

Wie Überzeugungen entstehen und wirken

Vorstellungen, die wir als wahr annehmen, verdichten sich zu Überzeugungen, die unbewusst unser Leben bestimmen. Das gilt besonders, wenn wir die gleichen Gedanken häufig denken (und dadurch innerlich bestätigen), weil die Macht der Wiederholung sie verstärkt und jedes Mal tiefer verankert. Wir können uns dies so vorstellen: Wiederholte Gedanken schaffen durch jede Wiederholung in uns »Denkspuren« beziehungsweise »Denkstraßen«, die von Mal zu Mal tiefer beziehungsweise breiter werden. Die moderne Hirnforschung weist sogar nach, dass insbesondere Gedanken, die in uns einen starken *emotionalen* Eindruck hinterlassen, über eine besonders starke Prägungswirkung verfügen.

Zugleich sind unsere Gedanken Energiemuster, Vibrationen, die wir aussenden und die sich mit ähnlichen Gedankenformen in der Außenwelt verbinden und so entsprechende Ereignisse, Lebensumstände oder Beziehungen schaffen, die unserer Überzeugung entsprechen.

Ihre erlebte Realität ist somit nichts anderes als ein Abbild der Summe Ihrer Überzeugungen. In dem Maße, wie Sie nicht bewusst mit Überzeugungen umgehen, entzieht sich die Realität Ihrer Kontrolle. Wenn Sie denken und glauben, dass es schwierig ist, erfolgreich zu sein, werden Sie erleben, dass es schwierig ist. Wenn Sie glauben zu dick zu sein, wie können Sie die Erfahrung machen, schlank zu sein? Wenn Sie glauben krank zu sein, können Sie nicht die Erfahrung machen, gesund zu sein.

Kaum jemandem ist bewusst, wie sehr unsere Überzeugungen, unser Glaube unser Leben bestimmt.

Wie der Zoom einer Filmkamera stellt Ihr Glaubenssystem das auf »scharf«, woran Sie glauben, während es alles andere ausblendet.

Jedes Bewusstsein schwingt in einer ganz bestimmten Frequenz; hierbei trägt jede Überzeugung ihren Anteil zu der Gesamtschwingung bei. Gesamtschwingung = Gesamtschicksal. Jede einzelne Überzeugung Ihres Bewusstseins ist hierbei eine vibrierende Ursache. Doch wir sind unseren Überzeugungen nur so lange ausgeliefert, bis wir sie erkennen und andere, vorteilhaftere Überzeugungen ersetzen.

So schaffen wir unsere Welt durch unsere Überzeugungen, die sich zu unserem Glaubenssystem verdichten. Die einzelnen Überzeugungen sind gewissermaßen die Bausteine unseres Glaubenssystems. Welche unserer Überzeugungen wir für wahr halten, können wir jedoch entscheiden, indem wir bereit sind, sie zu erkennen – zu hinterfragen – zu relativieren oder zu verändern. Dies können wir bereits dann, wenn wir bei der Untersuchung unserer Glaubenssätze die Vernunft einbeziehen, umso mehr jedoch, wenn wir unsere Wahrnehmung bewusst einfließen lassen.

Oftmals verteidigen wir unsere Überzeugungen und halten an ihnen fest, auch wenn sie ungesund sind.

Beispiel: Wenn Sie »glauben«, dass Sie durch Ihren dominanten Partner an Ihrem Lebensglück gehindert werden, dann verursacht dieser Glaube zuverlässig ein unglückliches Leben, egal, wie Ihr Partner sich verhält. Erst wenn Sie bereit sind, die Überzeugung loszulassen, dass der Partner Sie an Ihrem Lebensglück hindert, ist es möglich, dass sich Ihnen neue Tore zum Lebensglück öffnen, unabhängig von Ihrem Partner oder Ihrer Partnerin.

Viele Glaubenssätze, die wir irgendwann einmal angenommen haben und die damals durchaus berechtigt gewesen sein können, sind inzwischen überholt oder gar schädlich, aber natürlich trotzdem wirksam.

Beispiel: Wenn Sie per Kaiserschnitt entbunden wurden, ist vielleicht eine der ersten Überzeugungen, die Sie gelernt haben: »Ich schaffe es nicht aus eigener Kraft, ich bin ohnmächtig, aber irgendwie wird mir dann doch in letzter Minute geholfen!« Wann immer es »eng« wird in Ihrem Leben, wird heute, im Erwachsenenalter, dieses Ohnmachtsmuster aktiviert. Damals, direkt vor Ihrem Kaiserschnitt war es sinnvoll, den Glauben loszulassen, es aus eigener Kraft schaffen zu müssen – möglicherweise hätten Sie sonst Ihre Ressourcen vergeudet und wären gestorben. Doch heute beeinträchtigt genau diese Überzeugung, die Ihnen damals geholfen hat, Ihre Lebensqualität erheblich. Erst wenn Sie die Überzeugung »Ich bin ohnmächtig« positiv verändert haben, werden Sie unter Bedrängnis in der Lage sein, das Notwendige zu tun und sich selbst zu helfen. Darum ist es wichtig, unseren Überzeugungen auf die Spur zu kommen.

Nicht hilfreiche unbewusste Überzeugungen aufdecken

Wenn jemand sich über sein Leben beklagt und negative Überzeugungen äußert, dann nützt es nichts, den anderen zurechtzuweisen und ihm vorzuhalten, er hätte ja sein Schicksal »angezogen« und solle besser positiv denken. Denn dadurch erzeugen wir im anderen nur eine Spaltung zwischen dem, was er unbewusst glaubt und seiner positiven Selbsteinrede. Zusätzlich glaubt er nun auch noch, ein Versager zu sein.

Wird Veränderung der Überzeugung nur mental verstanden, nützt dies auch noch nichts. Wenn Sie sich einreden »Ich bin machtvoll, ich bin machtvoll, ich bin machtvoll«, aber im Unterbewusstsein weiterhin ein Ohnmachtsmuster existiert, kann es sein, dass Sie eine Zeitlang erfolgreich sind, bis Sie »zufällig« einmal in eine Situation kommen, in der es eng wird. Dahinter steckt jedoch auch ein positiver Sinn: Dadurch dass belastende Glaubenssätze immer wieder im Außen gespiegelt werden, erhalten Sie immer wieder die Chance, diese zu bereinigen.

Der Volksmund sagt: Keiner geht vom Tisch, ehe der letzte Heller bezahlt ist. Bezogen auf Ihre Schwingung bedeutet dies, dass ungelöste Überzeugungen darauf warten, durch Sie erlöst beziehungsweise eingelöst zu werden, damit Sie frei sind – im Leben wie im Tod. Das Ziel, das wir im KAUSAL-TRAINING anstreben, ist die Veränderung im Bewusstsein (von der Raupe zum Schmetterling) und erst in zweiter Linie die Verbesserung der Verhältnisse.

Erkennen Sie: Ein bewusster Gebrauch Ihres Glaubens

ist wirklichkeitsschaffend! Die Realität ist jederzeit bereit, sich zu verändern, und sie wird dies immer wieder tun, entsprechend Ihren Überzeugungen. Nicht das, was uns geschieht, sondern wie wir damit umgehen, wie wir es bewerten, prägt unser Glaubenssystem und damit unsere Schwingung. Darum sollten Sie sich auch immer wieder fragen: »Wie gehe ich jetzt damit um? Wie gehen wir jetzt am besten damit um?«

Jede Veränderung von Glaubenssätzen geht mit Selbstreflektion und der Bereitschaft zur persönlichen Veränderung einher. Dies erfordert auch, von der eigenen Rechthaberei Abstand zu nehmen, bereit zu sein, sich von dem, was man bisher geglaubt hat, zu lösen. Sie geht in vielen Fällen erst einmal mit einer Instabilität einher, da gewohnte Denkschienen verlassen werden.

Der Unterschied zwischen alter und neuer Denkweise lässt sich sehr gut im Vergleich einer Eisenbahn mit einem Auto darstellen. Die Eisenbahn entspricht dabei dem starren Glaubenssystem – sie kann weder Hindernissen ausweichen noch ihre Richtung ändern. Das Auto jedoch kann das.

Die Hauptursache für unerwünschte Lebensumstände sind unerwünschte Überzeugungen. Die Hauptaufgabe ist in solchen Fällen, die entsprechende Überzeugung aufzudecken und genau den Punkt zu finden, um den es geht. Das ist meistens der, der am meisten emotionale Ladung in sich trägt. Die gute Botschaft ist: Sobald Sie eine Überzeugung geändert haben, kann sie nicht mehr in der bisherigen, unerwünschten Form wirken, sondern erschafft nun erwünschte Ereignisse. Unsere erlebte Realität ist immer der sichtbare Ausdruck unserer Überzeugungen.

Betroffen sind nicht nur frühkindliche Überzeugungen. Auch die in der Teenagerzeit oder im Erwachsenenzeitalter von der Umwelt angenommenen Verhaltensweisen und Überzeugungen stimmen oftmals nicht mehr mit unserem Weg überein und sollten, spätestens wenn sich eine unerwünschte Wirkung zeigt, überprüft und entsprechend verändert werden.

Wenn Sie Ihre Lebensumstände verändern wollen, müssen Sie also zunächst Ihre Überzeugungen ändern. Die Veränderung im Außen erfolgt dann ganz von selbst. Der leichteste Weg, seinen unbewussten Überzeugungen auf die Spur zu kommen, liegt darin, sich Bewertungen, Urteile und Lebensumstände anzuschauen.

Überzeugungen erkennen durch das Vollenden von Sätzen

Ein einfacher Weg, Überzeugungen sichtbar zu machen ist, Sätze zu vollenden. Hier einige Beispiele:

- Am liebsten würde ich …
- Beziehungen sind …
- Die Menschen sind …
- Geld ist für mich …
- Gesundheit ist …
- Ich bin nicht ganz gesund, weil …
- Ich bin zu dick, weil …
- Ich würde viel lieber …
- Männer/Frauen sind …
- Mein Erfolg hält sich in Grenzen, weil …
- Mein Leben ist …

- Meine Beziehung wäre besser, wenn …
- Meine Tätigkeit ist für mich …
- Meine Zukunft ist …
- Sexualität ist …

Die Liste können Sie beliebig fortsetzen. Dann notieren Sie, ob es sich bei den Sätzen um hilfreiche oder weniger hilfreiche Überzeugungen handelt und optimieren Sie alle, auch die hilfreichen, denn nichts ist so gut, dass es sich nicht noch besser machen ließe.

Vier Schritte, um verdeckte Überzeugungen aufzudecken

Es gibt bewusste und unbewusste Überzeugungen. Die bewussten Überzeugungen können Sie erkennen.

Bei den unbewussten Überzeugungen ist das schon schwieriger, denn Sie wissen ja nicht einmal, dass es sie gibt. Es handelt sich hierbei beispielsweise um Glaubensmuster und Überzeugungen, die Sie in der Kindheit aufgrund der Umstände, die Sie vorgefunden haben, aufgrund dessen, was Ihnen die Eltern vorgelebt oder gesagt haben, übernahmen, ohne dass Ihnen dies heute bewusst ist. Solche Glaubenssätze wurden aufgepfropft und wirken heute wie angewachsen, angeklebt, so als gehörten sie zu Ihnen. Latente Glaubenssätze prägen Ihre Gedanken, gelangen jedoch nicht in Ihr Bewusstsein. Dadurch beeinflussen sie ungeprüft Ihre Empfindungen, Gedanken, Haltungen, Reaktionen, Ihre Lebensqualität – kurzum, sie bestimmen Ihr Leben. Das bedeutet, Sie sind fremdbestimmt, ohne sich dessen bewusst zu sein.

Sie erleben nur das Ergebnis und glauben: So ist das

Leben nun mal. In Wirklichkeit ist das, was Sie erleben, die Folge Ihrer unbewussten Überzeugung. Da Sie das aber nicht erkennen, fühlen Sie sich für Ihre Überzeugungen auch nicht verantwortlich. Trotzdem wirken sie.

Unbewusste Überzeugungen schaffen zwar Schicksal, aber Sie können, solange sie latent sind, den Zusammenhang nicht erkennen. Sie werden aber sichtbar – in unseren Lebensumständen. Sie können sich diese deshalb dadurch bewusst machen, indem Sie bewusst den Spiegel Ihrer Lebensumstände nutzen und sich fragen:

1. Was erlebe ich derzeit?
2. Welche Überzeugung muss vorhanden sein, um das hervorzubringen?
3. Wie hätte ich es denn gern?
4. Welche Überzeugung brauche ich, um genau das hervorzubringen?

Tipp: Überprüfen und optimieren Sie immer wieder Ihre Einstellung zu sich, Ihrer Tätigkeit, Ihrem Partner oder Ihrer Partnerin, der Familie, den Kindern, aber auch zu Gesundheit, Geld, Erfolg und dem Leben selbst. Denn wie Sie über sich und das Leben denken, wovon Sie überzeugt sind, das genau ist die Anweisung an das Leben. Wenn Sie auf Ihre Lebensumstände schauen, werden Sie erkennen, das genau das geschieht. Die Macht Ihres neuen Glaubens ist jederzeit bereit, für Sie in der gewünschten Form tätig zu werden, und Sie können gleich jetzt damit beginnen. Entlarven Sie unsichtbare negative Glaubenssätze wie zum Beispiel:

- Da kann man nichts machen, das ist nun mal so.
- Das Leben ist schwierig.
- Man kann nun mal nicht alles haben, was man will.
- Es kommt nun mal nicht immer so, wie man es gern hätte.
- Ich kann das nicht ändern.
- Man kann sich auf keinen verlassen.
- Wenn etwas schiefgehen kann, dann geht es meist auch schief.

Glaubenssätze schriftlich formulieren

Es ist wichtig, dass Sie Ihre Überzeugungen schriftlich »formulieren«, denn Sie können nur formulieren, was Sie sich vorstellen, was Sie zuvor geistig »in Besitz« genommen haben. Die schriftliche Formulierung der Glaubenssätze und Überzeugungen erweitert das »neuronale Netz«, schafft ganz neue Bereiche oder aktiviert bestehende. Dieses »neuronale Netz« aber bestimmt die Schwingung der Energie, der individuellen »energetischen Signatur«. Diese wiederum ist der »Dauerauftrag« an das Leben und »bestellt«, was das Leben ausmacht, die Ereignisse und Lebensumstände. Sobald Sie den »Dauerauftrag« optimiert haben, erübrigt es sich, weitere Ursachen zu setzen, denn wenn dieser stimmt, dann stimmt auch Ihr Leben.

Überzeugungen bewusst wählen

Ein sehr anschauliches Symbol für die Glaubenssatzarbeit ist die Pflege eines Blumenbeetes:

Negative Glaubenssätze sind wie Unkrautsamen: Sobald Sie ein Unkraut aus der Erde schießen sehen (sich bei einem negativen Glaubenssatz erleben), rupfen Sie das Unkraut heraus, indem Sie die Wurzel des negativen Gedankens, also den Glaubenssatz, erkennen und entsprechend verändern. Sie werden erleben, dass Ihr Blumenbeet von Tag zu Tag schöner und bald ganz von Unkraut befreit sein wird.

Praktisch bedeutet das: Wann immer Sie sich dabei ertappen, dass Sie etwas Destruktives denken oder glauben, nutzen Sie das als Chance, etwas in sich zu wandeln, eventuell unterstützt durch die kausalen Wandlungspunkte.

Sobald Sie sich einen destruktiven Glaubenssatz schon im Ansatz bewusst machen, Ihre Aufmerksamkeit von ihm abziehen und Ihre Aufmerksamkeit auf die Alternative richten, wird der alte Glaubenssatz unwirksam und der erwünschte tritt an seine Stelle.

Wählen Sie daher ganz bewusst Ihre Überzeugungen. Stellen Sie sich Ihre Überzeugungen wie Kleider vor, die Sie anlegen können. Stellen Sie sich bildhaft vor, wie Sie eine bestimmte Überzeugung *ausziehen* und eine andere, erwünschte Überzeugung *anziehen*. Spüren Sie, wie sich die neue Überzeugung anfühlt, ob Sie sich darin wohlfühlen und vor allem, was sie bewirkt.

Wann immer Sie unsicher sind, ob Sie Überzeugungen loslassen oder wählen sollen, fragen Sie sich einmal:

- Wer bin ich, wenn ich an dem Glauben/der Überzeugung ... festhalte?
- Wer wäre ich ohne diesen Glauben/diese Überzeugung?
- Wer bin ich, wenn ich die neue Überzeugung annehme?

Der richtige Umgang mit einander widersprechenden Überzeugungen

Mitunter liegen entgegengesetzte Überzeugungen vor, die im Unterbewusstsein beide wirken und sich gegenseitig behindern oder aufheben. Das kann ein zusätzlicher Wunsch oder ein Zweifel sein oder Sie haben Schuldgefühle und fühlen sich nicht wert, Erfüllung zu empfangen. Jedes Mal, wenn ein Wunsch nicht in Erfüllung geht, eine Absicht nicht verwirklicht wird, muss ein solches Verhinderungsprogramm vorhanden sein. Nehmen Sie in diesem Fall alle vorhandenen Überzeugungen in Ihr Bewusstsein, und treffen Sie dann eine Wahl. Lassen Sie die eine Überzeugung als überholt los, und stimmen Sie der anderen ganz bewusst zu. Auf diese Weise wird der Weg frei für die Erfüllung. Oder wählen Sie eine dritte optimale, für Sie realistische und wünschenswerte Überzeugung, und lassen Sie die beiden anderen Überzeugungen los.

Halten wir fest:

- Jeder Gedanke hat eine bestimmte Form und einen bestimmten Inhalt, die sich in einer ganz speziellen

Schwingung ausdrücken. Gedanken erzeugen entsprechende Gefühle.

- Gefühle verstärken die Energie der Gedanken.
- Gedanken, die ich als wahr annehme, werden zu meiner Überzeugung, besonders wenn sie mit einem starken Gefühl verbunden sind. Überzeugungen bestimmen meine Erfahrung.
- Die Summe meiner Überzeugungen ergibt meine energetische Signatur, mein individuelles Schwingungsmuster, das ich ständig aussende.
- Die Summe meiner Überzeugungen bestimmt meine erlebte Realität, weil sie die entsprechenden Ereignisse in mein Leben zieht.
- Meine Überzeugungen können daher erwünschte und unerwünschte Ereignisse in mein Leben ziehen.
- Begrenzende, mir nicht entsprechende Überzeugungen verhindern so den harmonischen Ausdruck meines Soseins.
- Indem ich die Aufmerksamkeit bewusst abziehe von dem, was nicht sein soll, und gerichtet halte auf das, was sein soll, was mir entspricht, lenke ich meine schöpferische Energie auf entsprechende Lebensumstände, die so als meine erlebte Realität in Erscheinung treten.
- Alle äußeren Ereignisse werden von meinen Überzeugungen bestimmt und können dort und nur dort jederzeit geändert werden.
- Das Leben spiegelt nur meine Überzeugungen als Realität wieder.
- Über die bewusste Wahl meiner Überzeugungen wähle ich die entsprechenden Lebensumstände.

Die Wunderfrage

Viele Menschen meinen: Wenn ich es sehe, werde ich glauben. Aber könnte nicht auch das Umgekehrte gelten: »Wenn ich es glaube, werde ich es sehen?« Von dem genialen Psychologen Steve de Shazer stammt die »Wunderfrage«: Nehmen wir einmal an, heute Nacht, während Sie schlafen, geschähe ein Wunder. Woran würden Sie erkennen, dass das Wunder geschehen ist? Durch diese »Wunderfrage« half Steve de Shazer vielen Menschen über die Grenzen ihrer Glaubensbarrieren hinweg, die ihnen bisher suggeriert hatten, es gäbe für sie keine Möglichkeiten. Sobald Sie sich nicht mehr nur an Tatsachen orientieren, sondern auch Ihre Sensoren für Wunder offen halten, fangen Sie an, ein »wundervolles« Leben zu leben.

Alles beginnt damit, dass Sie »Wunder«, also Dinge, die jenseits Ihrer bisherigen Erlebnisbandbreite liegen, für möglich halten. Das, was Sie glauben, bestimmt das, was Sie erleben. Wir bekommen nicht das, was wir gern hätten oder ganz dringend brauchen, sondern das, woran wir glauben.

Herbeiglauben

Bittet um was ihr wollt …

In der Bibel heißt es, bei Markus (11,24): *Bittet um was ihr wollt, glaubt nur, dass ihr erhalten habt, und es wird euch werden.* Bittet um was ihr wollt, heißt: Alles ist möglich. Was immer Sie denken, sich vorstellen und glauben können, das können Sie auch verwirklichen. Nur was wir nicht glauben können, ist nicht möglich.

Glaubt nur, dass ihr erhalten habt, heißt: Wenn ich geistig etwas bereits habe, es verinnerlicht habe, dann ist es auf der Kausal-Ebene bereits Wirklichkeit, und das Leben wird es als meine erlebte Realität manifestieren. Diese innere Wirklichkeit manifestiert sich bei jedem und in jedem Fall als erlebte Realität, als unser Schicksal.

… und es wird euch werden heißt, dass die Erfüllung gewiss ist. Das Leben hat keine Wahl, nichts oder etwas anderes zu manifestieren, als das, was so »herbeigeglaubt« wurde, solange es nicht in Zweifel gezogen und damit aus einer Gewissheit wieder eine Möglichkeit wird. Wichtig ist deshalb, solange in der Gewissheit der Erfüllung zu bleiben, bis ein starkes Gefühl der Freude und Dankbarkeit anzeigt, dass auf der Kausal-Ebene bereits eine Verwirklichung stattgefunden hat. Dankbar kann ich nur für etwas sein, das ich bekommen habe. Die erlebte Dankbarkeit zeigt, dass der erwünschte Endzustand bereits innere Wirklichkeit geworden ist.

Sieben Schritte des Herbeiglaubens

- Der erste Schritt ist zu akzeptieren, dass etwas jetzt so ist, wie es ist: die Lebenssituation, die Beziehung, das Gefühl, das Glaubenssystem. Wenn ich die Realität leugne, kann ich sie nicht verändern. Das heißt auch, die volle Verantwortung zu übernehmen und damit in die Vollmacht zu treten.

- Im zweiten Schritt mache ich mir bewusst, was ich erreichen will, was mein Ziel ist und wie der erwünschte Endzustand aussieht. Wichtig ist, dass ich ihn in der Gegenwart als erfüllt erlebe, das heißt, ich erlebe, ich bin am Ziel, ich *habe* es erreicht, es *ist* geschehen. Nicht mir vorstellen, wie es *wäre*, gesund, erfolgreich, schlank oder glücklich zu sein, sondern Gesundheit, Glück und Erfolg in mir fühlen.

- Sollte das nicht gleich gelingen, beginnen Sie noch einmal mit Schritt eins. Die Dinge und Umstände als meine Schöpfung erkennen, akzeptieren und loslassen, damit Raum entsteht für das, was sein soll. Erwecken Sie innerlich die Energie der Erfüllung.

- Aus dieser Energie der Erfüllung ergeben sich die entsprechenden Gedanken, Gefühle, Handlungen und Lebensumstände. Das, was ich im Inneren verwirklicht habe, tritt äußerlich in Erscheinung, als Erfolg, Gesundheit, Wohlstand oder Glück.

- In Zukunft jeden gewünschten Endzustand immer sofort vollziehend erleben, damit es zur inneren Gewissheit der Erfüllung wird.

- Falls es einmal nicht unmittelbar geschieht, ist noch ein Hindernis da, eine Überzeugung, die die Erfüllung verhindert und die aufzulösen ist. Beginnen Sie dann noch einmal mit dem ersten Schritt.

- Von nun an sollten Sie alles immer sofort innerlich vollziehen können und damit Teil Ihrer individuellen energetischen Signatur werden lassen.

Ängste und Befürchtungen »umschreiben«

Alles, was wir befürchten, ziehen wir schließlich magisch an. Ängste sind Vorstellungen, die mit einem starken Gefühl aufgeladen sind, eben unsere Befürchtungen und wirken damit wie ein Magnet auf entsprechende Zufälle. Je intensiver unsere Gefühlsladung ist, desto wahrscheinlicher wird ein entsprechender Zufall. Besonders wenn wir noch die Macht der Wiederholung nutzen, oft ängstlich sind und über sie auch noch sprechen. Dann erhöht sich die Wahrscheinlichkeit eines entsprechenden Zufalls fast zur Gewissheit. Was befürchtet wird, was man fernhalten will, wovor man sich schützen will, das zieht einen entsprechenden Umstand magnetisch an. Ängste, starre Vorstellungen, Befürchtungen, begrenzende Überzeugungen machen uns magnetisch für Unerfreuliches. Das wird verstärkt, weil wir dadurch auch stets entsprechende Erfahrungen machen. Viele davon nennen wir dann Zufall, weil wir die Ursache nicht mehr erkennen, aber auch der Zufall gehorcht dem Gesetz von Ursache und Wirkung.

Dies bedeutet nicht, dass wir unsere Ängste und Befürchtungen verdrängen sollten – wir sollten sie zur Kenntnis nehmen. Dort, wo wir keine Klarheit über sie haben, sollten wir die Hilfe eines Menschen, der uns einfühlsam zuhört, nutzen, damit sie zum Ausdruck gelangen und damit in die Bewusstheit kommen. Dann aber sollten wir dort nicht stehen bleiben, sondern die Ängste und Befürchtungen »umschreiben«. Denn wir können die Art der Zufälle, die wir erleben, bestimmen, indem wir positive Überzeugungen schaffen und unser Bewusstsein damit erfüllen. Hierfür notieren wir die Angst oder die Befürchtung in Form eines (negativen) Glaubenssatzes, den wir dann entsprechend umschreiben. Beispiele:

- Wenn ich von der weltweiten Finanzkrise höre, bekomme ich Panik! – Negativer Glaubenssatz: »Die Finanzkrise vernichtet mein Vermögen!« – Positiver Glaubenssatz: »Indem ich in mir das Bewusstsein von Wohlstand erhalte und mich mit meiner Intuition verbinde, bleibt mein Vermögen erhalten, ja es mehrt sich sogar!«
- Ich fühle mich zu alt, um in diesem Leben noch glücklich zu werden, es geht doch nur noch bergab! – Negativer Glaubenssatz: »Es kommt nichts Gutes mehr nach!« oder »Ab einem gewissen Alter altert der menschliche Körper im Eiltempo!« – Positiver Glaubenssatz: »Das Gute, das nachkommen möchte, kann

ich selber schaffen!«, »Ich kann viel Gutes für meinen Körper tun!«

- Tiefe Depression! – Negativer Glaubenssatz: »Meine Situation ist aussichtslos!« – Positiver Glaubenssatz: »Es muss eine Lösung geben, und ich kann sie finden!«

Das Gesetz der Anziehung und Abstoßung

Ihr innerer Magnet zieht stets das an, was Ihnen entspricht

Die geistigen Gesetze existieren schon von Anbeginn der Zeit und bestimmen die Ordnung im ganzen Universum. Sie wirken unabhängig davon, ob wir an sie glauben oder nicht. Wir haben die Wahl, mit ihnen zu kooperieren. Dann sind sie unsere treuen und zuverlässigen Verbündeten. Sie fördern unsere Gesundheit, Erfolg, Wohlstand, eine harmonische Beziehung oder spirituelle Entwicklung oder was immer gerade bei uns ansteht. Hermes Trismegistos erkannte schon vor 3000 Jahren das Gesetz *Wie innen, so außen* und beschrieb es in der *Tabula Smaragdina*.

Auch das KAUSAL-TRAINING basiert auf diesem geistigen Gesetz! Aber auch auf dem Gesetz von Ursache und Wirkung und dem Gesetz der Anziehung und Abstoßung.

Das Gesetz der Anziehung und Abstoßung zu verstehen ist einfach. Sie brauchen sich nur vorzustellen, Sie seien ein Magnet. Dann ziehen Sie die entsprechenden Dinge »magnetisch« an, ohne sich anzustrengen und halten andere ebenso nachhaltig fern. Die Kraft, die in Ihnen wirkt, ist stärker als der stärkste Magnet, wirkt absolut zuverlässig und fehlerfrei. Das heißt, Ihre Gedanken und

Gefühle, Ihre Überzeugungen und damit Ihre Schwingung, ziehen »entsprechende« Ereignisse und Umstände in Ihr Leben. Sie haben die Macht zu bestimmen, was dieser Magnet anziehen und was abstoßen soll, denn indem Sie Ihre Schwingung ändern, ändern Sie die Wirkung des Magneten. Worauf Sie Ihre Aufmerksamkeit richten, das ziehen Sie an. Alles, was von Ihnen ausgesandt wird, kehrt zu Ihnen zurück.

Wenn Sie etwas unbedingt haben wollen oder dringend brauchen, schaffen Sie damit die Energie der Abstoßung. Je stärker Ihr Wunsch aus einem Mangel heraus schreit, desto stärker wirkt die Abstoßung, und Sie haben keine Chance.

Umgekehrt: Wenn Sie etwas unbedingt aus Ihrem Leben fernhalten wollen, wenn Sie sich vor etwas schützen wollen, es auflösen wollen, damit ziehen Sie es geradezu magnetisch an, denn jede Angst und jeder Widerstand ziehen an, was sie befürchten.

Schwingungen sind Energiestrukturen unseres Geistes und damit »Wirkungseinheiten«. Schwingungen ziehen gleiche Schwingungen an und stoßen ungleiche ab. Unser Geist entspricht aber nicht dem Gehirn, ebenso wenig wie das Fernsehprogramm dem Fernseher entspricht.

Das Gesetz der Anziehung (Law of Attraction)

Realität entsteht durch »zielgerichtete Energie«. Gedanken, Gefühle, Vorstellungen, Glaubenssätze und Überzeugungen – ob bewusst oder unbewusst – *sind* wirklichkeitsschaffende Energien. Um mich selbst als Ursache zu erleben, muss ich daher zunächst einmal die Fertigkeit entwickeln, die unerwünschten Ereignisse energetisch nicht mehr hervorzurufen oder anzuziehen. Wir können aber nichts sein lassen, von dem wir gar nicht wissen, wie wir es machen. Deshalb ist es so wichtig, dass wir erkennen, durch welches unbewusste Muster wir den einen oder anderen misslichen Umstand in unser Leben gezogen haben, in uns dieses Muster annehmen, um es schließlich zu verändern.

Sie haben die Wahl, sich über das Leben zu beklagen oder sich selbstbewusst als eine permanente Ursache zu erleben. Ihr Sosein ist die stärkste Ursache. Die Übernahme der Verantwortung für alles, was uns umgibt, entspricht dem Jesuswort: »Ihr werdet Gleiches tun wie ich und Größeres!« und ist natürlich ein hoher Anspruch. Doch letztendlich ist es nichts anderes als das In-Kontakt-Kommen mit dem Christus in uns und das Antreten unseres geistigen Erbes. Dadurch bekommt unser Leben eine ganz neue Dimension.

Alles, was Sie derzeit erleben, hat einen »geistigen Gegenwert«, ein Muster in Ihnen. *Ohne* diesen Gegenwert kann nichts »in Erscheinung« treten. Es ist die Schablone, nach der das Leben Ereignisse, Umstände und Situationen schafft. Für viele Menschen ist es schwierig, die »Gegenbuchung« im Inneren zu erkennen. Hier hilft die Frage: »Wenn ein anderer genau dieses Thema erleben würde, wodurch könnte er es verursacht haben?« Diese Frage hilft uns quasi, aus den Begrenzungen unseres kleinen Ichs herauszutreten und uns selbst aus der Außenperspektive zu betrachten.

Hinter allen scheinbar zufälligen, unerklärlichen Ereignissen wirkt ein verborgenes Energiefeld, das seine

Schwingung in dem Ereignis manifestiert. Diese Energiefelder wirken außerhalb von Raum und Zeit. Manifestation ist die Änderung, Gestaltung und Bestimmung der bisherigen Realität und damit der Zukunft, die von innen heraus beginnt. Das Leben erwartet hierfür von Ihnen klare »Anweisungen«. Solange Sie selber schwammig und unklar sind und denken: »Mal schauen, was das Leben bringt«, wird Ihnen Ihr Leben diese Irritation und Ohnmacht spiegeln.

Das Gesetz des Lebens ist ganz einfach. Es lautet: »Wenn – dann!« Und: »Wenn nicht, dann nicht!« Ist die Saat richtig, stimmt auch die Ernte. Das Leben macht keine Fehler, sondern liefert stets Entsprechendes. Misserfolg, Versagen, Scheitern ist somit immer nur eine Botschaft des Lebens, dass noch nicht angemessen korrigiert wurde und eine Bitte, in sich die Dinge entsprechend zu verändern, damit im Außen das Gewünschte geliefert werden kann.

KAUSAL-TRAINING ist das Erwachen aus einem langen Traum, in die Wirklichkeit, aus der Verhaftung an die äußere Erscheinungsform hinein in das Bewusstsein über die wirkenden und verursachenden Kräfte. Was Ihnen die Sinne zeigen, ist nur ein ganz kleiner Teil der Wirklichkeit, die darauf wartet, dass wir sie erkennen, »in Besitz nehmen« und bewusst gestalten. KAUSAL-TRAINING ist der Schlüssel zu unserer inneren Schatzkammer unglaublicher Fähigkeiten. Es ist das Eintreten in eine völlig neue Welt.

Die Welt von morgen wird durch den Geist von heute geschaffen. Alles, was Sie denken, sich vorstellen und glauben können, das können Sie auch »in Erscheinung rufen«! Die Realität ist jederzeit bereit, jede gewünschte Form anzunehmen.

KAUSAL-TRAINING ist der Weg vom »Ich« zum Selbst, von der Illusion zur Wirklichkeit, aber es genügt nicht, ein paar Schritte zu tun und dann nachzulassen. Die Aufgabe ist, den Weg zu vollenden!

Undurchsichtige Bestellungen aufdecken

Wie wir bereits erkannt haben: Den größten Teil unserer Ursachen setzen wir unbewusst. Dabei hat ein positiver Gedanke mehr Kraft, als tausend negative. Der Rückschluss von der äußeren Lebenssituation auf die innere Bestellung ist für die meisten von uns eine unbekannte und ungeübte »innere Bewegung« – normalerweise versuchen wir einfach, so weiterzumachen wie bisher, statt den königlichen Weg der Erkenntnis zu gehen.

Wir haben uns im letzten Kapitel bereits mit latenten Glaubenssätzen auseinandergesetzt – diese führen zu unklaren Bestellungen. Unbewusste Erwartungen, Befürchtungen, Zweifel sind gleichfalls »Bestellungen beim Universum«, auch wenn wir diese nicht als solche wahrnehmen. Sie heißen deshalb »undurchsichtige Bestellungen«, weil Sie diese nicht sofort erkennen. Sie erkennen nur am Ergebnis, wenn Ihr Leben nicht optimal aussieht, dass irgendwo eine »undurchsichtige Bestellung« vorhanden sein muss. Oftmals hilft es sich zu fragen:

> »Wenn ein anderer immer wieder genau in diese Nichterfüllung hineinkommt, wie es jetzt bei mir

geschehen ist, welcher unbewusste Glaubenssatz, welche Schwingung könnte dafür die Ursache sein?«

Manchmal hilft Ihnen ein Lebensberater, die innere Gegenbuchung zu erkennen – manchmal müssen Sie auch mit einem Thema einige Tage spazieren gehen, bis Sie bei sich selber fündig werden. Lebensberater, Homöopathie, Erkenntnis-Meditation, Gebet oder andere »Aufdeckungssysteme« wirken dabei wie der Virenscanner in Ihrem Computer. Der »geistige Virus« wird irgendwann entdeckt und unschädlich gemacht.

Thema: Vermeidungsstrategie

Kommen wir noch einmal auf das Thema »Vermeidungsstrategie« zu sprechen: Wenn wir erkannt haben, dass wir unsere Realität selbst erschaffen, liegt der Gedanke nahe: »Dann brauche ich ja nur eine erwünschte Realität schaffen, und schon sind meine Probleme gelöst!« Diese »Problemlösungsstrategie« klingt zwar logisch, wird aber in den meisten Fällen nicht funktionieren. Viel wahrscheinlicher ist es, dass Sie sich damit nur noch mehr Probleme erschaffen, da Ihre Kreation auf einem Mangel basiert – der Vorstellung, Sie könnten damit Ihre Probleme vermeiden. Damit aber richten Sie Ihre Aufmerksamkeit auf Ihre Probleme – und erschaffen so immer neue.

Ein Lösungsversuch, der auf Ablehnung basiert, kann nicht zum Erfolg führen, weil er die Aufmerksamkeit auf die abgelehnte Situation richtet und nicht auf die Lösung. Aber auch wenn Sie das erkannt haben, können Sie zu dem Ergebnis kommen: »Ich muss meine Aufmerksamkeit auf die Lösung richten.« Damit aber wollen sie bloß das negative Denken vermeiden und sind wieder in der gleichen Falle. Es funktioniert nur, wenn Sie Ihre positive Aussage von vornherein als wahr empfinden, mit anderen Worten, wenn Sie sie glauben. Andernfalls ist zuerst der negative Glaubenssatz anzunehmen und zu wandeln. »Ich muss positiv denken« ist also ein Widerspruch in sich. Auch wenn Sie etwas loslassen wollen, richten Sie Ihre Aufmerksamkeit dadurch auf das, was Sie loslassen wollen, anstatt auf den gewünschten Zustand danach.

Auch wenn Sie handeln, um etwas zu vermeiden, etwa arbeiten, um zu vermeiden, kein Geld zu haben, dann handeln Sie aus einem Bewusstsein des Mangels und ziehen damit mehr Mangel in Ihr Leben.

Übung: Prüfen Sie einmal die Motivation einer Handlung. Handeln Sie, weil Sie etwas Unangenehmes vermeiden möchten oder weil Sie etwas Positives erreichen wollen? Das ist ein entscheidender Unterschied!

Handeln Sie aber aus Freude über das Erleben, aus der Freude des Erschaffens, dann wird das Ihr Leben positiv verändern, ungeachtet dessen, was Sie genau tun. Wir können nicht bekommen, was wir wollen, indem wir gegen das kämpfen, was wir nicht wollen. Der Kampf gegen Armut, Krebs oder Krieg, gegen die Erderwärmung oder Umweltverschmutzung findet genau darin seine Begrenzung. Indem wir gegen das Böse kämpfen, nehmen wir das Böse erst in unser Bewusstsein, wir erschaffen es so gewissermaßen erst. Je mehr wir uns gegen etwas wehren, desto stärker ziehen wir es an.

Hören Sie auf, »dagegen« zu sein. Machen Sie sich lieber bewusst, wofür Sie sind. Sie können weder sich, noch der Welt helfen, wenn Sie sich auf die negativen Dinge konzentrieren.

Einen emotionalen Fokus zum Schwingen bringen

Alles, was wir im Leben tun, tun wir für ein bestimmtes Lebensgefühl. Ob wir ein eigenes Haus haben wollen oder uns einen Ferrari kaufen, was wir wirklich wollen, ist ein bestimmtes Gefühl. Sie denken und hoffen: »Wenn ich ... habe, dann fühle ich mich toll, energetisiert, harmonisch, glücklich!« Beim KAUSAL-TRAINING packen Sie den Tiger beim Schwanz, indem Sie das Gefühl (die Schwingung) zuerst in sich erzeugen und halten und dann erleben, wie das Leben entsprechend die Umstände verändert.

Wenn Sie etwas Bestimmtes haben wollen, um sich danach besser zu fühlen, bekommen Sie es am schnellsten dadurch, dass Sie sich im Augenblick entsprechend fühlen. Ihre so veränderte »energetische Signatur« zieht die »entsprechenden« Ereignisse magnetisch an. Sie sind unendliches Bewusstsein – niemand auf der Welt kann Sie daran hindern auszustrahlen, was Sie wollen. Ihre Zukunft entsteht aus dem, was Sie gerade denken, glauben und – vor allem – fühlen. Das ist Ihre »Bestellung an das Leben«.

Die Kunst im Erschaffen

Die Bewusstheit darüber, was wir unbewusst schöpfen und der Umgang mit Veränderungsprozessen ist eine Kunst. Das entscheidende Geschenk, das wir dabei bekommen, ist nicht ein verwirklichtes Ergebnis – dies mag eine Zugabe sein – sondern das Gefühl, aus der Fülle zu schöpfen.

Mit der gleichen Fertigkeit, mit der ein großer Maler ein Gemälde fertigstellt, lässt sich in Einklang mit den zur Verfügung gestellten Farben und der Leinwand das Leben malen. Anfangs mag es sich ein wenig holprig anfühlen, die eigenen Lebensfarben zu benutzen. Fehler passieren. Doch all dies ist nicht schlimm. Wichtig ist nur, dass wir dranbleiben. Wer den großen Malern beim Erschaffen zuschaut, egal ob Picasso oder Chagall (es gibt DVDs davon), der sieht in den Gesichtern dieser Großen, mit welcher Konzentration, Freude und Bewusstheit hier ein Pinselstrich nach dem anderen gesetzt wird. Sie erschaffen »im Flow«, frei von Gier oder Ablehnung. So sollten auch Sie weniger auf das Ergebnis schauen, als das Erschaffen selbst zu genießen. Wenn wir uns etwas wünschen, vielleicht ein schöneres Haus, aber glauben, dass wir es uns nicht leisten können, dann bleiben wir in den Grenzen dessen, was wir uns vorstellen, uns leisten zu können. Müssen wir es uns denn leisten? Genügt es nicht, es zu bekommen? Also warum Begrenzungen schaffen, die gar nicht da sind, uns im Geiste aber daran hindern, dass wir bekommen, was wir gerne hätten. Du willst etwas, du lässt es zu, und es *ist* – das ist alles!

Intuition und wahres Sein

Wir sagen: »Mir ist da etwas ›ein-gefallen‹«, aber fragen uns nicht, woher es einfallen konnte. Es muss also eine Instanz geben, die uns auf eine Idee kommen lässt. Diese Instanz ist unser wahres Sein. Unser Sein lenkt die Aufmerksamkeit des »Ich« und damit die innewohnende Schöpferkraft. Das »Ich« glaubt, es habe einen eigenen Willen und es sei sein Entschluss gewesen, aber die Intuition kommt aus dem »wahren Sein«!

Vom reagierenden Bewusstsein zum erlebenden Bewusstsein

Sobald wir nicht mehr unseren Gefühlen und Begierden folgen, sondern dem Bewusstsein, lichtet sich der Nebel und wir leben in der Klarheit des Seins und im Einklang mit dem Ganzen. Dieses wahre Leben ist ein ständiges Gewahrsein des Ganzen und wandern bewusst durch den Schein der Realität, als »in Erscheinung« getretenes Sein. Dieses Bewusstsein ist aber nicht nur Energie und Gewahrsein, es ist auch reine Freude. Eine Freude, die keine andere Ursache braucht, als ihren eigenen Grund.

Der Verstand schafft ein Oberflächenbewusstsein, das sehr hilfreich ist, solange wir uns unseres Bewusstseins nicht bewusst sind. Dann aber wird er zum Hindernis, weil er unsere Aufmerksamkeit ständig auf diese Oberfläche des Seins zu richten versucht und uns daran hindert, die eigene Tiefe zu erfahren.

Der Verstand versucht das Bewusstsein auf der Ebene der unbedeutenden Kleinigkeiten, der alltäglichen Belanglosigkeiten festzuhalten. Das ist von der Evolution so gewollt, damit wir gezwungen sind, uns irgendwann zu entscheiden zwischen der Oberfläche der Erscheinungen mit ihrer bunten Vielfalt und der Tiefe des wahren Seins. An der Oberfläche entstehen alle unsere Probleme und Schwierigkeiten, weil es kaum möglich ist, die Vielfalt der Erscheinungen in Einklang zu bringen. Der Verstand bietet dann die Scheinlösung der Selbstbeherrschung an, meint damit aber die Verdrängung und Unterdrückung der Regungen im Gemüt. Das aber löst sie nicht auf, und sie wirken nur unbewusst umso verheerender weiter. In der Tiefe des Seins brauchen diese Probleme keine Lösung, weil sie dort gar nicht existent sind. Es sind nur mentale Spielereien, mit denen der Verstand seine Wichtigkeit zeigen will, dass es ohne ihn nicht geht. Sobald wir in der Tiefe des Seins leben, haben die äußeren Dinge ihre Macht verloren. Es ist wie Kinderspielzeug für einen Erwachsenen.

Die Wellen der Ereignisse schaffen Turbulenzen an der Oberfläche. Sobald wir auch nur etwas in die Tiefe des Seins gehen, gibt es keine Wellen mehr. Wir wechseln vom reagierenden Bewusstsein zum erlebenden Bewusstsein. Aber das reagierende Bewusstsein wird immer wieder versuchen, uns in seinen Bann zu ziehen. Es ist wie ein sich wiederholendes geistiges Training, das uns immer wieder aufs Neue zur Entscheidung zwingt, welcher Stimme wir folgen.

Der Verstand wird natürlich versuchen, seinen gewohnten Platz wieder einzunehmen und zu bestimmen, was geschehen soll, und Sie zu überzeugen, dass es ohne ihn nicht geht. Gleichzeitig aber machen Sie die Erfahrung, dass Sie sehr gut auf den Verstand verzichten können, ja dass Sie ohne ihn bedeutend besser zurechtkommen, dass es nicht nötig ist, über die Dinge nachzudenken. Mit einer bisher nicht gekannten Präzision und Sicherheit tun Sie stattdessen das Richtige zur rechten Zeit und alles ist ganz von selbst harmonisch aufeinander abgestimmt. Das ist leben aus dem Sein, das wahre Leben. Wenn es an der Zeit ist, wissen Sie einfach, was zu tun ist, mit einer Genauigkeit, die dem kurzsichtigen Verstand nicht möglich wäre und mit einer Sicherheit, die nur in der Gedankenstille möglich ist. Denn mit der Gedankenstille erweitert sich das Bewusstsein.

Das führt zu einer ganz neuen Erfahrung, nämlich dass die eigenen Gedanken uns von *außen* erreichen, weil der Verstand nicht Teil des Bewusstseins ist. Gleichzeitig können Sie die Gedanken eines anderen verstehen, auch wenn Sie gar nicht seine Sprache sprechen, weil Gedanken nonverbal empfangen werden und deren Schwingung eine Universalsprache ist.

Sobald Sie im tieferen Bewusstsein sind, fragen Sie sich, wie Sie es die ganze Zeit mit dem ständig plappernden Verstand ausgehalten haben und sehnen sich nach der Stilles Ihres wahren Seins.

Dann kommt irgendwann die Erfahrung, dass das Handeln die Stille des Seins nicht unterbricht. Auch das Handeln erfolgt aus der Stille des Seins, und alle Entscheidungen erfolgen vom höchsten Punkt des Bewusstseins. Sobald wir das erreicht haben, sind wir auch im Tod voll bewusst, weil Bewusstsein nicht stirbt, sondern *ist*.

Wie man sich für eine erwünschte Erfahrung magnetisch macht

Sich am Ziel fühlen, genauso, als ob …

In der Bibel heißt es: »Bittet um was ihr wollt, glaubt nur, dass ihr erhalten habt, dann wird es euch werden.« Dies bedeutet: Zuerst gewinnen, dann beginnen.

Erst wenn etwas ist, kann es *werden*. Ich muss sein, was ich werden oder erreichen will. Ich mache es mir zu eigen, indem ich es ins Bewusstsein nehme, mich ganz damit erfülle und fühle, dass es ist. Dann aber kann ich es nicht mehr verfehlen, weil ich es *bin*.

Das bedeutet zu spüren: Wie fühlt es sich an, es erreicht zu haben, es ganz zu sein, am Ziel zu sein? ***Übung:*** Ich erlebe, dass es *ist*, indem ich mich ganz damit erfülle, davon erfüllt *bin*. Ich halte diese Energie, bis der erwünschte Endzustand im Außen als meine Realität in Erscheinung tritt.

Ich muss nicht ständig daran denken, ich brauche überhaupt nicht mehr daran zu denken, aber wenn ich meine Aufmerksamkeit darauf richte, dann in der Energie der Erfüllung, vom Ziel aus fühlen, dass es *ist*. Diese Energie der Erfüllung sorgt dafür, dass es in meinen Lebensumständen in Erscheinung treten muss, als Spiegelbild meines Soseins. Weil es auf der Kausal-Ebene bereits Wirklichkeit ist.

Beispiel – Gesundheit: Wenn ich glaube, krank zu sein, kann ich nicht gesund werden. Der Glaube an die Krankheit hält die Krankheit in meinem Körper aufrecht, denn mein Bewusstsein ist an Krankheit gebunden. Wenn ich nicht mehr krank sein will oder wenn ich gesund werden will, ist dies noch keine Lösung, denn ich bestätige damit bloß, krank zu sein und kann daher nicht gesund werden. Solange ich glaube, dass ich krank bin, kann ich nicht gesund werden. Ich kann mich aber an meine zukünftige Gesundheit und Vitalität erinnern und diese rückwirkend in mein System fließen lassen.

Beispiel – Übergewicht: Wenn ich mich für mein Übergewicht verurteile und deshalb meinen Körper ablehne, kann ich nicht normalgewichtig werden, denn meine Ablehnung hält das Übergewicht aufrecht, mein Bewusstsein ist an das Übergewicht gebunden. Wenn ich nicht mehr übergewichtig sein will oder wenn ich schlank werden will, ist dies keine Lösung, denn ich bestätige damit bloß, übergewichtig zu sein und kann nicht schlank werden. Solange ich glaube, dass ich übergewichtig bin, kann ich nicht schlank werden. Ich kann mich aber an mein zukünftiges, neu gewonnenes Schlanksein erinnern. Ich sehe mich, einige Jahre später, schlank und vital und lasse dieses Bild rückwirkend in mein System fließen. Hilfreich ist es auch, sich in dem Zusammenhang die Frage zu stellen: In welcher Konstitution müsste ich sein, damit ich auch normalgewichtig mir selbst genug Raum und Gewicht in meinem Leben geben kann, und wie komme ich dorthin? Die Antwort führt mich zu der entsprechenden inneren Ausgleichsbewegung, so dass ich mich schlank und zugleich stabil erlebe.

Beispiel – Erfolg: Wenn ich etwas tue, um erfolgreicher zu werden, kann ich nicht erfolgreich genug sein und bestätige damit bloß, dass ich es nicht bin. Ich verursache damit auf der Kausal-Ebene mangelnden Erfolg, und damit kann sich auf der Realitäts-Ebene nichts anderes manifestieren. Wenn ich allerdings den Erfolg, den ich noch in der Zukunft sehe, zurückverfolge in mein jetziges Sein und seinen Keim suche, dann erfahre ich, welche Energie durch mich ge- und unterstützt werden möchte. Ich frage mich: Wenn ich zehn Jahre später erfolgreich geworden wäre, wie wäre ich es geworden? Sehe ich mich mithilfe meiner Intuition beispielsweise geistig zehn Jahre später erfolgreich in großer Zentriertheit, dann ist die Zentriertheit möglicherweise der Keim des Erfolges, den ich heute immer wieder spüren sollte. Es nützt dann nichts, dem heutigen Erfolg hinterherzulaufen, weil ich dann mein Erfolgspotenzial, meine Zentriertheit, verliere.

Es geht also darum, nicht mehr linear zu denken, die Dinge nicht mehr mit dem Verstand handhaben zu wollen, denn damit werden sie unerreichbar. KAUSAL-TRAINING erfordert den Verstand zu überschreiten. Zu erkennen, mein Sein und die daraus entspringende geistige Haltung ist die Ursache von Materie. Materie ist nur bereits geformter Geist. Alles entsteht im Geist und tritt in der Materie nur in Erscheinung. Im Geist die Dinge zu formen, das ist das Training, die Kunst, die Meisterschaft. Die Welt ist eine Bühne für die Erschaffung unserer Realität, eine Art »Realitätsfabrik«.

Die Welt ist voller Möglichkeiten, die sich nur nicht ereignet haben, weil sie noch niemand abgerufen hat.
Aber sie warten darauf, Gestalt anzunehmen.

Die Wahl Ihrer energetischen Signatur

Alles, was im Universum existiert, schwingt. Alles hat seine ganz besondere Frequenz, die seine Form bestimmt. Das gilt natürlich auch für den Menschen, auch für Sie. Wenn wir auf die Welt kommen, treten wir ein in eine Welt der Energie und Schwingung. Wir sind zunächst vollkommen offen für alles. Aber wir bringen bereits bestimmte Eigenschaften, Talente und Fähigkeiten mit, denn wir kommen mit der Absicht, ganz bestimmte Erfahrungen hier zu machen. Schon vor der Geburt bekommen wir durch die Umwelt bestimmte Prägungen, die nach der Geburt verstärkt wirken. Bis wir geboren sind, haben wir schon eine ganz bestimmte energetische Signatur, die aber ständig verändert wird, durch unsere eigenen Erfahrungen. Wir sind nicht zufällig in diese Umgebung geraten, sondern haben den Zeitpunkt, das Land, unsere Eltern und die Umstände sorgfältig gewählt. Sie können das jederzeit in einer Rückführung erleben, wie und warum Sie sich für diese Situation entschieden haben. Aber Sie haben immer die Wahl, ob Sie ihrem Einfluss folgen oder nicht.

Leben ist ein Spiel auf der energetischen Ebene und nur, was dort verwirklicht ist, kann in Erscheinung treten, als Realität. Ihre Lebensumstände, Ihr Erfolg, Ihre Entwicklung und Ihre Beziehungen sind abhängig von

Ihrer energetischen Signatur. Das Wort Energie kommt aus dem Griechischen und heißt: *wirkende Kraft*. Es ist die Tätigkeit des *einen bewussten Geistes*. Jede Energie wirkt entsprechend ihrer Schwingung. Sie ist wie der Samen der Realität. Und sie wirkt ständig und bei jedem. Ihre energetische Signatur ist Ihr Dauerauftrag an das Leben. Sie sind ein permanenter Sender, aber Sie entscheiden, *was* Sie senden.

Jeder hat seine ganz individuelle, einmalige Schwingungsfrequenz, seine energetische Signatur, die so einmalig ist wie sein Fingerabdruck. Jeder und jede sendet ständig diese ganz persönliche Schwingung aus und zieht damit entsprechende Ereignisse in sein Leben, hält umgekehrt aber auch alles, was dieser Schwingung nicht entspricht, zuverlässig fern, auch wenn er es sich anders wünscht oder dringend braucht. Wenn der andere Mensch in einer ähnlichen Schwingung ist, empfinden wir das als Sympathie, der andere wirkt auf uns anziehend. So ziehen wir nach dem Gesetz der Resonanz auch besonders Menschen in unser Leben, die unserer Schwingung entsprechen, wir umgeben uns gern mit Gleichgesinnten.

Wenn Sie etwas an Ihren Lebensumständen ändern möchten, dann müssen Sie die entsprechende Energiequalität in sich ändern, um das Erwünschte hervorzurufen. Dies bedeutet: Die Eigenschwingung mit der Zielschwingung in Einklang bringen. Meine energetische Signatur muss mit der gesetzten Ursache übereinstimmen.

Ihre Absichten, Überzeugungen und Ihre Erwartung, bestimmen Ihre energetische Signatur und erzeugen Lebensrealität. Nicht zu vergessen natürlich auch Ängste, Widerstand und Ablehnung, die genau das anziehen, was Sie nicht wollen. Sie sollten daher ganz bewusst lernen, die unerwünschten Ereignisse nicht mehr anzuziehen, und dann, die gewünschten Ereignisse zuverlässig energetisch zu verursachen und real werden zu lassen.

Diese individuelle energetische Signatur schafft auch eine ganz bestimmte Ausstrahlung, die als Charisma, als Aura des Erfolgs und des Wohlwollens in Erscheinung tritt und Sie zu einer gewinnenden Erfolgs-Persönlichkeit macht oder zu einem Verlierer, ganz nach Wahl.

Übung: Machen Sie sich bewusst, was Sie gerade aussenden und was Sie damit verursachen.

- Wollen Sie das so?
- Was wollen Sie stattdessen in Ihr Leben ziehen?
- Und was müssten Sie dafür ausstrahlen?

Stellen Sie sich vor, die nächsten 3 Minuten würden Ihr ganzes Leben entscheiden und erfüllen Sie sich dann mit der entsprechenden Energie. Erleben Sie die Erfüllung, bis Sie ein starkes Gefühl der Freude und Dankbarkeit durchdringt, als Zeichen, dass es geschehen *ist*. Das heißt, Ihr Leben wirklich führen!

Unsere energetische Signatur ist quasi unsere »Handschrift«, die sich im Leben spiegelt. Wer einmal versucht hat, seine Handschrift zu verändern, weiß, dass dies nicht ganz leicht ist, doch es geht.

Das Leben liefert stets eine »entsprechende« Realität, aber wir können natürlich die »energetische Signatur« ändern. Wenn wir einmal die wunderbare Erfahrung gemacht haben, dass wir unsere energetische Signatur verändern und dementsprechend andere Lebensumstände erfahren können, dann haben wir die Erinnerung daran, dass es geht.

Übung: Erinnern Sie sich an eine Situation, in der es Ihnen gelungen ist, Ihr Leben dramatisch zum Positiven zu wandeln. Wie hat sich in dem Bereich Ihre energetische Signatur verändert? Können Sie erkennen, dass die Veränderung Ihrer energetischen Signatur ausschlaggebend für Ihre Lebensveränderung war?

Bewusst sympathisch sein

Der erste Schritt zu dieser gewinnenden Erfolgs-Persönlichkeit könnte für Sie darin liegen, ganz bewusst sympathisch zu sein. Sympathisch sein ist nicht eine Eigenschaft, die ein launisches Schicksal dem einen in die Wiege legt und dem anderen eben nicht, sondern Ihre bewusste Entscheidung. Sie können jederzeit wählen, sympathisch zu sein, indem Sie den *anderen* sympathisch finden. Es genügt, dass Sie *irgendetwas* an ihm oder ihr finden, das Sie *wahrhaftig* gut finden. Und sofort entsteht eine energetische Brücke der Sympathie und der andere fängt an, Sie ebenfalls sympathisch zu finden. Sie können gleich jetzt damit beginnen, unwiderstehlich sympathisch zu sein, indem Sie von nun an bei jedem Menschen Ihre Aufmerksamkeit ganz bewusst darauf richten, was Sie am *anderen* gut finden und Ihre Aufmerksamkeit darauf gerichtet halten. Plötzlich begegnen Ihnen nur noch sympathische Menschen. Dies können Sie natürlich auch auf Einzelbereiche beziehen:

- Wenn Sie mit einem Geschäftsmann zu tun haben, konzentrieren Sie sich auf das, was Sie ehrlichen Herzens an seinem Geschäftsgebaren gut finden.
- Wenn Sie einen Nachbarn haben, dann konzentrieren Sie sich darauf, was Sie an seinem nachbarschaftlichen Verhalten wirklich gut finden.
- Wenn es um Ihren Vater/Ihre Mutter geht, konzentrieren Sie sich darauf, was Sie an der väterlichen/mütterlichen Energie wirklich gut finden.
- Wenn es um eine Liebesbeziehung/Partnerschaft geht, konzentrieren Sie sich darauf, was Sie am anderen ehrlichen Herzens attraktiv/erotisch finden.

Übung: Setzen Sie sich mit Ihrem Partner/besten Freund/Ihrer besten Freundin zusammen. Gehen Sie in die Stille, und dann sagen Sie einander drei Dinge, die Sie am anderen ehrlichen Herzens gut finden. Danach gehen Sie wieder in die Stille und fühlen in sich, was dieser Austausch mit Ihnen gemacht hat. Teilen Sie sich auch darüber mit.

Im Zusammenleben mit unseren Mitmenschen vergessen wir oft, dass jedes Leben eines Tages endet und wir nicht wissen, wann dieser Tag sein wird. Deshalb sollte man den Menschen, die man liebt und um die man sich sorgt, sagen, dass sie etwas Besonderes und Wichtiges sind. Sagen Sie es ihnen, bevor es zu spät ist.

Übung: Fertigen Sie von Ihrem Partner, Ihren Eltern, Ihren Kindern je eine Liste an und notieren Sie auf dieser, was Ihnen an ihnen besonders gut gefällt.

Bewusste Lebensgestaltung mithilfe der energetischen Signatur

Mit der bewussten Veränderung Ihrer energetischen Signatur treten Sie in ein ganz neues Leben ein. Energie kann nicht verlorengehen, sondern nur die Form wechseln. Hindernisse und Schwierigkeiten lösen sich auf, bevor sie in Erscheinung treten können, und Sie erreichen viel mehr in immer kürzerer Zeit, weil Sie keine Zeit mehr damit vertun, Schwierigkeiten zu beseitigen. Sie haben Ihr Leben *kausal* verändert und treten ein in die Leichtigkeit des Seins.

Unsere energetische Signatur verursacht in jedem Augenblick Realität. Warum sollten wir also nicht eine Realität hervorrufen, die unser Leben bereichert und unser Sosein optimal zum Ausdruck bringt? Sie sind der Schöpfer, und alles ist möglich. Sie wählen Ihre energetische Signatur und das Leben liefert zuverlässig die entsprechende Realität. Sie sind die Schicksalsverteilungsstelle für Ihr Leben, und niemand sonst kann in Ihr Leben hineinwirken, es sei denn durch Sie.

Alles im Universum hat eine ganz eigene Schwingung. Es ist wie bei Handynummern: Jeder, der Ihre Nummer kennt, kann Sie erreichen. So haben nicht nur Menschen, sondern auch Dinge, Ereignisse, Situationen ihre spezielle Schwingung, ihre Nummer. Indem Sie in sich diese Schwingung erzeugen, dadurch dass Sie sie erfühlen, machen Sie sich magnetisch. Sie erzeugen Resonanz und können so alles anwählen und geistig in Besitz nehmen. Die Realität entsteht nach dem Gesetz: wie innen, so außen.

Sobald Sie das verinnerlicht haben, machen Sie nie mehr *andere* für etwas verantwortlich, sondern bestimmen durch Ihr Sosein das Außen, das, was geschieht, als Ihre Realität. Es ist ein unglaubliches Gefühl der Befreiung, zu erleben, selbst der Schöpfer dessen zu sein, was Sie erleben. So wird das Leben zu Ihrem Freund und Lehrer und zum individuellen Einweihungsweg in die Wirklichkeit des Seins.

Permanentes energetisches Management

Sie können Ereignisse energetisch ändern, bevor sie als Realität in Erscheinung treten. Aber Chancen sind wie Sonnenaufgänge, wenn Sie zu lange warten, verpassen Sie sie. Um Ihre energetische Signatur zu verändern, brauchen Sie auf nichts zu warten. Sie brauchen keine besonderen Fähigkeiten. Sie brauchen nur das, was Sie ständig unbewusst tun, nun bewusst zu tun. Wenn dann eine Chance auf Sie zukommt und Sie fühlen sich momentan vielleicht in einer Verliereridentität, dann können Sie *augenblicklich* Ihre energetische Signatur positiv verändern und dadurch Ihre Chance nutzen. Das ist bewusstes energetisches Management. Es geschieht durch:

- die Erinnerung an die, die Sie wirklich sind,
- das bewusste Abziehen Ihrer Aufmerksamkeit von dem, was nicht sein soll und dem Richten der Aufmerksamkeit auf das, was sein soll,
- das bewusste Erfüllen mit einer gewünschten Energiequalität und der bewussten Veränderung der energetischen Signatur,

- bewusstes Sympathisch-Sein
- die Fähigkeit, Realität umzufühlen.
- das geistige In-Besitz-Nehmen des gewünschten Endzustandes
- bewusstes Gesund-erfolgreich-wohlhabend-Sein
- den Wechsel der Identität (siehe unten).

Sie erfinden sich ständig neu, indem Sie sich mit der jeweils gewünschten Energie erfüllen, um damit nicht nur Ihre Ausstrahlung sofort zu verändern, sondern damit auch sofort veränderte Lebensumstände in Ihr Leben zu ziehen und unerwünschte fernzuhalten. Dieses Sich-neu-Erfinden ist allerdings ein lebenslanger Prozess, bei dem Sie täglich Fortschritte machen, bis Sie ganz bei sich angekommen sind!

Die energetische Handschrift eines Menschen erkennen und respektieren

Die energetische Signatur eines Menschen spiegelt sich wider in der Art und Weise, wie er seinen Lebensweg beschreitet. Sie zeigt sich auch in seiner Handschrift. Wenn Sie einmal wissen wollen, wie sich der Mensch fühlt, der ein Blatt mit der Hand beschrieben hat, dann ziehen Sie einmal mit dem Bleistift ganz bewusst die einzelnen Buchstaben und Worte nach und spüren dabei, wie Sie sich fühlen, während Sie dies tun.

Hierbei müssen wir unterscheiden zwischen der »Schönschrift« eines Menschen, wie dieser sie etwa auf einer Geburtstagskarte verwendet und der »Normalschrift«, in welcher der Betreffende schreibt, wenn er unter großem Zeitdruck steht. Die »Schönschrift« des Menschen gibt wieder, wie er in der Öffentlichkeit wirken will – die »Normalschrift«, wie er oder sie sich im Inneren fühlt.

Wenn Sie Menschen über die Jahre beobachten, werden Sie feststellen, dass sie fast immer den gleichen Lebensweg beschreiten, wie ein Theaterstück, das wieder und wieder aufgeführt wird. Warum erleben wir immer wieder die gleichen Beziehungsmuster? Warum bekommen wir immer wieder die gleichen Jobs? All dies ist Ausdruck unseres Lebensweges. Eine spontane Veränderung der energetischen Signatur lässt sich unmittelbar erreichen, wenn Sie einen Soforteffekt wünschen, etwa vor einem wichtigen Termin. Das ist so etwas wie die »energetische Schönschrift«. Um unsere energetische Signatur dauerhaft zu verändern, müssen wir uns jedoch mehr in unsere eigenen Tiefen begeben.

Die innere Bewegung

Übung:

- Machen Sie sich Ihre Lebensumstände bewusst, insbesondere einen Lebensumstand, den Sie verändern möchten.
- Erforschen Sie, welche energetische Signatur in Ihnen für diesen Lebensumstand verantwortlich ist.
- Erleben Sie diese bisherige energetische Signatur noch einmal ganz bewusst, vielleicht übertreiben Sie sie sogar.
- Erinnern Sie sich daran, wer Sie *wirklich* sind.

- Als der, der Sie wirklich sind, wählen Sie eine energetische Signatur.

Sie erkennen und erfahren durch diese Übung die »innere Bewegung«, welche Ihre innere Signatur verändert.

Die Verlagerung in der Identität

Auf lange Sicht werden Sie feststellen, dass eine dauerhafte Veränderung der energetischen Signatur nur dann sinnvoll ist und kraftvoll wirkt, wenn sie nicht aus der Persönlichkeit erwogen, sondern aus dem wahren Selbst und den ihm zugrunde liegenden Motivationen und Potenzialen heraus begleitet wird. Wichtig ist stets, *wer* die »energetische Signatur« bestimmt. Sind Sie das oder nur Ihr Ego?

Eigentlich gibt es nur eine einzige *innere Bewegung*, die wirklich lohnenswert ist, der Wechsel vom »Ich« zum »Selbst«. Von da aus können Sie dann jede andere Identität annehmen. Aus diesem Grund werden wir uns später noch ausgiebig mit dem Wechsel »vom Ich zum Selbst« beschäftigen.

Das Geheimnis des ersten Eindrucks

Jeder strahlt ständig seine energetische Signatur aus und verursacht damit eine Reaktion im Universum. So ist zu erklären, warum der eine ein Pechvogel ist und der andere erfolgreich.

Sehr unmittelbar erleben wir die Wirkung der energetischen Signatur beim Kennenlernen, denn jeder Mensch macht sich, bewusst oder unbewusst, in den ersten sieben Sekunden einer Begegnung den ersten Eindruck. Keiner hat die Chance, diesen ersten Eindruck zu wiederholen, er ist so einmalig wie der erste Kuss. Sorgen Sie also dafür, dass Sie in den ersten sieben Sekunden die optimal stimmige energetische Signatur aussenden. Dieser erste Eindruck geschieht heute am häufigsten am Telefon, deshalb sollten Sie auch ganz bewusst telefonieren. Unverzichtbar ist dazu, Ihre Stimme, Ihre hörbare Visitenkarte zu optimieren, denn in den ersten sieben Sekunden haben Sie noch keine Möglichkeit, Ihre Intelligenz oder Ihre fachliche Kompetenz zu zeigen. In 80 % der Fälle wird über Erfolg oder Misserfolg in diesen ersten sieben Sekunden entschieden, und das ist abhängig von Ihrer energetischen Ausstrahlung. Denn ob der andere es weiß oder nicht, ob er es will oder nicht, er reagiert mit Sympathie oder Abneigung. Ihre Art, Ihr Interesse und Ihre Offenheit sind entscheidend. Dazu gehört auch, jeden der Ihnen begegnet, mit Ihrem Sosein zu bereichern, so dass er sich schon auf die nächste Begegnung mit Ihnen freut.

Charisma-Training

Da Ihre Ausstrahlung so entscheidend ist, besonders in den ersten sieben Sekunden, sollten Sie Ihre energetische Signatur ganz bewusst optimieren. Das geschieht durch regelmäßiges Charisma-Training. Es beginnt damit, dass Sie sich einmal Ihre Ausstrahlung bewusst machen. Was hätten Sie für einen Eindruck von sich, wenn Sie sich zum ersten Mal begegnen würden? Wären Sie sich sympathisch? Würden Sie die Bekanntschaft gern vertiefen? Das ist ganz entscheidend, denn wenn Sie sich nicht wirklich mögen, können Sie auch nicht erwarten, dass andere das tun. Bewusstes Charisma-Training ist der beste Weg, um Ihre energetische Signatur ständig zu optimieren, dabei geht es nicht nur um den Eindruck, den Sie auf *andere* machen, sondern in erster Linie darum, dass Ihre energetische Signatur ja der Dauerauftrag an das Leben ist, mit dem Sie ständig Ihre Lebensumstände verursachen. Der Eindruck, den Sie auf die *anderen* machen, ist nur Ihr Feedbackinstrument, an dem Sie ermessen können, was Sie verursachen.

Im Rahmen des Charisma-Trainings machen Sie sich immer wieder bewusst:

- Was strahle ich derzeit aus?
- Was möchte ich ausstrahlen?
- Ich strahle einmal ganz bewusst die gewünschte Qualität aus.

Jeder Mensch hat andere Werte. Dem einen ist Höflichkeit wichtig, dem anderen Ungezwungenheit. Der eine Mensch sucht im anderen die Stimulation, der andere die Entspannung. Durchsetzungsstärke, die für eine Bewerbung als Führungskraft gefragt ist, macht jemandem, der einen Pfleger für sich sucht, möglicherweise Angst. Wenn Sie den anderen bereits kennen, machen Sie sich doch einmal Gedanken, auf welchen Wert der andere besonderen Wert legt, und senden Sie diese Qualität aus.

Sie werden dabei erkennen, dass Sie bestimmte Qualitäten leichter und andere schwerer verkörpern können, aber durch Charisma-Training lässt sich dies verändern – denn letztendlich sind Sie nicht auf Ihre Persönlichkeit begrenzt, sondern universelles Bewusstsein.

Jeder, der mir begegnet, ist mein Freund und Lehrer, hat ein Geschenk für mich, und ich bin ein Geschenk für ihn. Obwohl Sie jede Qualität verkörpern könnten, sollten Sie bewusst prüfen, ob Sie diese Qualität verkörpern wollen. Wenn für Sie beispielsweise Freiheit ein ganz wichtiger Wert ist und ein potentieller Partner sich von Ihnen Verbindlichkeit und bedingungslose Treue wünscht, dann wissen Sie, dass Sie dank Charisma-Training diese sehr wohl verkörpern könnten – aber vielleicht lassen Sie das, weil Sie dadurch einen Partner in Ihrem Leben halten, der gar nicht zu Ihnen passt.

Übung: Ich wähle ganz bewusst die Ausstrahlung von: Sympathie, Bewusstsein, Achtsamkeit, Geistesgegenwart, Zeitlosigkeit, Verständnis, Optimismus, Angekommensein, Wohlwollen, Liebe …

Wichtig für den Erfolg ist jedoch, die energetische Signatur nicht nur in den ersten sieben Sekunden zu halten, sondern ständig. Sonst präsentieren Sie sich als jemand, der zwar einen guten ersten Eindruck macht, dann aber stark nachlässt. Die ersten sieben Sekunden sind nur der Türöffner. Sie verdienen besondere Aufmerksamkeit. Doch auch danach gilt es, sich immer wieder der energetischen Wirkung bewusst zu sein. Während die ersten sieben Sekunden wie ein Streichholz sind, die das Feuer der Begeisterung entfachen, ist das Bewahren des Feuers für die Entwicklung des Miteinanders, ob nun beruflich oder privat entscheidend. – Sie wollen doch nicht einfach nur ein Strohfeuer sein?!

Unehrlichkeit entlarven

Kleiner Tipp am Rande: Machen Sie sich bewusst, dass niemand die Unwahrheit sagen kann, ohne dabei die energetische Signatur augenblicklich zu verändern. Indem Sie lernen, die energetische Signatur in jedem Augenblick wahrzunehmen, spüren Sie sofort, ob und wann der andere lügt, ob er glaubt, die Wahrheit zu sagen oder ob er genau weiß, dass das falsch ist, was er sagt. Sie erkennen sogar, ob und welcher Teil seiner Aussage falsch oder richtig ist. Voraussetzung dafür ist, dass Sie die Wahrnehmung der energetischen Signatur auch beim *anderen* trainieren, um jede Veränderung sofort wahrzunehmen und zu verstehen, weil jede Lüge, Krankheit, jeder Mangel oder Disharmonie eine eigene, ganz bestimmte, unverwechselbare Schwingung hat. Grundregel: Unehrlichkeit und Unstimmiges macht das eigene Energiefeld eng, die Wahrheit und Stimmiges machen weit und froh.

Double Binds (Doppelbindungen aufgrund von Widersprüchlichkeiten) entlarven und auflösen

Der Begriff des »double bind« (engl. Dilemma) stammt aus der modernen Psychologie. Er bezeichnet Situationen, in denen Verwirrung dadurch entsteht, dass verbal etwas anderes gesagt als unbewusst ausgesendet wird. Die Folge ist ein Knoten, in der die Kommunikation nicht frei fließen kann und die Beteiligten vor einem Dilemma stehen – bewusst und unbewusst. Wie kommt es zu »double binds«?

Ohne dass Sie es bemerken, kommunizieren Sie ständig mit Ihrer Umwelt. Sie sind ein permanenter Sender, aber das, was Sie unbewusst aussenden, steht oftmals, ohne dass Ihnen das bewusst sein muss, im Widerspruch zu dem, was Sie erreichen wollen. Der andere empfängt diese widersprüchliche Botschaft ebenfalls meist unbewusst und reagiert dann, ohne sich seiner Reaktionen bewusst zu sein.

Im Unterbewusstsein sitzen alle nicht aufgelösten Prägungen und sind ständig auf Sendung. Das ist besonders wirksam beim Telefonieren, weil der andere ja nur Ihre Schwingung als Information hat, da er Sie nicht sehen kann. Es ist somit sinnvoll, sich die unbewusste Kommunikation bewusst zu machen und sie zu optimieren.

Sie kommen *Double Binds* auf die Spur, indem Sie sich Ihre unbewussten Glaubenssätze bewusst machen. Fragen Sie sich: Wie denke ich unbewusst darüber? Was habe ich dazu für Assoziationen? Wenn Sie sich beispielsweise fragen: »Wie denke ich über Beziehungen?« und Ihr Unterbewusstsein antwortet »schrecklich«, dann nützt es nichts, wenn Sie Ihrem Partner liebliche Worte ins Ohr flüstern oder sich Mühe geben, netter zu sein. Das Unterbewusstsein Ihres Partners fühlt, dass da etwas nicht stimmt und reagiert entsprechend – solange, bis Sie Ihre unbewussten (negativen) Glaubenssätze auflösen beziehungsweise positiv verändern.

Es reicht also nicht, dass Sie etwas Gutes, Kluges, Hilfreiches sagen, wenn Ihre unbewussten Signale das Gegenteil oder etwas anderes aussenden. Dazu kommt, dass die unbewussten Muster auch Ihr Verhalten beeinflussen, es oft sogar prägen und damit möglicherweise unerwünschte Ursachen in Ihr Leben ziehen, die Sie erst dann bemerken, wenn diese als Wirkung in Erscheinung treten. Sie sollten Ihre Glaubenssätze deshalb nicht nur der anderen, sondern vor allem Ihrer selbst wegen verändern, denn es geht um Ihr Leben.

Wir wirken unablässig!

Ständiges Charisma-Training mithilfe der energetischen Signatur

Nachfolgend einige Tipps, wie Sie Ihre energetische Signatur optimieren können:

- Sich der energetischen Signatur bewusst sein und erkennen, dass wir diese ständig aussenden damit bei *anderen* bestimmte Reaktionen hervorrufen: Immer wieder mache ich mir bewusst, dass meine energetische Signatur da ist und ständig wirkt.
- Sich immer wieder aus dem wahren Selbst heraus mit der Energiequalität Gesundheit erfüllen und spüren, wie im gleichen Augenblick diese anfängt, heilend zu wirken, mit Wohlgefühl, Vitalität und Lebensfreude zu erfüllen. Indem ich durch die Macht der Wiederholung diese Energie immer mehr vertiefe und verankere, lasse ich Heilung, Gesundheit und Vitalität ständig geschehen.
- Ständig bewusst sympathisch sein. Das bedeutet:

Meine Aufmerksamkeit bei jedem sofort auf das zu richten, was ich ehrlichen Herzens sympathisch finde, und dort zu belassen. – Idealerweise stets konzentriert auf den Lebensbereich, in dem ich mit dem anderen schwingen möchte (geschäftlich, kollegial, sexuell etc.). Sympathisch sein ist die beste Investition ohne jedes Risiko und mit den höchsten Zinsen.

- Ganz bewusst einzelne erwünschte Energien in meine energetische Signatur aufnehmen: etwa Ruhe, Wohlwollen, Klarheit, Souveränität, Sicherheit, Liebe, um damit meine Ausstrahlung ständig zu optimieren. Meine neue energetische Signatur durch regelmäßige Wiederholung, entsprechende äußere Kontakte und bewusste Wahl meiner Identität vertiefen und verankern, so dass sie selbstverständlicher Teil meiner selbst wird. Damit werde ich geradezu magnetisch für Wohlstand im wortwörtlichen Sinne, bis letztlich alles zum Wohl steht.
- Bei jeder wichtigen Alltagssituation, insbesondere angesichts besonderer Chancen, bin ich hellwach und mache mir klar, was ich gerade mit meiner derzeitigen Schwingung verursache.
- Im Chancenbewusstsein und in der »Wunderfrage« leben, um alles als Chance zum Besseren zu erkennen und zu nutzen. Jedes Problem, jede Schwierigkeit ist in Wirklichkeit eine verkleidete Chance: Ich halte immer wieder die Augen offen für »das Wunder«, wo und wie es sich auch zeigen mag.
- Wann immer mich Umstände stören, mache ich mir bewusst, dass ich meine energetische Signatur bewusst verändern kann. Ich beginne damit, dass

ich meine *momentane* energetische Signatur wahrnehme, so dass ich schließlich unterscheiden lerne: Ärger – Frieden, Krankheit – Gesundheit, Stress – Entspannung, Lüge – Wahrheit und so weiter. Dann verändere ich meine energetische Signatur so, dass ich unerwünschte Energien sofort durch erwünschte ersetze, bevor diese als Ereignis in Erscheinung treten können.

- Immer wieder mache ich mir bewusst, dass *alles* eine bestimmte Frequenz, eine bestimmte Energieschwingung hat und lerne die einzelnen Schwingungen unterscheiden, zunächst bei mir, dann bei *anderen*. Ich trainiere ständig meine energetische Wahrnehmung und werde immer sicherer im Erkennen der Veränderungen.
- Immer wieder richte ich meine Aufmerksamkeit auf die energetische Signatur eines *anderen* und nehme – unabhängig davon, was er oder sie sagt, seine oder ihre Schwingung wahr. Ich lebe wohlwollend, indem ich ständig wahrnehme, welche Energiequalität der andere gerade am dringendsten braucht, und genau die Energiequalität aussende. Auf diese Weise schaffen Sie sich ein ständig wachsendes energetisches Guthaben, das Ihr ganzes Leben verwandelt. Zudem spüren Sie, wie gut es Ihnen selber tut, ein Wohlwollender zu sein. Hierzu gehört auch das »Befähigen«, das heißt, die Einladung an einen anderen, über seine Grenzen hinauszugehen.
- Dazu gehört wiederum, Ihre Aufmerksamkeit auf Ihr wahres Sein zu richten und gerichtet zu halten und angekommen zu leben. Der neue Mensch, der

in Ihnen schlummert, ist erwacht und fängt an, Ihr Leben zu bestimmen. Sie leben ganz bewusst in der Präsenz des Seins. Das wirkt wie eine geistige Verjüngungskur. Sie sehen nicht nur jünger aus, Sie fühlen sich auch jünger, das Baujahr Ihres Körpers wird unwichtig, denn Ihr Körper wird alterslos. Ihr geistiges Potenzial erwacht mit dem Ergebnis, dass Sie immer freier werden und aus der wahren Identität heraus leben, dem vollkommenen Sein.

Schatten in Licht verwandeln

Jeder hat begrenzende Verhaltensweisen und Programme übernommen, die die freie Entfaltung der eigenen Möglichkeiten be- oder gar verhindern. Wo immer ich bei mir auf Krankheit, Geld- oder einen anderen Mangel stoße, auf Beziehungsprobleme, Schwierigkeiten, Unfreiheit, Enge oder Angst, löse ich die begrenzende Energie dort auf und ersetze sie durch eine bewusstseinserweiternde. Wo immer ich an eine Grenze stoße, heißt die Aufgabe, diese aufzulösen und zu überschreiten. Dabei werden auch Schatten sichtbar, die ich vielleicht nicht erwartet habe und nicht so gern anschaue, aber nur dadurch kann ich sie erweitern und überschreiten. Diese Entwicklung ist ein lebenslanger Prozess, der viel Training erfordert. Sobald ich den Schatten, der auftaucht, wenn ich einen Schritt weitergehen will, bewusst wahrnehme und umarme, habe ich einen entscheidenden Schritt in die richtige Richtung getan. Hierfür gelten folgende Regeln:

1. Was erlebe ich gerade?
2. Welche energetische Signatur strahle ich angesichts des Erlebens aus?
3. Was verursache ich derzeit durch meine energetische Signatur?
4. Was möchte ich stattdessen verursachen?
5. Welche Eigenschaft sollte ich dafür aufnehmen und in Schwingung versetzen?
6. Ich erfülle mich mit dieser Eigenschaft und sende sie aus.
7. Falls es Maßnahmen gibt, die noch ausstehen, um die äußere Situation zu verändern (Handlungen, Worte) leite ich jetzt diese ein, während ich die positive Eigenschaft weiter im Bewusstsein halte.

Wie man sich eine Qualität, die man ausstrahlen möchte, aus seiner Erinnerung »borgt«

Manchmal hat man das Gefühl, eine bestimmte »Frequenz« nicht in Schwingung versetzen zu können. In dem Fall hilft Ihnen die Kraft der Erinnerung:

1. Erinnern Sie sich an eine Situation, in der Sie die gewünschte Qualität gespürt haben, etwa Reichtum, Anerkennung, erotische Ausstrahlung, Gesundheit. Nehmen Sie diese Erinnerung in allen Facetten, mit allen Einzelheiten wahr, sehen, riechen, hören Sie dieses Erlebnis, genießen Sie Farbunterschiede in dieser Szene und fühlen Sie sich ganz hinein. In der Regel werden Sie irgendwo ein Fünkchen dieser Energie in Ihrer Biographie finden, und dieses reicht bereits

aus. – Sollten Sie die gewünschte Qualität noch nie erlebt haben, können Sie sich auch in jemand anderen einfühlen, der diese Qualität für Sie verkörpert und ihn oder sie in eine entsprechende Szene setzen.

2. Fühlen Sie weiter die Qualität, blenden aber die konkrete Szene aus.
3. Fühlen Sie weiterhin die Qualität und denken Sie an die aktuelle Lebenssituation, in der Sie diese Qualität zum Ausdruck bringen möchten. Bleiben Sie in dieser Qualität, fühlen Sie sie.
4. Bitten Sie dann Ihre Intuition, Ihnen zu zeigen, wie das Leben, die anderen, auf diese Schwingung reagieren werden. Manipulieren Sie Ihr inneres Bild nicht, sondern erlauben Sie, dass in Ihnen das intuitive Bild aufsteigt, so, wie es ist. Falls Sie dabei erleben, dass der Film, der sich Ihnen nun zeigt, nicht optimal ist, bedeutet dies, dass Sie stattdessen eine andere Schwingung wählen sollten, die vielleicht besser geeignet ist. Das ist der Unterschied zum Mental-Training: Hier geben Sie kein Bild vor, sondern erlauben der Realität authentisch zu antworten. Falls Sie sich nicht vorstellen können, dass der andere/die anderen positiv auf Ihre neue Schwingung reagieren, dann befähigen Sie diese, es doch zu tun.*

Übung: Machen Sie sich ein Thema bewusst, das Sie gerade beschäftigt. Finden Sie ein Wort oder einen kurzen

* Zum Thema »befähigen« hat K.J. Becker ausführlich in seinem Buch »Ho'oponopono – die Kraft der Selbstverantwortung«, erschienen im RiWei-Verlag 2008, geschrieben.

Satz für Ihre gewünschte Ausrichtung, zum Beispiel: »Die Lösung für das Thema ...!« Dann fokussieren Sie auf »Die Lösung für ...«, unabhängig von einer Vorstellung, wie diese aussehen sollte. Wann immer dann Störemotionen, negative Gedanken oder Glaubenssätze auftauchen, notieren Sie diese, formulieren Sie sie entsprechend um, und fahren Sie fort, »Die Lösung für...« zu fokussieren. Dann erleben Sie, wie die Lösung sich zeigt, wie Sie in die Lösung hineinwachsen.

Wichtig ist es, dass Sie, während Sie auf die Lösung fokussieren, sich jeglicher Beschwerde und jeglicher Beschreibung der ungelösten Situation enthalten, da Sie sonst Ihre eigene Lösung abbestellen. Wenn Sie also beispielsweise auf »eine harmonische Zusammenarbeit mit meinem Kollegen« fokussieren, dann unterlassen Sie es, sich über ihn zu beschweren oder anderen Leuten zu sagen, wie egoistisch, unfähig und selbstsüchtig Ihr Kollege ist, denn dadurch würden Sie nur an der ungelösten Situation festhalten und damit Ihren eigenen Zauber vernichten.

Wenn Sie es jedoch richtig machen und die drei Kräfte *Seinsbewusstsein, innere Ausrichtung und Glaubenssystem* miteinander verbinden, entsteht eine machtvolle Ursache, die sich in jedem Fall als Realität manifestiert. Noch einmal in Kurzfassung:

1. Ich mache mir zunächst bewusst, *wer ich wirklich bin* und erlebe mich als solcher oder solche. Das ist die Rückkehr in die vergessene Schöpfungsvollmacht, in der ich hervorrufen kann, was immer ich zu denken und zu glauben vermag.

2. Ich mache mir dann klar, *wo ich hin will*. Meine Ausrichtung sollte eindeutig sein. Hier kann ich noch mit alternativen Lebensentwürfen spielen, eine mögliche Zukunft »anprobieren«, bevor ich sie bestelle und prüfe, ob sie wirklich stimmt. Natürlich ist es noch besser, ich stelle mir keinen gewünschten Endzustand vor, sondern lasse das gerichtete Bewusstsein entsprechend meiner inneren Wirklichkeit wirken.
3. Ich verbinde nun beides mit der dritten Kraft, meinem Glaubenssystem.

Die gezielte Änderung der eigenen energetischen Signatur bewirkt eine sofortige Änderung der Frequenz meines Energiefeldes und ist in jedem Augenblick spontan einsetzbar. Sie ist wie das Drücken der Fernbedienung, das sofort ein anderes Programm und damit einen anderen Film auf den Bildschirm ruft.

Mit jedem Gedanken, jedem Wort, jeder Tat, jeder Selbstpräsentation wirke ich unablässig schöpferisch – ob bewusst oder unbewusst!

Loslassen und Wandeln

Die Kunst des Loslassens

Ganz gleich, was Sie im Leben erreichen wollen, bevor Sie das Richtige tun, müssen Sie das Falsche loslassen. Loslassen ist vielleicht das faszinierendste Abenteuer, das das Leben zu bieten hat. Sobald Sie loslassen, verschwinden Probleme, Schwierigkeiten, Mangel und Leid aus Ihrem Leben. Das Erste, das Sie loslassen sollten, sind jedoch Vorstellungen, Erwartungen und Ihr Urteil, dann erleben Sie das Leben nämlich unmittelbar, so wie es ist. Sie treten ein in die Wirklichkeit des Seins. Warnsignale, die zum Loslassen auffordern, sind zum Beispiel folgende Gedanken:

- Jemand oder etwas sollte so und so sein / sich verhalten (etwa mein Partner sollte freundlicher, das Leben leichter sein).
- Alle Gedanken, die jemand oder etwas für den eigenen Zustand verantwortlich machen (etwa die Finanzkrise/ein Betrüger ist schuld daran, dass ich arm bin; meine Eltern sind schuld daran, dass ich nie gelernt habe, mir selbst zu helfen; meine schwere Geburt ist schuld daran, dass ich heute das Leben so schwernehme; mein Nachbar verletzt mich durch sein Verhalten).
- Alle Gedanken, die jemand anderen bewerten oder

verurteilen (etwa mein Abteilungsleiter ist tyrannisch; mein Nachbar ist bösartig).

Destruktive Gedankenmuster mithilfe der Vier-Fragen-Technik untersuchen

Wann immer Sie sich bei solchen destruktiven Gedanken ertappen, sollten Sie Ihre eigenen Einstellungen hinterfragen. Dies ist wesentlich kraft- und sinnvoller als der Versuch, negative Gedanken zu unterdrücken. Denn ein negativer Gedanke, den Sie untersucht haben, lässt Sie von selbst los. Hier bietet sich zum Beispiel die Struktur »The Work« von Byron Katie an:

- Ist etwas wahr? (Etwa, dass das Leben leichter sein sollte.)
- Kann ich wissen, dass das wahr ist? Gehen Sie in Ihr Herz, und lassen Sie es antworten, nicht Ihren Verstand. (In der Regel wird Ihr Herz mit »Nein« antworten, da Sie nicht wissen können, ob das Leben leichter sein könnte.)
- Wie verhalte ich mich, wenn ich an der alten Überzeugung festhalte? (In der Regel werden Sie erkennen, dass die alte Überzeugung, wenn Sie an ihr festhalten, sie missmutig macht. Wenn Sie beispielsweise an der Überzeugung festhalten, das Leben sollte leichter sein, dann geraten Sie allein durch diese Vorstellung in einen Konflikt mit dem Leben, bei dem Sie nur verlieren können.)
- Wer wäre ich ohne diese Überzeugung? (Hierfür können Sie sich hilfsweise auch einen anderen Menschen

vorstellen, der diese belastende Überzeugung nicht hat. Wenn Sie beispielsweise von der Vorstellung, das Leben sollte leichter sein, Abstand nehmen, können Sie das Leben annehmen, wie es ist. Sie fühlen sich frei, positiv, kooperativ usw.)

Loslassen und Neugestaltung

Jede Neugestaltung des Lebens beginnt mit dem Loslassen. Denn wenn Sie Ihr Leben verändern wollen, aber zugleich an dem alten festhalten, dann erzeugen Sie in sich Spannungen. Wie mit einem Gummiseil an der Vergangenheit angebunden, wird es Sie wieder und wieder in den alten Zustand zurückbefördern, bis Sie wirklich alles losgelassen haben, was nicht mehr zu Ihrem neuen Leben gehört. Schaffen Sie deshalb zuerst einmal Raum für ihr neues faszinierendes Leben. Lassen Sie alles, wirklich *alles* Hinderliche los. Was immer Sie erreichen wollen, Sie müssen das Bisherige loslassen. Und wundern Sie sich nicht, es wird sehr viel sein. Vielleicht leben Sie im Mangel, dann lassen Sie zunächst einmal die Identifikation mit dem Mangel los. Es gilt, das Ärgern loszulassen, Stress, Angst, die Vergangenheit, Neid, Blockaden und Hindernisse, alles, was nicht wirklich glücklich macht. Wo immer in Ihrem Leben etwas nicht stimmt, haben Sie etwas loszulassen.

Was Sie unbedingt loslassen sollten, ist die Bindung an die Vergangenheit, denn die ist ohnehin vorbei. In meine Praxis kam einmal ein Mann, der sagte zu mir: »Herr Tepperwein, ich hatte so eine schwere Kindheit!« Ich entgegnete ihm: »Dann seien Sie doch froh, dass sie vorbei ist!« Indem Sie den Rucksack der Vergangenheit ablegen, können Sie leicht und frei durch das faszinierende Abenteuer Leben gehen, ledigen Gemütes, wie Meister Ekkehard es so treffend nannte. Im gleichen Augenblick, in dem Sie Ihre Vergangenheit loslassen, sind Sie frei von ihr. Auch hier gelten die Schritte Annehmen – Erfühlen – Sich-darin-Ausdehnen – Danken – Loslassen.

Es sind vor allem vier Bereiche, die Sie loslassen sollten: Krankheit, Mangel, Leid und eine nicht erfüllende Beziehung. Indem Sie Krankheit loslassen, entsteht Gesundheit, indem Sie Mangel loslassen, entsteht Wohlstand, indem Sie Leid loslassen, entsteht Freude und indem Sie eine nichterfüllende Beziehung loslassen, entsteht Erfüllung.

Loslassen, aber nicht wegschieben

Lernen Sie, leichten Herzens loszulassen in der Erkenntnis: vorbei, ist vorbei. Doch etwas Besseres, immer jedoch das Richtige, Stimmige, das gut für mich ist, kommt nach! Doch sollten Sie nicht loslassen mit »wegschieben« verwechseln. Manche Menschen wollen eine Aufgabe, die sich ihnen stellt, wegschieben und wundern sich, dass das nicht klappt.

Beispiel: Wenn Sie in Ihrer Partnerschaft die Aufgabe bekommen, bedingungslos lieben zu lernen und sich ganz bewusst auf die Beziehung mit einem Menschen einzulassen, der Ihre Vorstellungen davon, wie er sein sollte, nicht erfüllt, ist es keine kluge Lösung, sich einfach von ihm zu trennen, ohne diese Aufgabe gemeistert zu haben. Dies wäre lediglich ein »Wegschieben«. Durch

»wegschieben« verpassen Sie die Erfahrung des »Wunders«, dass sich neue Möglichkeiten und Potenziale auftun, wenn Sie sich einer Aufgabe voll und ganz widmen. Maßstab für das Ende einer Partnerschaft ist in vielen Fällen das Potenzial: Wo noch Potenzial – bei Ihnen sowie in der Beziehung – vorhanden ist, lohnt es sich in der Regel, dranzubleiben und es einmal anders zu versuchen.

Wenn Sie hinspüren, erkennen Sie ziemlich klar, wo sie etwas wegschieben (und deshalb annehmen lernen sollten) und wo Sie »klammern« (und deshalb loslassen lernen sollten).

Ihr Beziehungstagebuch

Eine unerfüllte Beziehung loszulassen bedeutet nicht unbedingt, den Partner zu wechseln. Oftmals geht es darum, mit dem bestehenden Partner erst einmal überhaupt in eine stimmige Beziehung zu treten und sich nicht treiben zu lassen. Loszulassen ist die Energie der Unerfülltheit. ***Tipp:*** Behandeln Sie einmal für drei Monate Ihren Partner so als wäre er Ihr Idealpartner. Sehen Sie drei Monate lang in Ihrem Partner Ihren Idealpartner. Geben Sie ihm das, was Sie selbst sich von ihm am meisten wünschen. Wünschen Sie sich, dass Ihr Partner Sie beflügelt, dann denken Sie stets daran, wie Sie Ihren Partner beflügeln könnten. Wünschen Sie sich, dass Ihr Partner erotischer ist, dann geben Sie Ihrem Partner Erotik, so wie *er* oder *sie* es sich wünscht. Wollen Sie, dass Ihr Partner über Ihre kleinen Verfehlungen erhaben ist, dann seien Sie selbst über die »Verfehlungen« Ihres Partners erhaben. Möchten Sie von Ihrem Partner als ebenbürtig behandelt zu werden, dann strahlen Sie selbst Ebenbürtigkeit aus. Führen Sie ein Tagebuch, in dem Sie eintragen, inwieweit *Sie selbst* das zum Ausdruck gebracht haben, was Sie sich von Ihrem Partner wünschen, und inwieweit Sie selbst gedanklich, in Worten oder Handlungen dagegen verstoßen haben. Dort, wo Sie Versäumnisse Ihrerseits notiert haben, üben Sie sich im mentalen Umerleben, jeden Tag, zum Beispiel direkt vor dem Einschlafen. Wenn Sie 90 Tage lang so Ihr Bestes gegeben haben und Ihre Beziehung sich trotzdem noch nicht verbessert hat, können Sie ernsthaft über eine Trennung nachdenken – aber nicht früher.

Loslassen und Vergebung

Zum Loslassen gehört unverzichtbar das Verzeihen, denn solange Sie irgendjemandem etwas nicht verzeihen können, leben Sie nicht in Harmonie – mit allen gesundheitlichen, aber auch schicksalhaften Folgen. Sie bestrafen sich damit für das unstimmige Verhalten eines *anderen,* dabei ist der andere immer nur der Bote des Lebens und spiegelt Ihre eigene Disharmonie wider. Sobald Sie dem *anderen* wirklich verziehen haben, ist die natürliche Harmonie wiederhergestellt. Wenn Sie Schwierigkeiten mit dem Verzeihen haben, dann helfen Ihnen möglicherweise die Arbeiten von Colin Tipping über radikale Vergebung und radikale Selbstvergebung. Mithilfe der Übungs-CDs von Colin Tipping können Sie das Vergeben so lange eintrainieren, bis das radikale Vergeben und das radikale Selbstvergeben für Sie ein innerer Reflex geworden ist. Noch besser ist es, Sie entschuldigen sich beim anderen, dass Sie ihn verurteilt haben.

Loslassen durch Berühren – die Drei-Minuten-Technik

Eine bestimmte Situation, eine Beziehung oder ein Symptom können Sie durch Verzeihen erlösen. Sie berühren einfach die betroffene Körperstelle, das Bild des betreffenden Menschen oder denken an die Situation und sagen still: »Was immer damit zusammenhängt, ich verzeihe es vollkommen.« Diesen Gedanken halten Sie für drei Minuten im Bewusstsein. Augenblicklich löst sich die belastende Energie.

Geistige Bindungen loslassen

Zum Loslassen gehört auch das Loslassen der verschiedenen geistigen Bindungen, die wir im Laufe der Zeit angenommen haben, denn nur so können wir uns unserer wahren Identität erinnern. Um glücklich zu sein, muss ich den Unglücklichen loslassen. Um gesund zu sein, muss ich den Kranken loslassen. Um im Wohlstand zu leben, muss ich das Mangelbewusstsein loslassen. Um erfolgreich zu sein, muss ich den Erfolglosen loslassen. Um den Weg der Freude zu gehen, muss ich den loslassen, der leidet. Loslassen sollten Sie den in sich, der die Verwirklichung Ihrer Lebensabsicht be- oder gar verhindert. Den Kranken oder Armen, den Dicken oder Erfolglosen, den Ängstlichen, den Unentschlossenen …

In jedem Kranken steckt ein Gesunder mit einem Problem. In jedem Armen steckt ein Wohlhabender. In jedem Erfolglosen steckt schon der Erfolgreiche, der rauswill. In jedem Unglücklichen steckt ein Glücklicher mit einer noch ungelösten Aufgabe. In jedem Ich steckt das vollkommene Selbst. Das aber befreien Sie durch loslassen.

Dies bedeutet jedoch erst einmal, all diese Teilpersönlichkeiten zu umarmen, zu lieben, anzuerkennen: den Versager, den Psychopathen, den Gestörten, die Gespaltene, die Zweiflerin, den Angsthasen, den Ankläger, die Heuchlerin, den Verräter, die Scheinheilige, das Opfer und all die Schattenpersönlichkeiten, die wir so gerne verdrängen. Dann, nachdem wir diese angenommen haben, nachdem wir gesagt haben »Danke, dass du da bist«, können wir zulassen, dass sie sich zu unserem (wahren) Selbst hin auflösen, dass sie von unserer Herzensweite und Liebe verwandelt werden. Dadurch löst sich unsere Identifikation mit ihnen, wir werden frei.

Loslassen in der Praxis – drei Schritte

Nun sagen manche: »Ich würde ja so gerne allen Mangel in meinem Leben loslassen, aber der Mangel lässt mich nicht los.« Damit aber ist es nicht möglich, Fülle zu schaffen. Bevor wir also verursachen, die Dinge im Außen zu ändern, sollten wir die inneren Voraussetzungen für Fülle schaffen. Dies tue ich, indem ich den Glaubenssatz, der den Mangel festhält, aufdecke und hinterfrage.

Andere sagen: »Das ist aber nicht so leicht« und meinen: »Dann brauche ich es gar nicht erst versuchen.«

Wie in unseren KAUSAL-TRAININGS immer wieder betont, können Sie etwas nur loslassen, wenn Sie *genug* von etwas haben. Wenn Sie also Ihre Vergangenheit nicht loslassen können, dann fragen Sie sich, was Sie von Ihrer Vergangenheit noch brauchen. Wenn Sie eine unerfüllte

Beziehung nicht loslassen können, dann fragen Sie sich, was Sie von dieser noch brauchen, bis Sie genug von ihr haben und so weiter.

Seien Sie bei allen nachfolgenden Punkten ehrlich sich selbst gegenüber, nutzen Sie jede Frage, um in sich zu gehen, darüber zu meditieren, beziehungsweise zu kontemplieren. Auch Mehrfachnennungen sind möglich. Wenn Sie möchten, können Sie auch Freunde bitten, Ihnen Antworten vorzuschlagen, um den für Sie jeweils »treffenden« Punkt herauszufinden. Bei Punkt vier vollziehen Sie das Loslassen geistig:

1. Warum halte ich an der Nichterfüllung fest, was will ich damit bewirken, was fehlt mir noch? Erst wenn ich das Warum erkenne, kann ich loslassen. Prüfen Sie, warum Sie bisher nicht losgelassen haben. Erkennen Sie die Hindernisse, Muster, Fehlprogramme, Blockaden, Verhaltensweisen, Überzeugungen und Gewohnheiten.
2. Was müsste geschehen, damit ich von der Nichterfüllung *genug* habe?
3. Wie kann ich das, was ich zum Loslassen brauche, bewerkstelligen? Beseitigen Sie das Hindernis.
4. Ich lasse die Nichterfüllung los, und denke an das, was ich stattdessen erleben will; hierbei ist es nicht erforderlich, sich die Dinge in allen Einzelheiten auszumalen, es geht um das generelle Umlenken der Energie. Sie halten diese drei Minuten lang in Ihrem Bewusstsein.

Beispiel eines Klienten im Seminar: »Obwohl ich selbst bereits mehrfacher Vater bin, dominiert mich mein eigener Vater, indem er mir sagt, was ich tun und wie ich leben sollte. Ich selbst reagiere, obwohl ich bereits über 50 bin, darauf ängstlich und folgsam wie ein kleines Kind.«
Antworten von anderen Seminarteilnehmern:

1. Ich glaube immer noch, dass mein Überleben von dem Wohlwollen meines Vaters abhängt – ich habe meinem Vater meine strenge Erziehung noch nicht verziehen – in meinen Zellen sind noch Angstprogramme aus der Kindheit gespeichert – ich habe mehr Vertrauen in die Meinung meines Vaters als in meine eigene – ich trage tiefe Zweifel an meine eigene Durchsetzungskraft in mir.
2. Ich müsste mich einmal in meinem Leben gegenüber meinem Vater erfolgreich durchgesetzt haben – ich bräuchte Mitgefühl gegenüber den Begrenzungen meines Vaters – meine innere Verpflichtung gegenüber »dem Stimmigen« müsste größer sein als meine Angst vor meinem Vater – ich müsste erkennen, dass es sich bei seinem Dominanzgebaren nicht um sein wahres Selbst, sondern seine eigenen Ängste handelt – ich müsste in Frieden mit meinem Vater sein – ich müsste ihm sein Verhalten komplett verziehen haben – ich müsste Respekt gegenüber seinem »Sosein« haben.
3. Ich mache einen *Voice Dialog*, das heißt, ich lasse zuerst die Stimme, die Angst vor meinem Vater hat, sprechen und dann mein wahres Selbst. Ich lasse meinen Widerstand gegen das »Sosein« meines Vaters los

und erkenne ihn, wie er ist, an. Ich lasse meinen Trotz los, mein Aufbegehren, meine Vater-Sohn-Spiele, meine Härte und meine (Selbst-)Verurteilung, meine Beschwerden über meinen Vater. Ich übernehme die volle Verantwortung für meine Vater-Beziehung, erkenne an, dass ich es bin, der sie so kreiert hat. – Ich frage mich, wodurch ich zu dem Verhalten meines Vaters beigetragen habe und verändere dieses Verhalten.

4. Ich sehe mich selbst stimmig meinem Vater gegenüber in den entsprechenden Situationen handeln, denken, sprechen. Wenn ich die entsprechende Energie in mir spüre, halte ich diese für drei Minuten im Bewusstsein. Wenn ich das ideale Verhalten nicht kenne, frage ich mich, wie ein Meister an meiner Stelle handeln würde, imaginiere das ideale Verhalten und handele so als Meister. Ich sehe das Stimmige in meinem Vater, ehre ihn für sein »Sosein«, befähige ihn dazu, seinerseits ebenfalls loszulassen. Ich mache mir immer wieder bewusst, wo ich mit meiner Vaterbeziehung hin möchte und spreche gezielt diese positive neue Energie an. So wirke ich als Erlöser für mich, meinen Vater und alle Beteiligten.

Genauso einfach können Sie alles loslassen, was nicht mehr zu Ihrem Leben gehört. Loslassen an sich ist ganz einfach, ganz gleich, um was es geht, ein Gefühl, eine unerwünschte Situation, eine überholte Beziehung, ein Lebensumstand, eine Schwierigkeit oder einen Mangel. Sobald Sie es geistig nicht mehr festhalten, löst es sich ganz natürlich von Ihnen ab.

Sobald Sie sich an das Umlenken gewöhnt haben, gestatten Sie Ihrer Aufmerksamkeit nie mehr, länger als 2–3 Sekunden bei etwas zu bleiben, was Sie nicht wollen. Nehmen Sie den unerwünschten Umstand zur Kenntnis und richten Sie Ihre Aufmerksamkeit dann sofort auf eine Möglichkeit, eine Chance, auf die Lösung. Denn Ihre Schöpferkraft verwirklicht das, worauf Ihre Aufmerksamkeit gerichtet ist. Sagen Sie sich: »Dies … hätte ich gerne so …!«

Loslassen als Weg zur Vollkommenheit

Vollkommenheit durch Loslassen erlangen, bedeutet: alles Unwesentliche gehen zu lassen. Was bleibt ist das *ich bin*. Zum Loslassen gehört jedoch unverzichtbar das Loslassen aller Ich-Identifikationen, vor allem dessen, was ich nicht bin: Ich bin nicht …

… der Körper
… der Verstand
… das Gefühl
… mein Ego
… mein Name
… meine Position
… mein Unterbewusstsein
… irgendetwas, was ich benennen kann.

Was übrig bleibt, wenn ich das alles losgelassen habe, ist das Selbst, reine Existenz, vollkommenes Sein, Bewusstsein! Ich bin nicht so oder so – ich bin reines Sein! Ich war immer und werde immer sein, denn *ich bin*! Loslassen ist der erste und der letzte Schritt auf dem Weg zur Vollkommenheit, denn wenn Sie wirklich alles losgelassen haben, was nicht vollkommen ist, sind Sie – vollkommen!

Hilfen zum Loslassen von A-Z

- *Aggressionen:* Aggressionen zeigen nur den Grad meines Widerstandes gegen etwas, aber sie ändern nichts. Viel besser ist es, Kraft und Zeit zu nutzen, um das zu ändern, was nicht stimmig ist. Durch Aggressionen mache ich mir nur das Leben schwer und mich unbeliebt. In Wirklichkeit ist meine Aggression eine Botschaft des Lebens, die mich auf etwas aufmerksam macht, das geändert werden sollte. Daher ändere ich es und gestalte mein Leben so, dass es mir wirklich entspricht. Sobald dieser Zustand eintritt, verschwindet die Aggression.
- *Angst:* Lassen Sie die Angst los, indem Sie sich fragen: *Wer* ist es, der Angst hat? Dann machen Sie sich bewusst, dass Sie Teil sind des *einen höchsten Bewusstseins,* der stärksten Kraft des Universums. Was also könnten Sie befürchten? Ihnen kann nichts passieren. Und falls Sie Angst vor dem Tod haben: Es ist noch nie einer gestorben, nur der Körper löst sich irgendwann auf.
- *Eifersucht:* Hinter Eifersucht steckt der Wunsch, *andere* besitzen zu wollen, und die Angst, sie zu verlieren. Lösen Sie beides auf in der Erkenntnis, dass man einen Menschen nicht besitzen kann. Was wirklich zu Ihnen gehört, das können Sie gar nicht verlieren, und was nicht mehr zu Ihnen gehört, das können Sie

ohnehin nicht halten. Wenn Sie Ihre Beziehung weniger aus der Konsumentenhaltung heraus – was kann *ich* vom anderen bekommen? – beurteilen, sondern als Möglichkeit, Ihre Liebesfähigkeit zu üben und Ihre Verbundenheit auszudrücken, dann wird Ihnen dieses Potenzial erhalten bleiben, ganz gleich, ob mit oder ohne diesen Partner.

- *Empfindlichkeit:* Lassen Sie auch Ihre Empfindlichkeit los. Erkennen Sie jede Kritik als Kompliment und Botschaft des Lebens, bestimmte Aspekte des Lebens sorgfältig zu prüfen. Ist die Kritik berechtigt, sollten Sie dem *anderen* dankbar sein, und ist sie nicht berechtigt, hat sich der andere einfach nur geirrt – und Sie haben nichts damit zu tun. Die Form der Kritik, höflich oder unhöflich, einfühlsam oder aggressiv ist Sache des *anderen*. Nehmen Sie eine unhöfliche oder aggressive Kritikform als Anlass, liebevoll zu sich zu sein, um (Selbst-)Vergebung oder »The Work« nach Byron Katie zu praktizieren. Wenn Sie sich fragen »*Wer* genau ist eigentlich so empfindlich?«, werden Sie schnell erkennen, dass Ihr wahres Selbst außerhalb dieser Bezüge steht. Oft sind es Gedanken, Gefühle, Interpretationen und Bewertungen, die uns empfindlich reagieren lassen. Meditieren Sie darüber, und dringen Sie zu den inneren Bereichen vor, die wahrhaft unerschütterlich sind.
- *Enttäuschungen*: Jede Enttäuschung zeigt, dass ich mich in etwas getäuscht habe, und die Enttäuschung beendet die Täuschung. Dafür aber sollte ich dankbar sein.
- *Erwartungen:* Wenn Sie keine Erwartungen mehr ha-

ben, können Sie nicht mehr enttäuscht werden, denn vor jeder Enttäuschung steht immer eine Erwartung, die sich als nicht richtig erwiesen hat. Sobald Sie Ihre Erwartungen loslassen, ist es nicht mehr möglich, Sie zu enttäuschen. Aber man kann Sie auch nicht mehr ärgern, kränken, beleidigen, verletzen. Sie sind auf eine wunderbare Weise frei.

- *Fehlentscheidungen:* Lassen Sie vor allem falsche Entscheidungen los, indem Sie in die Wahrnehmung gehen und richtige, stimmige Entscheidungen treffen. Dadurch können Sie mehr Lebensqualität erlangen, inneren und äußeren Reichtum. Wenn Ihnen die Alternative nicht sofort einfällt, dann geben Sie sich nicht mit einem Kompromiss zufrieden, indem Sie Ihren Verstand entscheiden lassen, sondern gehen Sie wieder und wieder in die Wahrnehmung, Ihr Lösungsbewusstsein, bis sich die stimmige Antwort zeigt und es »klick« macht.
- *Glaubenssätze:* Lassen Sie alle Glaubenssätze los, die das Leben verhindern, das Sie führen möchten. Achten Sie dabei auch auf unsichtbare Glaubenssätze, die so selbstverständlich sind, dass Sie sie normalerweise gar nicht bemerken. Nehmen Sie die »Sprache der Lebensumstände« zu Hilfe, um unsichtbare Glaubenssätze aufzudecken.
- *Ich*-Identifikation: Lassen Sie jede persönliche Ich-Identifikation los, durch die Erkenntnis, wer Sie wirklich sind. Damit werden auch alle Kreationen / Vergangenheitsbelastungen gelöscht, die durch diese Identifikation entstanden sind.
- *Krankheit:* Lassen Sie auch Krankheit los, indem Sie

gesund denken, leben, handeln. Die Grundregel für ein Leben in Gesundheit ist seit Jahrtausenden bekannt: natürlich und in Harmonie leben. Krankheiten sind also gar keine Krankheiten, sondern die notwendige Folge einer unnatürlichen Verhaltensweise. Dort, wo Krankheiten aufgrund von Vererbung entstehen, fordert das Leben Sie in besonderem Maße auf, eine Lösung für das betreffende Thema zu finden, damit auch andere Menschen mit dieser Veranlagung freier werden können. Wenn Sie beispielsweise in eine Sippe hineingeboren wurden, in der fast jeder Gelenkprobleme hat, dann haben Sie diese Sippe angezogen, weil Sie lernen wollen, bewegliche positive Verbindungen / Beziehungen herzustellen, die gut geschmiert sind und sich nicht abnutzen. Durch eine entsprechende Einstellung und Lebensweise, unterstützt durch die richtige Ernährung, die richtige Bewegung etc., teilt sich die Transformation über das morphische Feld Ihrer Sippe letztendlich allen Gelenkkranken mit und wird als Lösungspotenzial dem Kollektiv zur Verfügung gestellt. So trägt Ihre eigene Heilung zum Heil der Welt bei.

- *Leid:* Lassen Sie auch das Leid los, denn Leid entsteht nur durch Ihr Urteil und den Widerstand gegen das, was ist. Wer leidet eigentlich, wenn ich leide? Nur das (kleine) Ich. Bewusstsein kennt kein Leid.
- *Mangel:* Lassen Sie jeden Mangel los, denn das Leben ist als Ausdruck der Fülle gedacht. Wichtig ist es, fortwährend Ihr Denken, Ihre Worte, Ihre Handlungen und Ihre Gewohnheiten zu korrigieren, bis diese ganz im Bewusstsein der Fülle gelandet sind. Dabei sollten

Sie nichts verdrängen, sondern sich stets liebevoll dort abholen, wo Sie stehen.

- *Minderwertigkeitsgefühle*: Wenn ich mich daran erinnere, wer ich wirklich bin, kann ich mich nicht mehr minderwertig fühlen; das ist nur möglich, in einer Ich-Identifikation. Sobald mir wieder bewusst wird, dass wir alle ungetrennte Teile des *einen Seins* sind, ist kein Raum mehr für Minderwertigkeitsgefühle. Ich erkenne, niemand steht über, aber auch niemand unter mir, denn wir sind alle Ausdruck des *einen Bewusstseins*.
- *Misserfolg:* Lassen Sie auch Misserfolg los, in der Erkenntnis, dass es keinen Misserfolg gibt. Jeder Misserfolg ist nur eine Botschaft des Lebens, dass Sie in einem Bereich des Lebens noch nicht in der Bewusstheit sind, und eine Bitte, das zu ändern, damit der erwünschte Erfolg eintreten kann.
- *Probleme:* Lassen Sie auch Probleme los, in der Erkenntnis, dass es keine Probleme gibt, nur Situationen, Umstände und Aufgaben, die zu lösen sind. Jedes Problem ist nur ein liebevoller Hinweis des Lebens, dass Sie nicht schöpfungsgerecht leben, und eine Bitte um Änderung und damit ein Geschenk des Lebens. Fragen Sie sich einfach, worin die Abweichung vom Schöpfungsplan besteht und korrigieren Sie diese, bis es wieder stimmt.
- *Rauchen:* Lassen Sie, wenn Sie dazu bereit sind, auch das Rauchen los, denn Sie zahlen einen ungewöhnlich hohen Preis für das Rauchen. Sie verkürzen Ihr Leben um durchschnittlich 12 lebenswerte Jahre.
- *Schlechte Laune:* Jeden Morgen stehen Sie vor der Ent-

scheidung, mit welcher Laune Sie durch den Tag gehen wollen. Nicht die Ereignisse oder die Umstände bestimmen Ihre Laune, sondern Sie selbst. Erkennen Sie, dass Erfolg, Macht, Ansehen, Besitz nur Spielsachen sind, die Sie ohnehin auf der Erde zurücklassen, wenn das Lebensspiel vorbei ist. Leben Sie – so oft es geht – in der Freude und seien Sie dankbar für alles, was Ihnen begegnet.

- *Schuldgefühle:* Lassen Sie Schuldgefühle los aus der Erkenntnis, dass keiner durch die Schule des Lebens gehen kann, ohne Fehler zu machen. Dazu kommt, dass ein Fehler gar kein Fehler ist, sondern eine Botschaft des Lebens, dass etwas fehlt, und eine Bitte, das Fehlende zu schaffen. Es gibt keinen Grund, sich deshalb Vorwürfe zu machen. Wichtig ist, dass Sie Ungelöstes nutzen, um innere Wandlungen herbeizuführen durch Annahme, Erkenntnis, Neuausrichtung. Gegebenenfalls vollziehen Sie ergänzend radikale (Selbst-)Vergebung.
- *Selbstbildstörungen:* Lassen Sie auch ein negatives Selbstbild los, er-innern Sie sich immer wieder an den oder die, die Sie wirklich sind. Das negative Selbstbild sind Sie nicht.
- *Selbstmitleid:* Lassen Sie Selbstmitleid los, da es Ihnen auf lange Sicht nicht weiterhilft. Haben Sie statt Selbstmitleid lieber Mitgefühl mit sich, das heißt praktizierte Selbstannahme, verbunden mit Offenheit für positive Lösungen.
- *Stress* können Sie loslassen, indem Sie an die stressige Situation denken und dabei die Stirnbeinhöcker halten, bis der Stress sich aufgelöst hat – maximal 1–2

Minuten. Ergänzend können Sie ein Anti-Stress-Training besuchen. Wenn Sie bei allem, was Sie tun, mit Ihrem wahren Selbst verbunden sind, gibt es keinen Stress, sondern nur einen wundervollen Flow, aus dem heraus Sie stimmig, effektiv und zügig agieren, während Sie gleichzeitig in einer aktiven Tätigkeitsmeditation sind.

- *Trauer:* Wenn Sie einen lieben Menschen durch Tod oder Trennung verloren haben, dann danken Sie für die schöne Zeit, die Sie miteinander hatten, und öffnen sich nun für das, was das Leben *jetzt* anbieten möchte. Wenn Trauerimpulse hochkommen, spüren Sie diese bewusst, durchschreiten Sie sie und lassen Sie sie dann ganz bewusst hinter sich. Dankbarkeit ist der beste Schlüssel, um Trauer hinter sich zu lassen.
- *Übergewicht:* Lassen Sie Übergewicht los, denn das ist ein Zeichen dafür, dass Sie es sich unnötig schwer machen im Leben. Spüren Sie den Bereichen nach, in denen Sie Dinge schwer nehmen.

Beginnen Sie immer mit dem Leichtesten, dann ist Ihnen der Erfolg gewiss. Machen Sie Loslassen zu Ihrer Gewohnheit, gehen zu den schwierigen Aspekten über und wenden Sie sich, sollten Sie nicht weiterkommen, nochmals den leichteren zu.

Wie man unerwünschte Gewohnheiten löscht und erwünschte Gewohnheiten dauerhaft verankert!

Gewohnheiten bewusst verändern

Wir verhalten uns fast ständig ganz automatisch nach bestimmten Gewohnheiten, die früher vielleicht einmal die Lösung für ein Problem waren, heute aber möglicherweise selbst problematisch, zumindest aber gänzlich unbewusst sind. Wie automatisch wir uns bewegen, können Sie selbst ganz einfach testen:

- Verschränken Sie doch einfach einmal die Arme vor der Brust. Achten Sie dann darauf, welcher Arm oben liegt – der linke oder der rechte? Und nun machen Sie das Gleiche noch einmal, aber so, dass der andere Arm oben liegt. Die meisten Menschen haben damit große Schwierigkeiten, weil Sie gegen ein inneres Programm verstoßen. Sie machen es immer so und denken nicht darüber nach.
- Setzen Sie sich dann in den Schneidersitz und beobachten Sie, welches Bein oben liegt. Und dann verändern Sie Ihren Sitz so, dass das andere Bein oben liegt.
- Falten Sie doch die Hände, wieder ohne darüber nachzudenken. Machen Sie sich bewusst, welcher Daumen oben liegt. Öffnen Sie die Hände wieder und falten Sie sie nun so, dass der andere Daumen oben liegt. Auch das ist für die meisten schwierig, obwohl es zunächst ganz einfach erscheint.

- Klatschen Sie in die Hände, als ob Sie Beifall klatschen. Machen Sie sich wieder bewusst, welche Hand oben ist und klatschen Sie nun einmal so, dass die andere Hand oben ist. Es wird Ihnen vermutlich sehr ungewohnt vorkommen.
- Wenn Sie sich die Schuhe anziehen, welchen Schuh ziehen Sie zuerst an? Verändern Sie einmal ganz bewusst die Reihenfolge.

Wenn wir ein gutes Buch lesen, ein interessantes Gespräch führen oder ein Seminar besuchen, das uns tief berührt, dann sind wir erhoben, fühlen uns gut, aber unser Leben ändert sich dadurch nur, wenn wir auch unsere Gewohnheiten ändern. Gewohnheiten bestimmen unser Leben, und sie bleiben solange wirksam, bis Sie Ihrem Unterbewusstsein ein neues Programm eingegeben haben. Das ist einfacher, als Sie glauben.

Übung: Machen Sie sich eine Gewohnheit bewusst, die Sie ändern oder ablegen möchten. Vielleicht möchten Sie aufhören zu rauchen oder weniger essen. Vielleicht haben Sie das Gefühl, Sie sollten weniger fernsehen oder weniger Alkohol trinken. Vielleicht reden Sie zu viel oder wollen immer recht haben. Vielleicht suchen Sie Anerkennung oder Sicherheit.

Von der Gewohnheitsebene zurück zur Entscheidungsebene

Wenn etwas zur Gewohnheit geworden ist, wissen Sie, dass es gar nicht so leicht ist, das zu lassen. Es wird aber einfacher, wenn Sie die Gewohnheit jedes Mal in Frage stellen, sich fragen: Will ich diese Zigarette *jetzt* rauchen? Oder will ich das *jetzt* im Fernsehen anschauen? Nehmen Sie sich daher nicht vor: »Das mache ich nie wieder«, sondern entscheiden Sie jeden einzelnen Fall neu – als Ihre freie Willensentscheidung. Jedes Mal, wenn Sie in das bisher automatische Verhalten fallen, nutzen Sie genau diesen Impuls als »Bewusstseinsauslöser«.

Dadurch entsteht neuer Freiraum. Beim Rauchen führt das erfahrungsgemäß dazu, dass Sie sofort nur noch die Hälfte rauchen, ohne etwas zu vermissen und ohne sich einzuschränken. Sie steigern sogar den Genuss und haben ein ständiges Erfolgserlebnis.

Durch Ihre wiederholte bewusste Entscheidung wird das Verhaltensmuster der Gewohnheit nicht mehr betätigt und löst sich ganz von selbst auf.

Gerade bei suchtartigem Verhalten ist es üblich, in die Unbewusstheit abzurutschen. Schuldgefühle und Selbstverurteilungen wegen der negativen Gewohnheit oder Sucht verstärken diese noch. Wird jedoch ein Suchtverlangen oder ein Gewohnheitsimpuls zum Bewusstseinsauslöser, erleben Sie, dass Sie durchaus eine Wahl haben.

Dies kann dann so aussehen, dass Sie, wenn Sie Verlangen nach Schokolade haben, nicht eine ganze Tafel auf einmal herunterschlingen, sondern einen Riegel ganz bewusst im Mund zergehen lassen – dabei voll und ganz den Geschmack wahrnehmen, die feinsten Nuancen schmecken. Kaufen Sie sich ruhig die beste und teuerste Schokolade, denn Sie brauchen davon ja nun deutlich weniger.

Ich kenne keinen besseren Weg, eine Gewohnheit sofort zu beenden, ohne jede Willensanstrengung und völlig mühelos. Sie koppeln Ihr Verhalten lediglich von der *Gewohnheitsebene* ab und *stellen es wieder auf die Entscheidungsebene zurück.* Dadurch wird nichts unterdrückt, nichts verdrängt. Durch die Macht der Wiederholung wird Ihr neues Verhalten dann sehr schnell verankert, und es entsteht eine neue Gewohnheit, Ihr Verhalten bewusst zu bestimmen.

Die Alternativtechnik in Verbindung mit dem mentalen Vorauserleben

Hier nun die Alternativtechnik: Um Ihre Wahlmöglichkeiten zu erweitern, legen Sie sich am besten einige positive Verhaltensweisen oder Reaktionen zurecht, die Sie *stattdessen* ausüben können. Beispiele:

- Statt eine weitere Tasse Kaffee zu trinken, drei tiefe Atemzüge oder eine Drei-Minuten-Meditation durchführen.
- Statt im Internet wahllos herumzusurfen, um sich abzulenken beziehungsweise anzuregen, stellen Sie sich ein loderndes Feuer vor und wie dieses den eigenen Stoffwechsel anregt.
- Statt einen Thriller anzuschauen, fünfzehn Minuten Trampolinspringen beziehungsweise wippen.

- Statt fremdzugehen, sich an den schönsten Augenblick gemeinsamer Intimität mit Ihrem Partner erinnern.
- Statt Süßigkeiten zu naschen, drei Minuten lang in die Bauchspeicheldrüse lächeln und dabei denken: Ich liebe mich.

Tipp: Legen Sie sich eine Liste mit Alternativen an und probieren Sie aus, welche für Sie funktionieren und welche nicht.

Über das *mentale Vorauserleben* sehen Sie im Augenblick der Entscheidung, welche Konsequenz Ihre Entscheidung hat und ob Sie bereit sind, die Konsequenz bewusst zu verantworten – wenn ja, dann ist dies völlig in Ordnung.

Neue Gewohnheiten entwickeln

Genau so gehen Sie vor, wenn Sie eine neue Gewohnheit entwickeln wollen, ohne dass eine unerwünschte zu löschen ist. Sie entscheiden sich einfach ganz bewusst in der jeweiligen Situation für das erwünschte Verhalten und verankern es durch die Macht der Wiederholung – indem Sie es mindestens 21-mal hintereinander so tun. Das kann auch in der Imagination sein, weil Ihr Unterbewusstsein nicht unterscheiden kann, ob etwas real erlebt oder nur intensiv vorgestellt wird. Wenn Sie sich 21-mal hintereinander wie erwünscht verhalten haben, ist es als neue Gewohnheit fest verankert. Wenn Sie etwas 21-mal wiederholen, wird das auch eventuelle Hindernisse auflösen. Vielleicht fragen Sie sich, warum gerade 21-mal, warum nicht sieben oder 20-mal. Die Antwort ist, alles hat seine Zeit. Es braucht genau 21 Tage, bis ein Küken aus dem Ei schlüpft, bis sich ein ruhendes Potenzial verwirklicht und in Erscheinung tritt. Aber der beste Beweis ist immer die Wirksamkeit, probieren Sie es aus.

Alles, was Sie wiederholt denken, sagen oder tun, wird von Ihrem Unterbewusstsein in eine Gewohnheit verwandelt und entsprechend verankert. Das ist ein sehr sinnvoller Mechanismus, damit Sie nicht jeden Handgriff bewusst überlegen müssen. Aber Ihr Unterbewusstsein ist blind und kann nicht beurteilen, ob dieses Verhalten auch wirklich sinnvoll ist, und so speichert es auch schädliche Verhaltensweisen als Gewohnheit.

Indem Sie Ihre Gewohnheiten immer wieder auf den Prüfstand stellen, können Sie überholte oder gar schädliche Gewohnheiten erkennen und in sinnvolle und hilfreiche umwandeln.

Erfinden Sie sich daher neu. Es lohnt sich.

Übung: Trainieren Sie Ihre geistige Flexibilität, indem Sie ganz bewusst eine Gewohnheit verändern und diese 21 Tage lang beibehalten. Nach 21 Tagen ist Ihr Organismus auf die neue Gewohnheit eingestellt. Am besten wählen Sie hier eine Veränderung, die Ihnen guttut.

- Für chronische Kaffeetrinker: statt im Laufe des Tages mehrere Tassen Kaffee zu trinken, morgens einen Becher Joghurt mit einem Teelöffel geriebener Guaranawurzel essen (Guaranapulver, erhältlich im Reformhaus regt sanfter und nachhaltiger an als Kaffee), hält den ganzen Tag über fit.

- Für Internet- oder Fernsehsüchtige: statt sich einen Spielfilm im Internet oder Fernsehen anzuschauen, den inneren Spielfilm laufen lassen (wenige Minuten reichen durchaus), dabei bewusst an etwas Schönes denken, etwa Ihre Lieblingslandschaft; vielleicht einen inneren Rückzugsort, ein inneres Asyl (eine Lagune, eine Höhle, einen Berggipfel …) einrichten.
- Für Morgenmuffel: den (inneren) Wecker etwas früher stellen und jeden Morgen 15 Minuten in die Stille gehen, meditieren, sehen, den Tag mental vorauserleben, danken …
- Für Beziehungsmuffel: Wenn Ihnen Ihre Partnerschaft eintönig und langweilig vorkommt – statt in die nächste Kneipe zu rennen, täglich an Ihrem Partner etwas Neues, Interessantes entdecken, ansprechen, herauslocken, gegebenenfalls unterstützt durch mentales Vorauserleben …

Sich belohnen oder feiern, wenn ein begrenzendes Muster durchbrochen wurde

Immer wieder gelingt es uns, über ein begrenzendes Muster hinauszugehen. Oftmals bemerken wir dies jedoch gar nicht. Wir machen uns dann gar nicht bewusst, was für ein Wunder wir gerade erlebt haben: Ein begrenzendes Muster wurde durchbrochen! Sie sollten, jedes Mal, wenn Sie ein begrenzendes Muster durchbrochen haben, dieses ganz bewusst zur Kenntnis nehmen: »Ich habe gerade ein begrenzendes Muster durchbrochen.« Das können Sie feiern! Belohnen Sie sich mit was auch immer! Kaufen Sie sich eine Sparbüchse. Legen Sie sich eine Rolle mit

Eurostücken zurecht. Jedes Mal, wenn Sie ein belastendes Muster durchbrochen haben, werfen Sie einen Euro in die Sparbüchse. Am Monatsende leeren Sie die Sparbüchse und zahlen den Betrag auf ein Sparbuch ein oder – wenn Ihnen dies sicherer ist – legen sich diesen in Scheinen in Ihren Haustresor. So belohnen Sie sich selbst.

Die kausalen Wandlungspunkte – innere Programme verändern

Wie innere Programme entstehen

Wenn wir geboren werden, sind wir optimal vorbereitet, um zu lernen, uns an die vorgefundene Umgebung anzupassen. Wir ahmen das Verhalten der *anderen* nach und machen es so durch Wiederholung zur Gewohnheit. Das ist sehr sinnvoll, damit wir einmal erlernte Verhaltensweisen automatisch befolgen. Doch nicht nur Gewohnheiten, auch Gene, Mitgebrachtes aus früheren Leben, das gegenwärtige Umfeld, unsere Partner und vieles andere mehr prägen unsere inneren Programme.

Programme entstehen zum Beispiel auch durch Erziehung oder Vorbilder. Ein Programm kann aber auch durch eine Vorstellung entstehen, die mit einem starken Gefühl verbunden ist. Wie Joachim Bauer in seinem Buch über die Spiegelneuronen nachweist*, kreiert allein die

* Joachim Bauer, Warum ich fühle, was du fühlst. Intuitive Kommunikation und das Geheimnis der Spiegelneuronen, Hamburg 2005

Beobachtung einer Handlung in uns ein entsprechendes »Programm«. Ob wir erlebt haben, dass unsere Eltern sich zärtlich geliebt oder heftig gestritten haben – unsere Spiegelneuronen reagieren so, als seien wir selbst die Handelnden und speichern die Handlungsabläufe ab. Jedes starke Gefühl beeindruckt das Unterbewusstsein in besonderem Maße. Angst ist ein sehr starkes Gefühl. So zieht jede Angst nachhaltig das an, was sie befürchtet und sollte deshalb, insbesondere dort, wo sie völlig überflüssig ist, aufgelöst werden. Ein inneres Programm kann einmal sinnvoll gewesen sein, manchmal hat es sich aber vollkommen überholt oder ist sogar schädlich.

Beispiel: Ein Junge hat Angst vor seinem strengen Vater. Im Alter von fünf Jahren mag diese Angst sinnvoll gewesen sein, beispielsweise, um sich zu verstecken, falls der Vater schlechte Laune hat. Wenn dieser »Junge« allerdings inzwischen fünfzig und der Vater fünfundsiebzig Jahre alt ist, ist diese Angst nicht mehr sinnvoll, sondern belastet die Vaterbeziehung völlig unnötig.

Beispiel: Ein kleines Mädchen befürchtet, allein auf sich gestellt nicht überleben zu können und bleibt daher ständig in Reichweite seiner Mutter. Im Alter vor drei Jahren mag dieses Verhalten richtig und lebensfördernd sein, im Alter von sechzig Jahren wirkt dieses Programm lebensverneinend. Doch das Unterbewusstsein wird dieses Verhalten solange getreulich wiederholen, bis es ein neues Programm erhält. Ist ein Programm überholt oder unerwünscht, sollten Sie es deshalb löschen.

Dies können wir natürlich, indem wir Gewohnheiten verändern. Zugleich sollten wir die Veränderung der inneren Programme auch durch die kausalen Wandlungspunkte unterstützen, die wir in diesem Kapitel kennenlernen werden. Die hier angewandte »Klopftherapie« wirkt direkt auf das Energiesystem des Körpers und ist besonders dort hilfreich, wo der rein mentale Ansatz nicht oder nicht so leicht greift.

Wie Sie ein unerwünschtes Programm/Verhalten aus Ihrem System »wegklopfen«

- Kausaler Wandlungspunkt 1: Sie löschen ein unerwünschtes Programm, indem Sie zwei Energiepunkte an der Schädelspitze und die beiden Augenbrauenpunkte gleichzeitig klopfen. Für die zwei Energiepunkte nehmen Sie den höchsten Punkt Ihres Kopfes. Die beiden zu klopfenden Punkte befinden sich unmittelbar davor und dahinter. Die anderen beiden Löschungspunkte befinden sich jeweils in der Mitte der Augenbrauen.

Übung: Klopfen Sie nun mit zwei Fingern der linken Hand die beiden Punkte auf Ihrem Kopf, während Sie gleichzeitig mit zwei Fingern der rechten Hand die beiden Punkte in der Mitte der Augenbrauen klopfen. Richten Sie dabei Ihre Aufmerksamkeit auf das zu löschende Programm, und erleben Sie, wie es sich innerhalb von 30 Sekunden auflöst.

Jedes gelöschte Programm durch ein neues, besseres Programm ersetzen

Wenn Sie Ihr Verhalten ändern möchten, aber ein unangemessenes Programm unterbewusst fortbestehen lassen, müssen Sie ständig gegen Ihr eigenes Unterbewusstsein ankämpfen, und da Ihr Unterbewusstsein unermüdlich ist, können Sie diesen Kampf gar nicht gewinnen. Indem Sie ihm ein neues Programm eingeben und verankern, wird Ihr Unterbewusstsein Sie bei Ihrem Vorhaben beharrlich unterstützen, und der Erfolg ist sicher.

Es ist deshalb erforderlich, von Zeit zu Zeit seine Verhaltensweisen und Gewohnheiten und damit seine unbewussten Programme zu überprüfen, ob sie noch sinnvoll und wünschenswert sind, und eventuell alle unerwünschten Programme zu löschen und durch angemessene zu ersetzen und nachhaltig zu verankern.

Voraussetzung dafür ist, dass Sie selbst an die Möglichkeit der Wandlung glauben, zumindest dafür offen sind, denn Ihr Unterbewusstsein wird durch Ihren Glauben überzeugt. Wenn Sie selbst nicht für die Wandlung offen sind, wird es Ihr Unterbewusstsein auch nicht tun und bei dem bisherigen Programm bleiben, bis Sie Ihre Einstellung geändert haben. Sie können sich so jederzeit neu erfinden und Ihre Persönlichkeit mit den gewünschten Eigenschaften und Verhaltensweisen gestalten. Ihr treuer Diener Unterbewusstsein kann Ihnen helfen, …

- Ihr Selbstbild ständig zu optimieren und in der Erwartung der Fülle zu leben;
- Ihre Überzeugungen und Gewohnheiten zu ändern;

- Ihre energetische Signatur dem letzten Stand Ihrer Erkenntnis anzupassen;
- Ihren Körper zu heilen, aber auch Ihre Lebensumstände;
- liebevoll und segensreich zu leben.

Checkliste für erwünschte Programme

- Gewohnheiten sinnvoll verändern
- sympathisch sein
- eine gewinnende Erfolgspersönlichkeit sein
- ohne Ärger leben
- stressfrei leben
- gut gelaunt sein
- erfolgreich sein
- vermögend sein
- die Vitalkraft des Körpers zu steigern
- das Leben feiern
- Wunschträume verwirklichen
- einen idealen Tagesablauf finden
- ein idealer Partner sein
- Höchstleistungen in Schule, Beruf und Sport erbringen
- liebevoll sein
- segensreich leben
- als neuer Mensch in ein neues Leben zu treten
- gesund sein
- …

Wie Sie ein gewünschtes Programm/Verhalten verankern und »einklopfen«

Vorbereitung: Geben Sie dem Unterbewusstsein ein klares Bild des gewünschten Verhaltens, der Eigenschaft oder Überzeugung, denn die Sprache des Unterbewusstseins ist visuell. Wenn Sie ihm in seiner Sprache einen Auftrag geben, können Sie sicher sein, dass Sie verstanden werden. Aber erst Ihre Überzeugung überzeugt auch Ihr Unterbewusstsein.

- Kausaler Wandlungspunkt 2 (Gammutpunkt): Er liegt zwischen dem kleinen und dem Ringfinger, etwa 3 cm vom Grundgelenk entfernt. Am besten klopfen Sie ihn mit 3 Fingerspitzen gleichzeitig, um sicherzugehen, dass Sie ihn treffen. Die Klopfgeschwindigkeit ist dabei nicht wichtig. Während Sie sich das erwünschte Verhalten ganz lebendig vorstellen, klopfen Sie dabei ständig den Wandlungspunkt 2 (Gammutpunkt) auf Ihrem Handrücken.

Sie können den gewünschten Endzustand auch in einer griffigen Formel verbalisieren und beim Klopfen leise wiederholen. Wichtig ist, dass Sie dabei fühlen, dass es geschieht. Das heißt lebendig erleben und durch Identifikation in Besitz nehmen und ganz bewusst als die oder der es erlebt, atmen, denken, fühlen und sein.

Das Einklopfen kann auch beim Joggen oder beim Trampolinspringen geschehen. Es ist der gleichmäßige Rhythmus, der das Unterbewusstsein beeindruckt. Klopfgeschwindigkeit 2-mal pro Sekunde, also 2 Hertz. Besonders wirksam im Walzertakt, ein Schlag fester, dann zweimal leicht. Klopfen kann nur dann wirksam sein, wenn mein Bewusstsein klar ist und die Vorstellung des gewünschten Endzustandes deutlich.

Wegklopfen und Einklopfen von Zweifeln

Es nützt nichts, wenn Sie sich ein erwünschtes Programm einklopfen, aber Ihre Zweifel haben, weil die dagegen gerichtete Überzeugung die Verankerung verhindert.

Ist in Ihrem Bewusstsein noch eine erfolgsverhindernde Überzeugung vorhanden, so können Sie diese auf die gleiche Weise löschen und durch eine erwünschte, erfolgreiche Überzeugung austauschen. Denn auch Überzeugungen sind nur ein Programm im Unterbewusstsein, das jederzeit ausgetauscht werden kann. Wenn also bei einer gewünschten Wandlung der Erfolg nicht gleich in Erscheinung tritt, überprüfen Sie noch einmal die damit zusammenhängenden Überzeugungen.

Fragen Sie sich hierfür: »*Gibt es in meinem Unterbewusstsein eine Überzeugung, welche dem Erfolg entgegensteht?*« Bitten Sie Ihre Intuition, Ihnen diese mitzuteilen. Lösen Sie sie auf, indem Sie sie hinterfragen und ebenfalls durch »Klopftherapie« gegen eine hilfreiche, ebenso realistische Überzeugung austauschen.

Nutzen Sie dann die Macht der Wiederholung und wiederholen Sie die Vorstellung des gewünschten Verhaltens 21-mal. Erst diese Wiederholung gibt dem Unterbewusstsein die Sicherheit, dass Sie es auch wirklich so meinen und dauerhaft ändern wollen. Wiederholen sie die Vorstellung des gewünschten Verhaltens, bis Sie ein starkes Gefühl der Freude und Dankbarkeit erfüllt, als Bestätigung, dass Ihr Unterbewusstsein den Auftrag erhalten, verstanden und angenommen hat. Also:

- Im ersten Schritt wandeln Sie durch Wegklopfen und Einklopfen die entsprechenden Überzeugungen beziehungsweise Zweifel und ersetzen sie durch erwünschte. Zum Beispiel: »Ich habe keine Chance, dies zu verändern« wird verändert in »Es ist mir möglich, das zu verändern«.
- Im zweiten Schritt verankern Sie dann das erwünschte Verhalten.
- Wiederholen Sie die Klopftherapie 21-mal (Strichliste anlegen)

Sobald das erwünschte Denken oder Verhalten so Teil Ihrer energetischen Signatur geworden ist, beginnt die Wirkung, und mit ihr verändert sich die Sie umgebende Realität. Auch alle gewünschten Lebensumstände, Situationen und Ereignisse können visualisiert, beklopft und so zuverlässig in den Realitätsraum gerufen werden.

Erweiterte Klopftherapie

Die Klopftherapie ist noch wirkungsvoller, wenn Sie nicht nur einen bestimmten Punkt, sondern einen Meridianabschnitt klopfen. Hierfür klopfen Sie zuerst die oben genannten Punkte, dann, egal ob es sich um »Wegklopfen« oder »Einklopfen« handelt, folgende Bereiche:

- Der erste Meridianabschnitt ist die Scheitellinie. Beide Hände ruhen nebeneinander auf der Scheitellinie und klopfen;
- der nächste Meridianabschnitt sind die Augenbraunen
- dann die Schläfen;
- dann hinter dem Ohr, wo der Schädel in die Halsmuskulatur übergeht. Dort klopfen, wo es im Ohr am lautesten wirkt;
- dann die Knochenleiste unter den Augen;
- dann unmittelbar unter der Nase klopfen.

Besonders wirkungsvoll ist es, wenn Sie dabei Ihrem Spiegelbild in die Augen schauen und dabei zu sich sprechen, sich sagen, was jetzt ist, weil der Spiegel die ausgesandte Schöpfungsenergie auf Sie zurückwirft und so die Wirkung intensiviert.

Vom Ich zum Selbst

Der gefährlichste Mensch der Welt, das sind Sie selbst

Solange wir leben, achten wir sehr genau darauf, wer unsere Freunde und wer unsere Feinde sind. Als Feinde betrachten wir all jene, welche den Absichten unseres Egos Widerstand leisten, und als Freunde all jene, die unsere Vorlieben fördern oder erfüllen. Sind wir bewusster, dann erkennen wir unsere Freunde daran, dass sie es gut mit uns meinen und auch bereit sind, uns unangenehme Wahrheiten zu sagen. Genauso entlarven wir Feinde, welche uns vielleicht verführen oder schmeicheln, aber in Wahrheit nur an sich denken. Wenn wir jedoch aus einer noch bewussteren Ebene heraus leben, dann erkennen wir, dass nicht der einzelne Mensch unser Freund oder Feind ist, sondern dass das Ungelöste in uns und anderen unser Feind und das bereits Gelöste unser Freund ist. Die eigene Verblendung, die Punkte, die wir nicht sehen können oder wollen, die eigenen Verdrängungen (und die anderer) erschweren die Selbstwerdung und die eigenen Erkenntnisse und Transformationen und fördern diese. Auf einer noch umfassenderen – kausalen – Ebene erkennen wir, dass auch dies zweitrangig ist, dass es letztendlich um unsere eigenen Haltungen, Einstellungen und Identifikationen geht, die uns ein Freund oder ein Feind sein können.

Wenn Jesus sagt »Liebet eure Feinde« oder auch »Wer

mit dem Schwert kämpft, wird durch das Schwert umkommen«, dann zeigt er damit einen Weg auf, wie wir nicht nur den äußeren Feind, sondern auch den »inneren Schweinehund« besiegen können – durch Liebe nämlich. Als dem amerikanischen Präsidenten Lincoln vorgeworfen wurde, er hätte doch gesagt, er wolle seine Feinde vernichten und nun würde er mit ihnen freundlich umgehen, da antwortete er: »Ja, vernichte ich denn meine Feinde nicht, wenn ich sie zu Freunden mache?« Und genau dies sollten Sie auch tun, liebevoll und freundlich mit sich umgehen und alles durchlieben, was Ihnen innen und außen begegnet.

Von Jesus stammt das Gleichnis von dem Sämann: »Siehe, es ging ein Sämann aus zu säen. Und es begab sich, indem er säte, dass etliches an den Weg fiel; da kamen die Vögel und fraßen es auf. Etliches fiel auf das Felsige, wo es nicht viel Erde hatte, und ging bald auf, darum, dass es nicht tiefe Erde hatte. Da nun die Sonne hochstieg, verwelkte es, und weil es nicht Wurzel hatte, verdorrte es. Und etliches fiel unter die Dornen, und die Dornen wuchsen empor und erstickten es, und es brachte keine Frucht. Und etliches fiel auf gutes Land und ging auf und wuchs und brachte Frucht und trug, dreißigfältig, sechzigfältig und hundertfältig.« (Markus, 4, 3–8).

Wir können dieses Gleichnis auf unsere Überzeugungen beziehen (starre, harte, dornige und fruchtbare Überzeugungen). Hilfreiche Glaubenssätze und Einstellungen sind wie die Samen in dem Gleichnis. Treffen diese Samen auf ein verhärtetes Herz (steinigen Boden) schießt zwar die Begeisterung hoch, aber der Samen kann nicht wurzeln. Darum ist es so wichtig, Mitgefühl und Liebe zu entwickeln. Die Vernichtung der Samen durch die gefräßigen Vögel, symbolisiert den Verlust unserer seelischen Samenkraft, den wir erleiden, wenn wir uns von der Öffentlichkeit, von Klatsch, Tratsch, Meinungen, von unserem Glauben abbringen lassen statt den Samen in der Tiefe zu bewahren. Die Dornen im Gleichnis symbolisiert das eigene Unkraut, das zugleich mit dem Samen wächst und das gerupft werden muss, damit der Samen aufgehen kann und wachsen. Hierzu gehören Zweifel, Spott, Scham, Schuld und so weiter. Wir können das Gleichnis jedoch auch auf Anteile in uns beziehen:

Der »Wegmensch« in uns symbolisiert den Anteil in uns, der sich auf eingetrampelten Pfaden bewegt und den eigenen wertvollen Samen der Bewusstheit einer Profanität anheimgibt – er wird von kurzfristigen Moden abgelenkt und kann nicht aus seinen eigenen Tiefen schöpfen. Der »Felsenmensch« in uns symbolisiert den Teil in uns, der zwar begeisterungsfähig ist, aber der innerlich hart, das heißt seelisch verschlossen ist. Da kommt es zu Leichtgläubigkeit, die nicht wurzeln kann, zu einer kurzfristigen Begeisterung, einem Strohfeuer gleich, das nicht von langer Dauer ist. Vielleicht gibt es auch Härte und Fanatismus sich und anderen gegenüber. Der »Dornenmensch« in uns: Das ist der Teil, der vom Unkraut überwuchert wird, der seine stacheligen, verletzenden und verletzten Anteile nicht überwindet und so sich und anderen schadet. Der »Gute-Boden-Mensch« in uns ist aber ebenso vorhanden – wir können ihn mit dem Selbst vergleichen, das seit Urzeiten darauf wartet, dass wir es erkennen und aus ihm heraus leben und die anderen Anteile liebevoll transformieren.

In jedem Kranken steckt ein Gesunder
In jedem Armen steckt ein Reicher
In jedem Erfolglosen steckt ein Erfolgreicher
In jedem Unglücklichen steckt ein Glücklicher
In jedem Ich steckt das Selbst
Lassen Sie es frei.

Wollen Sie Ihr Ego oder Ihr Selbst glücklich machen?

In jedem Menschen stecken vier.
Der, für den sich jemand hält.
Der, für den ihn die anderen halten,
Der, der er oder sie wirklich ist
Und der, der er oder sie sein könnte.

Die Illusion des »Ich«

Um im Leben bestimmte Erfahrungen zu machen, schafft sich das Sein ein »Erfahrungsinstrument«, die Persönlichkeit, die sich als »Ich« empfindet. Dieses »Ich« versucht sehr bald, das Leben nicht nur zu erfahren, sondern auch zu bestimmen. Das Geschöpf will Schöpfer sein, und das kann nicht gut gehen. So erkennen wir, dass die wahre Ursache für alle Probleme und Schwierigkeiten, für Mangel, Krankheit und Leid das Ego ist, die »Illusion des Ich«.

Die beiden wichtigsten Worte des Egos sind *ich* und *mein*. Aber in Wirklichkeit kann man gar nichts wirklich besitzen, denn alles ist einfach nur da, und wir werden am Ende des Spiels, das wir Leben nennen, alles hier zurücklassen, für die *anderen*. Mit *mein* und *dein* beginnen die Konfliktmöglichkeiten, denn das Ego neigt dazu, Haben und Sein zu verwechseln, glaubt: »Je mehr ich habe, desto mehr bin ich!« Aber die Befriedigung, die es durch das Haben erlebt, ist nur von kurzer Dauer, und so will es immer mehr. Das Ego denkt: »Ich habe noch nicht genug«, und meint damit: »Ich bin noch nicht genug.« Ein unstillbarer Hunger nach mehr, das ist die Ursache der meisten Konflikte. Bekommt das Ego nicht, was es will, erlebt es Unbehagen, Langeweile oder Angst. Sein Verlangen aber kann weder durch Besitz noch Menschen oder Umstände gestillt werden, nur die Auflösung der Illusion des Ich.

Das Ego hat viele Gesichter: Es will beachtet, beneidet und geliebt werden, dafür ist es bereit, fast alles zu tun. Es spielt gern Rollen in einflussreicher Stellung und will, dass diese Rolle respektiert wird. Es spielt auch gerne Chef oder Erzieher, will den *anderen* alles erklären, ohne es wirklich zu können, alles nur, um sich überlegen zu fühlen. Je mehr wir uns mit einer Rolle identifizieren, desto weniger sind wir beziehungsfähig, weil sich da nur zwei Rollen begegnen.

Ein Mensch, den das Ego fest im Griff hat, erkennt Leiden nicht mehr als solches, sondern findet, das Leben sei eben so. Man könne nun mal nicht alles haben oder es laufe eben nicht immer so, wie man es gerne hätte. Tauchen Frustrationen auf, dann ist immer ein anderer schuld an unserem Groll, unserem Ärger, der Unzufriedenheit oder Eifersucht.

Das Ego versucht aus allem einen Besitz zu machen, sogar aus dem Leben und sagt: Das ist mein Leben. Aber wir besitzen das Leben nicht, wir *sind* das Leben. Wie aber könnte ich etwas verlieren, das ich bin?

Das Ego stört fast ständig das körperliche Wohlbefinden, weil es sich über alles Sorgen macht. Es stellt sich vor, was passieren könnte, und ist beunruhigt darüber und erzeugt so negative, disharmonische Emotionen, die den natürlichen Energiefluss des Körpers stören. Das Ego beklagt sich auch gern darüber, dass es von *anderen* nicht genug beachtet, geliebt und bewundert wird. Dabei zeigt das nur, dass es sich selbst nicht genug beachtet und liebt. Wenn ich mich selbst liebe, brauche ich keinen *anderen*, der das für mich tut.

Solange das Ego unser Leben beherrscht, macht es uns auf zwei Arten unglücklich: Zum einen bekommen wir nicht, was wir uns wünschen, zum anderen sind wir nie zufrieden, selbst wenn unsere Wünsche wahr geworden sind.

»Zu den nervtötenden Begleiterscheinungen unserer Tage gehört eindeutig das Ich. Jeder kommt doch inzwischen mit seinem Ich angelaufen und fängt an zu lamentieren, das Ich sei schon wieder gestört, angeknackst oder nicht stark genug ausgeprägt – ach, es ist eine Manie.

Jeder glaubt mittlerweile, nur er hätte ein Ich und die anderen hätten keins. Dabei hat doch der lustige Dichter Peter Rühmkorf schon vor längerem klargemacht, dass dieses Ich-Ding längst kein Einzelfall mehr ist: »*Wenn ich* *mal richtig Ich sag, wie viele da wohl noch mitreden können?«* Das ist es ja eben: Alle können sich in unserer Wohlstandsgesellschaft ein schickes Ich leisten. Früher hatten nur wirkliche Geistesmenschen ein Ich. Das von Gottfried Benn war sogar »kaum verzweigt im Tiefen unverbunden« – so etwas ist heute technisch gar nicht mehr möglich … Wenn ich das Ich wäre, würde ich in Schutt und Asche gehen. Ich würde duschen, Sachen packen und verreisen. Vielleicht nach Dubai. Fest steht, dass für das Ich jetzt harte Zeiten anbrechen werden. Viele Enttäuschte werden sich von ihrem Ich trennen, weil sie zu Recht sagen, Hautprobleme habe ich selbst, und meine Füße tun mir auch immer weh, da brauche ich nicht auch noch ein Ich mit den gleichen Beschwerden. Und noch etwas. Reisezeit – Aussetzzeit! Da kann man sich hübsch ausmalen, dass viele Urlauber lieber ihre Hunde und Katzen mit nach Italien nehmen und dafür ihr nerviges Ich an irgendeinem Autobahnrastplatz festbinden. Und passé ist endlich die elende Zeit, in der jeder mit seinem Ich auf du und du war.«*

Sich aus der Egofalle befreien

In Südindien wendet man eine einfache Falle an, um Affen zu fangen. Man befestigt eine Kokosnuss, innen hohl, mit einem Loch darin, an einem Baum, so dass es ein Affe sehen kann. Dann legt man einen Leckerbissen für den Affen rein und geht weg. Der Affe kommt sofort, greift

* Aus der Süddeutschen Zeitung, Stadt-Ausgabe, 25./26.8.07 »Das Streiflicht«

in die Kokosnuss und will den Leckerbissen haben. Mit der vollen Hand aber kann er seine Hand nicht mehr aus dem Loch rausziehen – er sitzt in der Falle. Nach diesem einfachen Prinzip funktionieren alle Fallen, auch die menschlichen. Auch wir wollen im Leben etwas haben, halten daran fest. Nur weil das Ego nicht loslassen will, sitzen wir fest. Wir brauchen nur das Ego loszulassen und sind sofort frei.

Die Lösung ist, ja zu sagen, zu dem, was ist, und zu tun, was zu tun ist. Machen Sie sich die Gegenwart zum Freund, denn nur in der Gegenwart ist alles möglich, können Sie alles erreichen. Es scheint zwar so, als brauche alles seine Zeit, aber in Wirklichkeit gibt es nur das Jetzt. Es folgt gar nicht ein Augenblick nach dem anderen, sondern das Leben zieht an dem ewigen Jetzt vorbei. Wir erleben immer nur den gegenwärtigen Augenblick, eben das Jetzt! Indem wir die Vergangenheit ruhen lassen und uns keine Sorgen um die Zukunft machen, können wir uns ganz auf das Jetzt einlassen, darauf, wo das Leben spielt!

Das kleine Wörtchen ich steht für den größten Irrtum und die größte Wahrheit, je nachdem, was wir damit bezeichnen. Während wir heranwachsen, erleben wir uns irgendwann als Junge oder Mädchen, identifizieren uns mit unserem Körper, dem Verstand und unserer Persönlichkeit. Dann mit Nationalität, Rasse, Religion, mit unserem Beruf und einer Position, der Rolle, die wir spielen und ganz unmerklich mit unserem Ego, dem Hochstapler, der vorgibt, wir zu sein. Aus all dem entsteht unser Selbstbild, aber das ist nur ein Bild, nicht die Wirklichkeit.

Die Welt, die das Ego sich vorstellt, ist nur eine Projektion seiner Meinungen, Überzeugungen und seines Standpunktes, aber diese Welt hat nie existiert. Diese scheinbare Welt kann man beschreiben, weil unsere Sprache dafür gemacht ist, während die Wirklichkeit mit Sprache nur angedeutet und in Wirklichkeit begrenzt wird.

Das Ego klammert sich an die Überzeugung seiner Existenz, weil es sich nicht vorstellen kann, *nicht* zu sein. Sobald Sie leben als das *Eine Sein*, kann es so etwas wie Probleme, Konflikte, Ärger, Angst oder Leid nicht mehr geben.

Das Ego als solches wirkt wie ein »Dauerauftrag an das Leben« und zieht nach dem »Gesetz der Resonanz« ständig entsprechende Ereignisse in das eigene Leben, an denen sich das »Ich« reibt, ganz gleich, ob ich die haben will oder nicht und hält Ereignisse und Umstände, welche das Einheitsbewusstsein und die Fülle ausdrücken ebenso zuverlässig fern, auch wenn ich mir die sehr wünsche oder ganz dringend brauche. In dieser Welt kann so viel schiefgehen, dass es ein Wunder ist, wie viel gutgeht! Auch unser Verstand, der sich anmaßt, alles zu beurteilen und glaubt, unser Leben bestimmen zu müssen, ist nicht unsere Wirklichkeit.

Sich an seine wahre Identität erinnern

Bevor ich *kausal* etwas ändern kann, muss ich mich an meine wahre Identität er-innern, denn nur als Schöpfer habe ich die Freiheit der Wahl. In dem Maße, wie wir »zu Bewusstsein« kommen, löst sich jedoch das Ego und die von ihm hervorgerufenen Probleme und Schwierigkeiten, weil die Ursache dafür nicht mehr existiert. Das wahre Bewusstsein, das *ich bin*, hat keine Probleme und kennt keine Schwierigkeiten, nur Situationen und Aufgaben. Sobald die »Illusion des Ich« aufgelöst ist, bestimmt die Wirklichkeit des wahren Seins mein Leben, und ich lebe so, wie ich von der Schöpfung »gedacht« bin.

Sobald Sie bei Bewusstsein sind, erkennen Sie den Unterschied zwischen Wahrheit und Unwahrheit unmittelbar. Sobald Sie das einmal erlebt haben, wollen Sie nicht mehr davon lassen. Sobald Sie in der Wahrnehmung sind, haben Sie kaum noch Verwendung für projizierendes Denken, der Verstand denkt zwar immer weiter, aber Sie interessieren sich nicht mehr dafür.

Immer mehr Menschen überschreiten ihren Verstand und ihr Ego. Sie erleben dann nicht mehr nur die Oberfläche des Lebens, sondern seine ganze Tiefe, die Wirklichkeit hinter dem Schein. Mit jedem Menschen, der die Transformation des Bewusstseins erlebt und somit erwacht, wird auch das kollektive Bewusstsein erweitert. Diese Transformation des Bewusstseins wird im Buddhismus Erwachen genannt, im Christentum heißt sie Erlösung und im Advaita Yoga Befreiung oder auch: das Ende des Leidens. Doch ganz gleich, wie wir es nennen, das Bewusstsein zu transformieren ist letztlich das Ziel, unsere wahre Lebensabsicht.

Wir können nichts *tun*, um zu erwachen, aber wir können unsere Aufmerksamkeit auf das Sein richten und alles Tun aus dem Sein geschehen lassen. Wenn Sie dem zustimmen, sind Sie bereits erwacht, dann sind Sie bei Bewusstsein. Aber das ist erst der Anfang.

Sich auf das Selbst ausrichten

Viele Menschen, die auf dem Weg zu sich selbst sind, blicken neidisch auf andere, die offenbar weder Leiden noch Krankheit noch Misserfolge kennen, sondern einfach nur glücklich vor sich hin leben. Es ist jedoch nicht unbedingt gesagt, dass diese scheinbar Glücklichen dabei weiter entwickelt sind oder ein besseres Karma haben. Ein Schaf, das auf der Wiese steht und Gras kaut, mag glücklich ausschauen – ob es bewusst ist, wissen wir nicht. Gerade in dem Erleben und Durchschreiten von »Herausforderungen« ist auch ein Geschenk verborgen – dieses liegt in unserer Entwicklung hin zu mehr Bewusstheit, Liebesfähigkeit, vielleicht auch Weisheit. Es ist nicht eine Frage der Annehmlichkeit, sondern stets eine Frage der Identifikation, ob und in welchem Ausmaß wir unser Leben für lebenswert halten und feiern können.

Wichtig ist, dass wir uns irgendwann entscheiden, nicht mehr nur »vor uns hin zu leben«, sondern zu leben, als der, der wir wirklich sind. Und wenn ich nicht weiß, wer ich bin, dann sollte ich mich auf das Abenteuer einlassen, das herauszufinden, denn nichts ist wichtiger. Die eigene Wahrheit zu erkunden und die innere Grenzenlosigkeit zu entdecken ist das größte Abenteuer, das das Leben zu bieten hat.

Das Erwachen zum wahren Selbst

Wenn wir uns fragen: »Wer bin ich?,« identifizieren wir uns zum Beispiel mit unserem Körper, denn er markiert eine offensichtliche Grenze zwischen »Ich« und »Nicht-

Ich« – eine Hautgrenze. Was innerhalb dieser Grenze liegt, das bin ich, was außerhalb liegt, bin ich nicht.

Wenn man Sie aber fragte: »Haben Sie das Gefühl, der Körper zu sein oder einen Körper zu haben?«, dann antworten die meisten mit »... einen Körper zu haben«. Doch wer ist der Besitzer des Körpers? Viele erleben sich »innerhalb« des Körpers, als Verstand und Persönlichkeit. Aber wenn man sie fragt, ob sie glauben der Verstand oder die Persönlichkeit zu sein oder Verstand und Persönlichkeit zu haben, ist die Antwort wieder »... zu haben«.

Wer aber ist dieser geheimnisvolle Besitzer? Die Antwort lautet: Es ist das Bewusstsein! Wobei das Bewusstsein wiederum nur ein kleiner Teil des *Einen Bewusstseins* ist. Wenn Sie sich als Bewusstsein erkennen, wissen Sie auch, dass Bewusstsein weder geboren wird, noch krank oder alt werden, noch sterben kann. Bewusstsein ist, war und wird immer sein. Sobald wir uns als Bewusstsein erkennen, sind wir unsterblich.

Wenn ich mich als Bewusstsein erkenne, dann bin ich sowohl ein eigenes Selbst, als auch ein ungetrennter Teil eines größeren Ganzen. Ich habe manches, was mir näher ist, wie mein Körper, mein Verstand, meine Persönlichkeit und anderes, das auch »mein« ist, aber entfernter, wie: mein Haus, mein Auto, meine Familie, mein Beruf und so weiter.

Manche Inhalte dieses Bewusstseins sind nicht Teil der individuellen Erfahrung, sondern kommen aus dem »kollektiven Bewusstsein«, aus den Erfahrungen der gesamten Menschheit. Trotzdem werden sie damit Teil »meines« Bewusstseins.

In der wirklichen Welt des Soseins gibt es weder Gut noch Böse, weder das eine noch das andere, nur das *Eine.* So gibt es auch keine Grenze zwischen »Ich« und Nicht-Ich, obwohl gerade diese Grenze am realsten erscheint. Es ist die erste Grenze, die wir ziehen, und es ist wohl die letzte, die wir aufgeben. Aber nur wenn wir das tun, sind wir frei für das Erfahren der Wirklichkeit, frei von den Konflikten, die sich aus der Begrenzung ergeben haben. Wenn wir diese letzte Grenze auflösen, gibt es keine Grenze mehr und wir erleben uns als das All-eine …

Es gibt dann nichts außerhalb des Selbst, nichts mehr, mit dem man einen Konflikt haben könnte. Wir brauchen diese letzte Grenze jedoch gar nicht aufzulösen, nur zu erkennen, dass sie nie existiert hat. Wenn wir aber versuchen, die Grenze aufzulösen, schaffen wir damit nur die Illusion ihrer Existenz, denn um etwas auflösen zu können, muss es existent sein. Ist es das nicht, gibt es nichts aufzulösen. Die Suchende, die Suche und das Gesuchte sind in Wirklichkeit eins. So brauchen wir auch das Ego weder zu bekämpfen noch aufzulösen. Wir können das wahre Selbst, das Ganze, durch die Begrenztheit unseres einzelnen Körpers ausdrücken, ohne deshalb das Bewusstsein der Ganzheit aufgeben zu müssen.

Da wir im Grunde wissen, dass wir Bewusstsein sind, identifizieren wir uns nur mit den Handlungen, die wir bewusst ausführen können. Wir sagen: »Ich schließe die Augen«, aber nicht: »Ich schlage mein Herz«! Wir sagen: »Ich bewege die Hand«, aber nicht: »Ich wachse meine Haare«! Wir sagen: »Ich bewege den Arm«, aber nicht: »Ich zirkuliere das Blut«! Wir identifizieren uns also nur mit dem Teil unseres Körpers, den wir bewusst steuern können. Aber auch die unbewussten Vorgänge in unserem Körper sind Teil des Bewusstseins, das wir sind, nur eben nicht bewusst.

Übung: Ich mache mir einmal bewusst, wen ich meine, wenn ich »ich« sage: »mein Körper«, »mein Verstand«, »meine Persönlichkeit«. Wer aber ist der Besitzer? Der, der sagt: »mein Körper«? Alles, was ich benennen kann, bin ich nicht. Doch was bin ich? Bin ich die Rolle, die ich spiele, die Position, die ich einnehme? Meine Ausstrahlung, der Eindruck, den ich mache?

Ich mache mir dann bewusst, was ich tatsächlich über mich erfahren kann. Lasse alles los, was ich über mich weiß, was man mir gesagt hat oder was ich gelesen habe. Was zählt ist nur, was ich tatsächlich erlebe. Wenn ich hineinspüre, erlebe ich meine Existenz, erlebe, dass es mich gibt. Ich erlebe mich als Sein, als reine Existenz, ohne jede Eigenschaft. Ich *bin* und ich bin mir dessen *bewusst*, also bin ich Bewusstsein. Ich bin bewusstes Sein.

Übung: die eigene Mitte und Grenzenlosigkeit wahrnehmen

Wo ist der Mittelpunkt meines bewussten Seins? Wo ist meine Mitte? Ich erlebe ganz bewusst die Mitte meines Seins. Ruhe bewusst in mir.

Dann fühle ich einmal meine Größe, spüre, wo meine Grenzen sind. Und ich erkenne: Da ist keine Grenze. Dieses bewusste Sein erfüllt meinen ganzen Körper, aber es endet nicht mit ihm. Deshalb mache ich mich innerlich ganz weit, um zu spüren, wo meine Grenzen sind, und erkenne: Da ist keine Grenze. Ich bin grenzenlos, allumfassend, ungetrenntes Sein. Dann spüre ich einmal mein Alter und erkenne, ich habe keins, ich bin. Ich war immer und werde immer sein. Bewusstsein wird weder geboren, noch kann es krank werden oder alt, es ist. Bevor etwas war, war ich und wenn nichts mehr sein wird, bin ich noch immer. Ich bin altersloses ewiges Sein, war und werde immer sein.

Als dieses alterslose Sein nehme ich nun ganz bewusst meinen Körper in Besitz, durchdringe und erfülle jede Zelle mit meinem bewussten Sein. Spüre, wie die Vollkommenheit des Seins alles Unheil in meinem Körper auflöst. Ich lasse ganz bewusst Heilung zu, so dass auch mein Körper ein vollkommener Ausdruck der Vollkommenheit meines wahren Seins ist.

Als dieses vollkommene Sein mache ich mir nun bewusst, weshalb ich hier bin. Welche Erfahrungen will ich hier machen? Ich gehe dann ganz bewusst hinein in mein Leben, lebe liebevoll und segensreich und erfülle jeden einzelnen Augenblick mit der segensreichen Präsenz des Seins.

Was ich wirklich will, ist frei werden

Wann immer eine destruktive Stimme oder ein destruktiver Gedanke in uns aufsteigt, der uns entmutigt, weil sich die Dinge nicht gemäß unserer Vorstellungen entwickeln, sollten wir uns klarmachen, was wesentlich ist und uns auf uns selbst besinnen – zu uns selbst erwachen, ein Buddha werden, Liebesfähigkeit entwickeln. Warum durchlaufen wir all die Schwierigkeiten und Herausforderungen? Weil wir Buddhas werden wollen, weil wir Erwachen, Freiheit, das Ende des Leidens erleben wollen, und dies geht nicht, wenn wir am Ego haften.

Wir wollen unser Leben so gestalten, wie es für uns »stimmt«. Dabei vergessen wir oftmals zu prüfen, für *wen* (in uns) es stimmt, für das Ego oder für das wahre Selbst. Wenn es nur für das Ego stimmt, machen wir bestenfalls das Ego glücklich (wenn überhaupt) und stehen am Ende des Lebens mit leeren Händen da, denn das Ego lassen wir hier zurück.

Wenn uns das Leben nach dem Gesetz der Resonanz bewusst macht, wo wir noch fest hängen, sollten wir dies demütig und dankbar annehmen und zu uns selbst zurückkehren. Denn es geht darum, die Ausrichtung auf das Selbst zur obersten Priorität zu machen. Erst wenn ich dem Weg meines Innersten folge, kann ich meine Erkenntnisse auch »nach Hause« mitnehmen.

Das wahre Selbst – Ihr bester Freund

Wäre es nicht schön, einen Freund zu haben, der allwissend ist und jederzeit bereit, uns bei allem zu beraten. Oder eine Freundin, die die Zukunft kennt und uns zeigen kann, wie man sich optimal auf sie vorbereitet oder sie bewusst gestaltet, die uns fortwährend hilft, die richtigen Entscheidungen zu treffen?

Nun, wir haben einen solchen Freund, eine solche Freundin, es ist unser wahres Sein, das wir in diesem Kapitel kennengelernt haben. Falls Sie nun fragen: »Aber wo warst du die ganze Zeit«?, dann wäre die Antwort: »Ich war immer hier.« Und wenn Sie weiter fragten: »Aber warum hast Du mich nicht beraten?«, dann lautete die Antwort: »Nun, Du hast mich nicht gefragt!« Und weiter: »Können wir denn wenigstens jetzt damit beginnen«?, darauf: »Es wird höchste Zeit!«

Das Leben eines Menschen beginnt nicht am Tag der Geburt, sondern in dem Augenblick, in dem er »zu Bewusstsein« kommt.

Wege, um das »Ich« zu überschreiten

Selbstbeobachtung

Bewusstsein hat eine bemerkenswerte Eigenschaft, es kann sich selbst beobachten. Die Tür zum Selbst geht nach innen auf. Der viel größere Teil des Universums liegt *in* Ihnen. In diesem inneren Sein herrscht Gedankenstille und ständiges Gewahrsein dessen, was *ist*. Wir erkennen, dass der laute Verstand nur an der Oberfläche des Seins ist und erleben uns als der Beobachter, der ihn wahrnimmt.

Wir können alles, was ins Bewusstsein tritt, wertfrei beobachten. Ob das ein Gefühl ist, Angst oder ein Gedanke, eine Befürchtung oder Freude. All dies können wir einfach, ohne es zu bewerten, beobachten.

Als Beobachter zu leben macht frei für das Wesentliche, das wahre Sein. Dann erkennen wir, dass es der Beobachter ist, der durch Raum und Zeit geht, ein Wanderer von einem Körper zum anderen und doch immer gleich, das eine ewige Sein. Jedes Mal, wenn Sie sich mit etwas identifizieren, schaffen Sie Begrenzung, Abhängigkeit, Angst und schließlich Tod. Als Beobachter treten Sie aus all dem heraus und erleben, was wahre Freiheit bedeutet, wer Sie in Wirklichkeit sind.

Ihre Wahrnehmung zeigt Ihnen, dass der Beobachter eigenschaftslos ist. Auch die Persönlichkeit mit ihrer Vielfalt ist nur an der Oberfläche. Sie erleben sich als vollkommenes ewiges Sein, weit weg von der Geschäftigkeit des Verstandes und den Interessen der Persönlichkeit. Sie sind erwacht und angekommen, und ein ganz neues Leben beginnt, das wahre Leben als Sie selbst!

Es ist eine sehr interessante Erfahrung als Beobachter zu leben, sich beim Leben über die Schulter zu schauen. Dabei erkennen Sie, dass der Beobachter ganz andere Wertmaßstäbe hat als der handelnde Mensch. Und nun kommt es darauf an, mit wem Sie sich identifizieren: mit dem Beobachter oder seinem »Erfahrungsinstrument«, als das Sie »in Erscheinung« treten, die Persönlichkeit, die Sie angenommen haben.

Viele Menschen laufen geistig noch immer in Kinderkleidern herum, weil sie nicht wissen, wie man sich neu einkleidet. Wenn Sie jedoch bewusst sind, machen Sie die Erfahrung, dass Sie Ihre Persönlichkeit Ihrem veränderten Bewusstsein anpassen können. Dabei werden Sie feststellen, dass Ihre Persönlichkeit Ihrem Bewusstsein vielleicht gar nicht mehr entspricht. Mit dieser Erkenntnis können Sie dann Ihre Persönlichkeit ständig »aktualisieren«, so wie Sie Ihre Computerprogramme updaten.

Der Beobachter ist quasi die Instanz, die die bewusste Aktualisierung ermöglicht.

Stille und inneres Licht

Die Stille ist die Sprache Gottes. Stille schafft Raum für Bewusstsein, weshalb das Ego versucht, Stille zu vermeiden und sie immer sofort mit Aktivität erfüllt, weil es Aktivität mit Leben verwechselt. Still sein ist Gewahrsein ohne zu denken. In der Stille erleben Sie das ewige Sein.

In der Gedankenstille erkennen wir die Wirklichkeit unseres Seins, unser wahres Wesen. Nur in der Gedankenstille können wir in die Klarheit des Bewusstseins eintreten und erleben die natürliche Eigenschaft des Bewusstseins, die Wahrnehmung. Wenn Gedankenstille eintritt, hat das Ego nichts mehr, an dem es festhalten kann, keine Vergangenheit, keine Gegenwart oder Zukunft.

Damit entsteht ein ganz neuer Seinszustand. In der Stille ist kein Ereignis, kein Anfang und kein Ende. Die »Leinwand« ist still und wird durch den Film des Lebens nicht bewegt. Ereignisse scheinen sich zu bewegen, aber die Zeit steht still, hat keine wirkliche Existenz, ist nur eine Sichtweise oder Organisationsform des Bewusstseins. Und natürlich gibt es in der Stille auch keine Schuld, weil es richtig und falsch in der Schöpfung nicht gibt, auch diese sind nur ein Urteil des Verstandes. Auch Angst ist ein Ausdruck, der sich auf die »Illusion des Ich« bezieht, ohne diese gibt es niemanden, der Angst haben könnte. Für das erwachte Bewusstsein ist Angst nur ein Wort – ohne Bedeutung. Wann immer wir leiden, dann nur an einer Idee, einer Vorstellung, einer Annahme, einer Überzeugung, nie an der Wirklichkeit.

Stille und Bewegungslosigkeit begünstigen die wahre Identifikation, gerade wenn wir noch nicht gelernt haben, aus der inneren Stille heraus tätig zu sein. Bewegung, Denken und das Gefangensein der Aufmerksamkeit von Äußerlichkeiten beenden diese Erfahrung sofort. Sobald ich mich nur etwas bewege, spreche oder denke, wird die Aufmerksamkeit auf den Körper oder den Ausdruck gelenkt, und solange ich denke, ist die Leitung »besetzt« und undurchlässig für die Wahrnehmung des Bewusstseins. Das Verlassen der Bewusstheit ist auch die wahre Bedeutung von »Sünde«, denn dieses Wort kommt aus dem altdeutschen Wort »Syn« und bedeutet in der Ableitung von »sund« »der es (gewesen) ist.« Unsere Unbewusstheit ist die einzige Sünde, weil wir dadurch uns/das Selbst verfehlen, uns selbst in der Illusion gefangen halten. Unbewusstheit richtet die Aufmerksamkeit nach außen, auf das, was bewirkt wurde, Bewusstsein richtet die Aufmerksamkeit nach innen und nimmt wahr, was wirkt. Bewusstsein heißt präsent sein, ganz angekommen im Augenblick und erleben, was *ist*. Wir glauben immer, Bewusstsein zu haben, anstatt zu erkennen, dass wir Bewusstsein sind! Bewegungslosigkeit, Gedankenstille und »inneres Sehen« sind das »Tor zum Bewusstsein«.

Das Tor ist immer offen, und Sie können jederzeit eintreten in die Vollkommenheit des wahren Seins. Sobald Sie durch das »Tor zum Bewusstsein« eintreten, entfaltet sich die natürliche Intelligenz. Das Denken entfällt und wird umfassend ersetzt durch die Wahrnehmung. Es ist die reine freie, unpersönliche Intelligenz, über die jeder und jede verfügt, alle die »erwacht« sind.

In der Stille verschwindet das »Ich«, das alles regeln will, ohne es zu können. Der Fluss des Seins stattdessen wird spürbar. Sie sind nicht mehr so oder so, sondern erleben bewusst: Ich bin! Das ist Ihr natürlicher Zustand. Gedanken oder Gefühle, die aufkommen, lösen sich in diesem Bewusstsein einfach auf. Erst wenn Sie auf diese Weise angekommen sind, erkennen Sie, dass Sie nie weg waren.

Eine einfache Übung, um mit der Stille Kontakt aufzunehmen besteht in der Meditationsanweisung, die Andrew Cohen seinen Schülern gibt. Sie besteht aus fünf einfachen Regeln: Sei still (bewege dich nicht) – sei entspannt – sei aufmerksam – lass alles so sein, wie es ist – löse dich von deinen Gedanken. Wir werden in einem späteren Kapitel noch ausgiebig auf diese Anleitung eingehen, doch wenn Sie möchten, stellen Sie gleich Ihren Minutenwecker auf fünf Minuten und führen schon einmal diese Meditation durch.

Gehen wir nur einen einzigen Schritt in Richtung des universellen Bewusstseins, so kommt uns das *Eine Sein* zehn Schritte entgegen. Erfahren wir das Eine durch uns, erscheinen uns die Maßstäbe und Vergnügungen von gestern unbedeutend und klein.

Übung – Selbsterinnerung durch das innere Licht

1. Ganz tief einatmen und ganz langsam ausatmen, so dass nur zwei Atemzüge pro Minute stattfinden. In 5 Atemzügen ist der Mentalkörper ruhig und in Har-

monie. Je länger das Ausatmen, desto stärker ist der Mentalkörper.

2. Einmal die Augen schließen und wahrnehmen, wie hell es ist. Dann ganz bewusst das innere Licht heller leuchten lassen. Es von innen hell werden lassen, so hell es geht. Im Stehen ganz leicht bewegen und dabei das Licht noch heller werden lassen.
3. Dann setzen Sie sich und gehen in die völlige Bewegungslosigkeit. Dabei erleben Sie Ihre innere Bewegung. Erleben Sie den, der sich bewegt. Erleben Sie sich selbst.

Wenn Meditation Sie zu sich selbst geführt hat, brauchen Sie sie nicht mehr, denn sie ist wie ein Boot, das Sie auf die andere Seite des Flusses bringt. Für den weiteren Weg ist es nutzlos und eine unnötige Belastung. Wenn ich es schaffe, wenn Sie es schaffen, die Aufmerksamkeit gleichzeitig auf drei Dinge gerichtet zu halten, entsteht ein tiefer Entspannungszustand, der gleichzeitig der Eintritt in die vierte Ebene ist, die Ebene des Bewusstseins. Das ganze Universum ist mein Bewusstsein. Mein wahres Sein ist liebevoll und segensreich. Wohin ich auch komme, wird die Welt lichter und liebevoller, durch mein Sosein.

Identifikation mit dem Einen Sein

Wenn wir uns fragen, wer in uns denn bewusst ist, erkennen wir, dass da kein Jemand ist. Es ist das Eine Bewusstsein, das sich seines Teils bewusst ist. Da ist auch niemand, der sterben könnte. Nur ein Unerwachter kann durch die Illusion des Todes gehen.

Evolution besteht nicht darin, dass man immer intelligenter oder immer heiliger wird, sondern immer bewusster. Vollkommenes Bewusstsein ist deshalb nicht das Ende der Reise, sondern ihr Anfang. Alles andere war nur Reisevorbereitung. Bewusstsein ist der Schlüssel zum wahren Leben, es ist unser einziges Organ und Wahrnehmung seine Hauptfunktion. Sobald das erwachte Bewusstsein unser Leben bestimmt, fügen sich auf wunderbare Weise die Umstände zu einem harmonischen Ganzen, und es zeigt sich die Lösung oft, bevor die Aufgabe zu erkennen war. Das ist die natürliche Folge dessen, dass die innere Ordnung wiederhergestellt ist.

Tatsächlich gibt kein Ich, keine separate Person, sondern nur das Eine Bewusstsein. In diese Gott-Unmittelbarkeit des wahren Wesens kann ich nicht »eintreten«, weil ich nicht austreten kann. Es ist die wahre Natur eines jeden. Ich kann mich nur wieder erinnern und damit die Selbst-Vergessenheit beenden oder zumindest unterbrechen. Irgendwann bin ich so ständig bei Bewusstsein, bin wieder ganz der oder die, die ich wirklich bin. Die Selbstvergessenheit ist dann vorbei, und ich lebe als liebevolle Präsenz des Seins und als Segen für jeden, der mir begegnet oder in mein Bewusstsein tritt. Das ist die einzige Wirklichkeit, aus der alles entströmt. Wir wissen alles, weil wir alles sind. Wahres Wissen kann man nicht mit Denken erlangen, es besteht aus dem, was man ist. Allwissenheit heißt, aus diesem wahren Sein heraus zu leben.

Das Bewusstsein, das Sie sind, ist nicht an den Körper gebunden. Es benutzt ihn bloß als Mittel, um auf der Ebene der Materie handlungsfähig zu sein. Sobald der Körper nicht mehr das Zentrum Ihrer Ich-Identifikation ist, sondern Sie sich als das *Eine Bewusstsein* erleben, haben Sie es geschafft. Manchmal kommt es jedoch vor, dass sich das Bewusstsein rasch erweitert, während das Körperbewusstsein in den bisherigen Programmen bleibt. Dann entsteht innerhalb der Bewusstseinsebenen eine Disharmonie, die sich als Krankheit manifestieren kann. Es ist daher sinnvoll und erstrebenswert, alle Aspekte des Lebens mit dem wachsenden Bewusstsein zu erfüllen, damit interne Spannungen vermieden werden. Sorgen Sie gut für Ihren Körper, indem Sie ihm Bewegung, frische Luft und gesunde Nahrung geben – denn ein Körper, der vernachlässigt wird, wird über Unwohlsein und Krankheit Ihr Bewusstsein zwingen, sich näher mit ihm zu beschäftigen.

Der innere Meister

Als ich noch eine Junge war, glaubte ich fest daran, dass jemand kommt und mir zeigt, wie man sein Leben meistert, denn mir war schmerzhaft bewusst, dass ich keine Ahnung hatte, wie das Leben funktioniert. Aber der weise Meister ließ mich warten. Erst viele Jahre später erkannte ich, dass er schon immer da war, ich hatte ihn nur nicht erkannt, weil ich ihn außen erwartet hatte, während er als »innerer Meister« in mir darauf wartete, dass ich ihn erkenne und seinem Rat folge. Dieser »innere Meister« ist Ihr wahres Selbst, die oder der, der Sie wirklich sind, immer waren und immer sein werden. Er zeigt Ihnen zuverlässig den Weg, sobald Sie ihn darum bitten, aber er mischt sich nicht ein, solange Sie noch in der »Illusion des

Ich« leben. Wie beim Navigationsgerät eines Autos sind auch Sie ständig mit dem »inneren Meister« verbunden, der den totalen Überblick hat. Wie beim Auto kann Ihr »Ich« nur bis zur nächsten Kurve sehen oder nächtens, so weit der Scheinwerfer reicht. Der »innere Meister« jedoch überblickt nicht nur die ganze Strecke, er kennt auch den besten Weg und sieht Hindernisse. Manchmal scheint er Umwege zu wählen, die sich dann später als die richtige Wahl herausstellen.

Mit GPS fahren Sie auch in einer völlig unbekannten Stadt oder Gegend absolut sicher, können Ihr Ziel nicht verfehlen, bis die Stimme sagt: »Sie haben das Ziel erreicht«! So ist es auch, wenn Sie der inneren Führung folgen. Die nachfolgende Übung wurde durch den *Big Mind Process* von Genpo Merzel Roshi inspiriert:

Übung: Gehen Sie einmal – alleine oder mit Partner – in die Stille, und dann sprechen Sie aus, wo Sie gerade in Ihrem Leben stehen, was Sie bewegt, wie es Ihnen geht. Geben Sie dieser Stimme einen Namen, leiten Sie aus dem, was Sie gesagt haben, eine Identifikation ab, zum Beispiel »das Opfer«, »der Macher«, »das verletzte Kind«, »die Ausgelieferte«. Respektieren Sie diese Identifikation vollständig, und geben Sie Ihr Raum, sich auszudrücken. Dann verändern Sie leicht Ihre Körperstellung und bitten Ihren inneren Kontrolleur zu Wort. Lassen Sie auch ihn sich ausdrücken. Und dann bitten Sie Ihren inneren Kontrolleur, den Weg freizugeben für noch eine andere Stimme. Bitten Sie ihn, eine Stimme zu Wort kommen zu lassen, welche Ihre Situation aus einer anderen Perspektive beschreibt, zum Beispiel »der Macher«, »die

Lebenslustige«, »die Spirituelle« und dafür zu sorgen, dass keine andere Stimme unterbricht. Identifizieren Sie sich mit der jeweils anderen Stimme und hören Sie, was Sie zu sagen hat. Nachdem Sie so mehrere innere Stimmen gehört haben, lassen Sie einmal »die Stimme, die den Weg weiß«, Ihren »inneren Meister«, Ihr »wahres Selbst« sprechen. Lassen Sie sich überraschen, was aus Ihrem Mund kommt.

Vollkommene Meisterschaft kostet Sie nicht weniger als alles. Der Meister, der Sie sind, wartet geduldig, als Ihr wahres Wesen, darauf, dass Sie bereit sind, hervorzutreten und zu sein, der Sie wirklich sind. Fragen Sie doch einmal Ihren inneren Meister:

- Was suche ich? Glück?
- Was ruft mich? Meine Be-Ruf-ung!
- Was würde ich tun als Glückliche/r?
- Was wäre das Tollste/Wichtigste, das noch geschehen könnte? Was müsste dazu geschehen? Was hindert mich, und wie kann ich mit diesem Hindernis umgehen?

Ganz gleich, um was es geht, es ist immer nur ein Schritt bis zum Ziel.

Ihre Identifikation entscheidet

Ihre Identifikation entscheidet fortwährend, in welcher Rolle Sie das »Spiel des Lebens« spielen, als Spielfigur oder als bewusster Spieler. Wenn Sie das Lebensspiel als

Spielfigur spielen, dann lassen Sie zu, dass Umstände und andere Menschen Ihre Schritte und Ihren Weg bestimmen, und dann ist es gar nicht mehr wirklich Ihr Leben. Sie können prinzipiell jede beliebige Identifikation annehmen, aber was Sie indessen nicht wählen können, ist der, der Sie *wirklich* sind. Und so ist der letzte Schritt in dem Spiel des Lebens, als wahres Selbst zu leben. Dann, und nur dann, habe ich, haben Sie wirklich gelebt.

Woran Sie erkennen, dass Sie nicht Sie selbst sind

Immer dann, wenn Sie ...
... sich ausgenutzt und manipuliert fühlen,
... Sie Ja sagen, obwohl Sie viel lieber Nein gesagt hätten,
... gerade einen Kompromiss machen,
... Schuldgefühle haben,
... sich für etwas schämen, das Sie getan haben,
... Lob und Anerkennung brauchen und Kritik nicht vertragen,
... etwas meinen tun zu müssen,
... etwas tun, was Sie eigentlich nicht mehr wollen (rauchen),
... Angst haben, die Liebe eines anderen zu verlieren,
... etwas bei anderen zulassen, das Ihnen nicht entspricht,
... sich ständig nach anderen richten,
... unter Druck stehen,
... Sie nicht wissen, was Sie wollen,
... Sie immer wieder schwach werden,
... sich in Ihrer Haut nicht wohlfühlen.

Sie finden wieder zu sich selbst, wenn Sie ...:

... in die Stille gehen und die Quelle der Kraft in sich spüren,
... immer wieder innehalten und sich ausrichten,
... in der Natur spazieren gehen,
... gute Musik hören,
... meditieren oder beten,
... ganz, wirklich ganz präsent sind,
... ganz bewusst wohlwollend leben,
... Wortgeschenke machen,
... Ihrer Intuition folgen,
... sich mit Gleichgesinnten umgeben,
... einer erfüllenden Tätigkeit nachgehen,
... stimmig leben.

Universale Ideal-Persönlichkeit und Meister-Bewusstsein

In jedem wartet die »universale Ideal-Persönlichkeit« als vollkommener Ausdruck der Vollkommenheit des Selbst darauf, erkannt zu werden und Gestalt anzunehmen. Doch statt mit der »universalen Ideal-Persönlichkeit«, die ständig durch uns wirken möchte, identifizieren wir uns fortwährend mit unserem Ich, das überaus unvollkommen ist. Unsere universale Ideal-Persönlichkeit ist nicht etwas, das durch Gesellschaft, Normen, Dogmen zustande käme. Es ist unser tiefstes Sein – weder moralisch noch amoralisch, weder normal noch anormal und doch hat es verschiedene Eigenschaften:

- *Achtsamkeit:* Eine der wichtigsten Eigenschaften unserer Ideal-Persönlichkeit ist die beständige Achtsamkeit. Achtsamkeit heißt: ganz bei der Sache sein, sich ganz auf das einlassen, was ich gerade tue, darin aufgehen. Das gilt ganz besonders bei der Begegnung mit einem anderen Menschen, beim Zuhören und bei dem, was wir sagen. Jedes Wort sollte ein Geschenk für den *anderen* sein. Wenn es das nicht ist, wozu sollte es gesagt werden? Wir hören nicht nur mit den Ohren, sondern vor allem mit dem Herzen. Mit jedem Wort offenbart der andere sein Sosein, mag das Thema auch noch so banal sein. Durch Achtsamkeit erkennen Sie die Wirklichkeit hinter dem Schein. Leben als ständige Meditation. Achtsamkeit ist ein Zustand des ununterbrochenen Zeuge-Seins. Achtsamkeit beendet die persönliche Verwicklung in das, was geschieht. Achtsamkeit ist absolut wertfrei, nimmt einfach nur wahr, was *ist*. Achtsamkeit macht Schluss mit der Vorstellung, jemand zu sein, und zeigt das *ich bin*.
- *Aufmerksamkeit, freie:* Das Richten der Aufmerksamkeit lenkt die schöpferische Urkraft auf einen bestimmten Aspekt des Lebens und lässt diesen somit Gestalt annehmen. Indem Sie Ihre Aufmerksamkeit bewusst abziehen von Mangel, Krankheit und Leid und auf Gesundheit, Erfolg und Wohlstand richten, werden diese als Ihre Realität Gestalt annehmen. Entscheidend ist dabei, aus welcher Position heraus Sie Ihre Aufmerksamkeit lenken – als kleines Ich oder als Selbst. Indem Sie den Fokus Ihrer Aufmerksamkeit ändern, ändert sich auch Ihr Leben. Indem ich im *höchsten Bewusstsein* meine Aufmerksamkeit

auf etwas richte, beginnt es sich segensreich zu verändern.

- *Beharrlichkeit:* Eine Eigenschaft unserer Ideal-Persönlichkeit sollten wir nicht vergessen: die Beharrlichkeit. Mit ihr können wir alles auch erfolgreich beenden, einfach indem wir vorher nicht aufgeben.
- *Bewusstsein:* Bewusst sein heißt präsent sein und wahrnehmen, was ist. Alle Schwierigkeiten, auch alles Leid ist eine Aufforderung des Lebens, sich zu erinnern, wer ich bin, und als reines Sein zu leben. Machen Sie sich Bewusstseinsmarker, die Sie wieder zu Ihrem eigenen Sosein zurückbringen, sobald Sie gewohnheitsmäßig und mechanisch handeln.
- *Dankbarkeit:* Dankbarkeit bestätigt, dass etwas eingetreten oder geschehen ist. Ich kann nicht für etwas danken, das es gar nicht gibt oder das ich gar nicht habe. Wenn ich ehrlichen Herzens für etwas danke, dann zeigt das, dass ich etwas erhalten habe. Treten Sie ein in die Erfahrung der Dankbarkeit. Praktisches Danken heißt teilen.
- *Einsicht:* Eine andere wichtige Eigenschaft unserer Ideal-Persönlichkeit ist die Einsicht. Wie alles, hat auch Einsicht mehrere Stufen: Die erste ist, nicht immer recht haben zu wollen, sondern die Wahrheit in allem zu erkennen. Die zweite ist, das *Eine in allem* zu sehen, in jedem Menschen dem *Einen* zu begegnen. Die dritte Stufe der Ein-Sicht ist, alles aus der Vollkommenheit des wahren Seins zu erkennen, so dass alles, was ich anschaue, mich an den Höchsten Aspekt des Seins erinnert, und mich in der ewigen Gegenwart umfängt.

- Die *energetische Signatur* erkennen und bewusst steuern: Ihre energetische Signatur bestimmt Ihr Charisma, die Beziehungen, Lebensumstände und macht Sie zu einer gewinnenden Erfolgspersönlichkeit oder eben nicht. Über Ihre energetische Signatur können Sie sich auch für ein bestimmtes Ereignis anziehend machen, indem Sie es sich als bereits verwirklicht vorstellen, es in Ihrer energetischen Signatur (Ihrem »So-sein«) ausdrücken. Alle Menschen, aber auch Dinge, Ereignisse, Situationen und Beziehungen haben ihre spezielle Schwingung und können gezielt angewählt werden, indem Sie in sich die gleiche Schwingung erzeugen.
- *Freude:* Immer, wenn wir unsere universale Ideal-Persönlichkeit durch uns wirken lassen, fühlen wir uns leichter und eine unbändige Freude erfüllt uns, weil wir endlich wieder im Ein-Klang mit unserem wahren Wesen sind. Das Leben bekommt eine ganz neue Qualität, eine andere Dimension, so wie es von der Schöpfung gemeint ist und wir fragen uns verblüfft, warum wir uns das alles so lange vorenthalten haben.
- *Gegenwärtigkeit:* Eine andere wichtige Eigenschaft unserer universalen Ideal-Persönlichkeit ist, ganz präsent zu sein und in der Geistesgegenwart zu leben. Solange ich im Jetzt bin, bin ich angekommen, denn auch mein wahres Sein ist nur das Jetzt.
- *Kausale Wandlungspunkte anwenden*: »Das … hätte ich gerne so…!« Über die kausalen Wandlungspunkte können Sie ein unerwünschtes Programm löschen und ein erwünschtes Programm eingeben. Sie können so Ihre Persönlichkeit ständig optimieren und

Ihrem wahren Sein anpassen. Das erwünschte Programm wird verankert durch wiederholendes Üben. Sie können zum Beispiel das Ärgern verlernen, immer sympathisch sein oder ein idealer Partner. Indem Sie Ihre energetische Signatur optimieren, leben Sie ein erfülltes Leben.

- *Lebensabsicht, Ausrichtung auf die:* Wenn wir in dieses Leben gehen, kommen wir mit einer bestimmten Absicht. Glücklich werden können wir nur, wenn wir diese Absicht erkennen und verwirklichen. Ein wichtiger Teil der Lebensabsicht ist die *Berufung*. Ein anderer wichtiger Teil sind meine *Beziehungen*. Vor allem muss ich mich entscheiden, ob ich mein Ego glücklich machen will oder mein Selbst. Meine Lebensabsicht enthält immer die *Kraft* und die *Möglichkeit*, sie zu verwirklichen. Meine Lebensabsicht besteht aus zwei Teilen. Einmal dem äußeren Ziel, etwas Bestimmtes zu erreichen und dem eigentlichen Ziel, im »Hier und Jetzt« eins mit mir / dem Selbst zu sein. Der beste Zeitpunkt, seine Lebensabsicht zu leben, ist *jetzt*.
- *Liebe:* Eine andere, vielleicht die wichtigste Eigenschaft unserer universalen Ideal-Persönlichkeit ist die Liebe. Nicht die Liebe zu jemandem oder etwas, sondern Liebe als Bewusstseinszustand. Das In-der-Liebe-Sein. Dazu gehört Wohlwollen für jeden, Hilfsbereitschaft, Geduld oder Zeit. Liebe hat viele Gesichter und bedeutet, dem *anderen* das zu geben, was er oder sie jetzt gerade braucht. Das führt zu einem liebevollen Miteinander. Dazu gehört, selbst ein idealer Partner zu sein, ganz gleich, wie der andere ist.

- *Loslassen,* Losgelöstheit: Dies bedeutet vor allem, die Vergangenheit und die Fehlidentifikation loslassen. Störemotionen, Traumata, Dramen, Leiden sind in der Regel nichts anderes als »wiederaufgespielte Erinnerungen«! Wer wären Sie ohne Ihre Geschichte? Loslassen ist der erste und der letzte Schritt auf dem Weg, zur Idealpersönlichkeit. Um gesund zu sein muss ich das Kranke loslassen. Um in Wohlstand zu leben muss ich das Mangelbewusstsein loslassen. Um das Richtige zu tun muss ich das Falsche loslassen. Eigentlich ist Loslassen ganz einfach: Sobald ich nicht mehr festhalte, bin ich es los. Sobald Sie alles losgelassen haben, was nicht vollkommen ist, sind Sie vollkommen.
- *Mühelosigkeit:* Eine natürliche Eigenschaft unserer universalen Ideal-Persönlichkeit ist die Mühelosigkeit, die Leichtigkeit. Wann immer wir uns anstrengen, zeigt das nur, dass es anders leichter ginge. Jede Anstrengung zeigt, dass Tun und Sein nicht übereinstimmen. Zur Mühelosigkeit gehört unverzichtbar die Freude und, nicht zu vergessen, die Dankbarkeit. Dankbar zu sein für das Geschenk zu leben, für das Privileg der schöpferischen Kraft, mit deren Hilfe wir alles in Erscheinung rufen können, was wir zum vollen Ausdruck unseres Soseins brauchen. Es ist der gleiche Weg, wie Jesus Dinge in Erscheinung gerufen hat. Als Gott die Welt schuf, geschah das vollkommen mühelos. Werken Sie nicht, wirken Sie!
- *Segnen:* Segnen ist eine starke Anweisung an das Leben und ein wichtiger Schlüssel zur Bestimmung der Zukunft. Denn alles, was ehrlichen Herzen ge-

segnet wird, fängt im gleichen Augenblick an, sich segensreich zu verändern. Bevor Sie segnend die höchste Kraft des Universums in Tätigkeit setzen, sollten Sie »in die Vollmacht gehen«, das heißt, sich erinnern, wer Sie wirklich sind. Während Sie segnen, sollten Sie den Segen glaubend vollziehen, das geschieht am besten durch Danken (s. dort). Letztlich heißt das, jedem zum Segen zu werden und so segensreich zu leben. Segnen Sie täglich alle Aspekte des Lebens, die Menschen, mit denen Sie leben, Ihre Tätigkeit, Ihre Partnerschaft, Ihre Gesundheit, den Erfolg, Wohlstand und auch den Zufall. Segnen Sie Ihre Zukunft, Ihr ganzes liebevolles und segensreiches Leben, und erleben Sie, wie die Macht des Segnens Ihr Leben verwandelt, ja verzaubert. Die Macht des Segnens. Wirklich segensreich leben. Nur noch Gesegnetes essen und trinken. Alle Aspekte seines Lebens täglich segnen. Der Morgensegen als Beginn des Tages.

- *Wahrnehmung:* Auch die Wahrnehmung ist eine natürliche Eigenschaft unserer universalen Ideal-Persönlichkeit. Das Wesen des Bewusstseins ist Wahrnehmung. Ein erster Schritt ist Beobachten, wahrnehmen, ohne zu beobachten, ist Gewahrsein. Voraussetzung für das Beobachten ist Achtsamkeit. Wenn man in die Höhe will, muss man in die Tiefe gehen. Das führt zu einer ständigen Präsenz, zu einem Leben in der Geistesgegenwart. In dieser Präsenz gibt es keine Verwendung für das Denken, es wird vollkommen durch die Wahrnehmung ersetzt. Es ist das Austreten aus der Zeit, das Eintreten in das ewige Jetzt. Zur

Wahrnehmung gehört auch das Erkennen der Wirklichkeit hinter dem Schein. Das gilt vor allem für die richtige Entscheidung, denn das Leben stellt uns ständig vor Entscheidungen, und die Wahrnehmung hilft uns, die richtige Entscheidung zu treffen. Nicht nur manchmal, sondern in jedem einzelnen Fall. Das betrifft auch die Partnerwahl oder die Berufswahl, so dass man vorher erkennen kann, ob die Entscheidung richtig getroffen ist, aber auch, welche Aufgaben damit verbunden sind und wie man sie optimal löst.

- *Weisheit:* Zu den Eigenschaften unserer universalen Ideal-Persönlichkeit gehört natürlich auch die Weisheit. In jedem Menschen gibt es eine Instanz, die alles weiß, die die Lösung für jedes Problem, jede Aufgabe kennt und die Antwort auf alle Fragen und die immer bereit ist zu antworten, wenn wir sie fragen. Die uns über unsere Gefühle ein ständiges Feedback gibt, sobald wir uns nicht schöpfungsgerecht verhalten. Weisheit kennt keine Alternative und keinen Kompromiss, wie die Wahrheit, die ebenfalls eine selbstverständliche Eigenschaft unserer Ideal-Persönlichkeit ist. Aber beide verbinden sich mit der Liebe, um den *anderen* nicht zu verletzen, nicht zu richten, sondern aufzurichten und auszurichten, nach dem Motto: »Alles, was du sagst, sollte wahr sein, aber nicht alles, was wahr ist, solltest du sagen!«
- *Wunschlosigkeit:* Eine letzte wichtige Eigenschaft unserer universalen Ideal-Persönlichkeit ist die Wunschlosigkeit. Nicht mehr oder etwas anderes haben wollen, nicht woanders oder ein anderer sein zu wollen. Zu erkennen, dass ich jetzt alles habe, was

ich zum vollen Ausdruck meines Soseins brauche. Zu erkennen, dass alles gleich gültig ist, dass anderes nicht besser ist, dass alles gut ist, so wie es ist.

Die wahre Meisterschaft zeigt sich mir im Alltag. Das heißt zu atmen als Meister, sich zu ernähren als Meister, einen meisterlichen Umgang mit Zeit, Geld, Besitz vornehmen, aber auch mit den Wünschen, Zielen und Aufgaben. Ständig präsent zu sein und im Ein-Klang mit der Schöpfung zu handeln. Leben in Achtsamkeit, wohlwollend gegenüber allem und jedem. Nicht mehr das Sein verlassen, um etwas zu tun, sondern im Sein ruhend das Tun geschehen lassen. Die Ereignisse des Lebens genießen, wie Musik. Das Spiel des Lebens vollzieht sich ohne unsere Kontrolle. Sie können Ihr Erwachen weder verhindern noch verpassen. Sie können noch Inkarnationen darauf warten oder es geschieht in diesem Moment, es ist Ihre Wahl.

Ihr Leben als Meisterwerk

Der wichtigste Schritt ist, dass Sie sich entscheiden, aus Ihrem Leben ein Meisterwerk zu machen. Was möchten Sie eines Tages den Enkeln über Ihr meisterliches Leben erzählen? Davon, was Sie aus Ihrem Leben gemacht hätten oder davon, was Sie daraus gemacht haben? Eine gute Hilfe kann sein, sich vorzustellen, »ich sitze mit 90 in meinem Lieblingssessel und blicke auf mein Leben zurück«. Auf was möchte ich dann zurückblicken? Genau das aber müssen Sie jetzt in die Wege leiten, am besten gleich!

Der erste Schritt ist, eine klare Definition darüber zu erlangen, was das für Sie bedeutet. Was muss geschehen, damit Sie sagen können: Mein Leben ist ein Meisterwerk? Gehen Sie alle Aspekte des Lebens durch, schauen Sie, wo die größten Defizite sind oder was Priorität hat und was dort im Einzelnen geschehen müsste. Etwa: die Bereiche Gesundheit, harmonische Beziehung, beruflicher Erfolg, Vermögensbildung, Alterssicherung, geistige Entwicklung und so weiter. Fragen Sie konkret:

- Was ist mir derzeit das Wichtigste?
- Was müsste in diesem Bereich geschehen?
- Warum habe ich das bisher noch nicht verwirklicht?
- Worin genau besteht das Hindernis, die Blockade?
- Wie kann ich sie auflösen?
- Bin ich *jetzt* dazu bereit?
- Was ist der erste Schritt?

Wie wir bereits erkannt haben, ist es wichtig, stets vom Ziel ausgehend zu denken und zu handeln. Dies gilt auch für das Thema »Meisterwerk«. Eine optimale Lösung ist, Entscheidungen zu treffen aus dem *Erleben* des vollendeten Ereignisses. Im Rückblick den Ablauf der Ereignisse zu erkennen, die Hindernisse und wie man sie löst oder vermeiden kann, und aus diesem Überblick entsprechend zu handeln. Die beste Lösung aber ist, in das Bewusstsein dessen zu gehen, der die Aufgabe bereits gemeistert hat und als der oder die in diesem Bewusstsein an die Aufgabe heranzugehen. Der erste Schritt ist bereits die Hälfte des Weges, und wenn Sie dann noch beharrlich weitermachen, ist der Erfolg unvermeidbar.

Wichtig ist, im Bewusstsein zu bleiben und zu handeln.

Den Reset-Knopf drücken – Eintauchen in den Urgrund des Seins

Machen Sie einmal wie bei Ihrem PC einen kompletten Neustart. Zwanzig Sekunden den Startknopf drücken, dann wird alles runtergefahren und neu gestartet. Die folgende, bereits erwähnte Übung »Eintauchen in den Urgrund des Seins« stammt von dem Lebenslehrer Andrew Cohen und empfiehlt sich immer wieder, zum Beispiel während des Tages

Übung: Stellen Sie den Minutenwecker auf zehn oder fünfzehn Minuten. Begeben Sie sich in eine bequeme Position und befolgen Sie die folgenden fünf Regeln:

- Sitz still: das bedeutet, in dieser Zeit keine Bewegung zuzulassen, sondern dazusitzen, so ruhig wie ein Denkmal; durch diese Stille kommt auch Ihre Psyche zur Ruhe.
- Sei entspannt: Auch wenn Sie unbeweglich dasitzen, sollten Sie von innen her entspannen; wenn Verspannungen irgendwo zu fühlen sind, lassen Sie diese von innen her los.
- Sei aufmerksam: Meditation ist kein Einschlafen, sondern höchste Bewusstheit; während Sie dasitzen nehmen Sie bewusst wahr, *was ist.*
- Lass alles, wie es ist: Das ist ganz wichtig; sie »sterben« nicht, wenn Sie einmal fünf Minuten Ihre Börsenkurse oder Firmengeschäfte außer Acht lassen; alles darf sein, wie es ist.

- Lassen Sie aufkommende Gedanken einfach los: Gedanken dürfen auftauchen, aber Sie halten sich nicht mit ihnen auf; Sie nehmen sie allenfalls wahr, etwa wie Züge an einem Bahnhof, die ankommen und abfahren, aber Sie steigen nicht ein.

Sie kommen durch die Befolgung der fünf Regeln nicht nur in Kontakt mit dem Urgrund des Seins, sondern Ihr System regeneriert sich, startet nach der Meditation neu, wie bei dem Neustart Ihres Computers. Je öfter Sie üben, desto leichter fällt es Ihnen, komplett loszulassen, den Reset-Knopf zu drücken und in den Urgrund des Seins einzutauchen.

Wer spielt die Hauptrolle in Ihrem Leben?

Viele Menschen haben Mühe, sich als maßgeblich Handelnde in ihrem Leben zu sehen, weil sie denken: »Man darf doch nicht so egoistisch sein!« Tatsache ist jedoch, dass wir *immer* die Hauptrolle in unserem Leben spielen. Selbst dann, wenn wir uns als Opfer der Lebensumstände oder anderer Menschen erleben. Die Regieanweisung ist in diesem Fall das »Opferdasein«. So zum Beispiel auch, wenn wir ganz in unserem Partner aufgehen, nur noch für ihn da sind und uns ganz zurückstellen. Alles, was wir wahrnehmen, wird durch unser Bewusstsein gefiltert. Stets geht es um *meine* Ängste, *meine* Befürchtungen, *meine* Moral, *meine* Zweifel, *meine* Unterwürfigkeit. Die Frage ist nur:

- Ist uns klar, dass stets wir die Hauptrolle spielen?
- Ist uns klar, dass wir die Rollenbesetzung verändern können?
- Ist uns klar, dass wir die Hauptrolle unserem wahren Selbst übergeben können?

Wenn wir einfach nur der Stimme unseres Egos folgen und eine Ellenbogenmentalität entwickeln, dann spielt *unser wahres Selbst* noch nicht die Hauptrolle im Leben, wir leben nur den Gegenpol zum Opferdasein – es geht dann um Befriedigung, Gier und Besitz, um bestimmte Vorstellungen und Normen.

So eine Haltung befreit noch nicht von der Tyrannei des »Ich«.

Wenn wir jedoch die Hauptrolle unserem *wahren Selbst* übergeben, dann sind wir weder Opfer noch Täter, sondern verkörperte Stimmigkeit. Wir verkörpern unser wahres Selbst. Wenn ich zu meinem höchsten Selbst sagen kann »Nicht mein, sondern dein Wille geschehe«, ohne mich als Opfer zu empfinden, dann lebe ich als ich Selbst.

Was bedeutet dies nun in der Praxis? Ein Beispiel: Eine Klientin, von Beruf Fotomodell, lebt seit zwei Jahren in einer unbefriedigenden Partnerschaft mit einem depressiven, pflegebedürftigen Partner, den sie sehr liebt. Viele ihrer Bedürfnisse werden nicht erfüllt, speziell ihr Bedürfnis nach Leichtigkeit. Zuvor hatte sie viele unverbindliche Männerbekanntschaften. Nun will sie aus der festen Beziehung ausbrechen und wieder »die Hauptrolle« in ihrem Leben spielen. Zugleich wird ihr jedoch bewusst, dass in dem Fall nicht sie, sondern ihr Bedürfnis nach Genuss, Müßiggang und Unverbindlichkeit die Hauptrolle im Leben spielt. Sie entscheidet sich deshalb bewusst, bei diesem Partner zu bleiben und herauszufinden, was die Depression und Pflegebedürftigkeit ihres Partners ihr zu sagen haben. Dabei entdeckt sie eine neue Instanz in sich, ihr wahres Selbst. Sie entdeckt eine neue Lebensorientierung, die aus diesem Selbst erwächst und erlebt das Wunder, dass diese beidem gerecht wird: der Liebe zu ihrem Partner und dem Bedürfnis nach Leichtigkeit. Sie bleibt in der bestehenden Verbindung, ohne sich aber als Opfer zu erleben – und sie lebt ihre Leichtigkeit, ohne sie zur Sucht zu machen. Nun ist sie zentriert, ruht in sich, ihr Selbst spielt die Hauptrolle in ihrem Leben.

Aus der Fülle schöpfen – Worauf es ankommt

Achtsamkeit

Solange ein »Ich« anwesend ist, gibt es keine Achtsamkeit. Alles, was hier passiert, ist, dass der Verstand den Verstand beobachtet. Achtsamkeit hingegen ist eine Fähigkeit des Selbst mit folgenden Eigenschaften:

- Achtsamkeit ist nicht nur die Konzentration auf einen Punkt, sondern auch die ganzheitliche Wahrnehmung dessen, was *ist*.
- Achtsamkeit geschieht ohne Anstrengung und kann ständig praktiziert werden, ohne dass man ermüdet oder die Achtsamkeit nachlässt.
- Achtsamkeit ist keine Handlung, sondern eine Haltung des Seins.
- Achtsamkeit ist ganz auf das Hier und Jetzt ausgerichtet, kann aber jederzeit auf die Vergangenheit oder Zukunft gerichtet werden.
- Achtsamkeit ist ein Zustand des ununterbrochenen Zeugeseins.
- Achtsamkeit beendet die persönliche Verwicklung in das, was geschieht.
- Achtsamkeit ist der Beginn eines Entwicklungsprozesses, der irgendwann zum Erwachen und zum Bewusstsein unserer wahren Natur führt.

- Achtsamkeit ist das bewusste Erleben der Manifestation des Einen Seins.
- Achtsamkeit braucht weder ein Ich noch einen Körper; sie existiert als reines Zentrum des Gewahrseins.
- Achtsamkeit ist absolut wertfrei, nimmt einfach nur wahr, was ist.
- Achtsamkeit ist wie ein Spiegel, lässt nichts weg, fügt nichts hinzu und bewertet nichts, ist empfänglich und hält nichts zurück.
- Achtsamkeit will nichts haben, verändern oder tun.
- Achtsamkeit beendet die Illusion, jemand zu sein. Ich bin nicht dies oder das, so oder so, *ich bin*!
- Achtsamkeit ist an keine religiöse Ausrichtung gebunden, sie ist weder buddhistisch, noch moslemisch, christlich oder hinduistisch.
- Achtsamkeit ist ein wesentlicher Teil unseres wahren Seins, unsere eigentliche Natur.

Dankbarkeit

Für die meisten ist Dankbarkeit ein Gefühl, das sie erleben, wenn sie etwas bekommen. Aber Dankbarkeit ist in Wirklichkeit sehr viel mehr: Erlebte Dankbarkeit zieht emotional an, dass etwas geschehen ist, dass ich etwas empfange, das mein Leben bereichert. Dankbarkeit ist nichts, was man tun kann, sondern ein *Bewusstseinszustand*, und zwischen einer gelegentlichen Dankbarkeit und dem *ständigen* Dankbarsein ist ein großer Unterschied. Allein schon zu leben ist ein Grund ständiger Dankbarkeit. Und alles, was geschieht, ob es als angenehm oder unangenehm erlebt wird, ist ein zusätzliches Geschenk. Dazu kommt, immerfort neue Möglichkeiten des Seins zu entdecken und neue Erfahrungen zu machen.

Erlebte Dankbarkeit beendet jedes Urteilen, Bewerten oder Ablehnen. Alles ist willkommen als eine unmittelbare Erfahrung des Lebens. Dankbarkeit ist ehrfürchtiges Staunen in vollkommener Freiheit. Dankbarkeit ist die Freiheit zu erleben, dass es vollkommen gleichgültig ist, was geschieht oder ob es geschieht. Erlebte Dankbarkeit ist die dankbare Anerkennung des wunderbaren Geschenkes zu leben. Es ist die lebendige Erfahrung des Gebens und Nehmens.

Für diejenigen, die sich schwer damit tun, Dankbarkeit zu empfinden, empfiehlt sich der *Naikan*-Prozess. Dieser orientiert sich vorrangig an drei Fragen:

1. Was habe ich in meinem Leben anderen gegeben?
2. Was habe ich in meinem Leben (von anderen) bekommen?
3. Welche Schwierigkeiten habe ich anderen im Leben bereitet?

Sie können diese drei Fragen auf eine Person, etwa Ihre Mutter, Ihren Vater oder Ihren Partner beziehen oder auf das Leben generell. Die vierte Frage (welche Schwierigkeiten haben andere mir bereitet) wird bewusst nicht gestellt. Wenn Sie durch den *Naikan*-Prozess gehen, werden Sie erfahren, dass das Leben Sie, trotz aller Unvollkommenheiten, die Sie ausgedrückt haben, liebt – ein tiefer Grund dankbar zu sein.

Dankbarkeit verändert nachhaltig die energetische

Signatur und damit den Dauerauftrag an das Leben, so dass es sich unmittelbar verändert, sobald Dankbarkeit nicht nur gedacht, sondern gelebt wird. Dazu gehört auch, *ganz bewusst* dankbar zu sein, für Dinge, die andere für *selbstverständlich* halten, denn nichts ist selbstverständlich. Dankbar sein für die eigene Gesundheit, die Fähigkeit zu erleben, für ein gutes Gespräch, eine gute Idee, eine interessante Möglichkeit. Dankbar sein, dass der Postbote die Post bringt, dass ein Essen auf dem Tisch steht, dass Mitarbeiter ihre Arbeit umsichtig erledigen und so weiter. Es gibt tausend Gründe, um dankbar zu sein, aber in Wirklichkeit ist Dankbarkeit grundlos.

Ihre Dankbarkeit schenkt *anderen* gute Laune, und das strahlt auf Sie zurück, bis Sie erkennen, dass Sie selbst die Beschenkte sind. Dankbarkeit erfüllt das ganze Leben mit einer bestimmten Energiequalität und lässt Sie auf einer anderen Ebene des Seins leben.

Wir können es nicht oft genug betonen: Erlebte Dankbarkeit ist der schnellste Weg zur Erfüllung. Indem Sie dankbar im Geist empfangen, werden Sie gewandelt, und Ihre Dankbarkeit sorgt dafür, dass das Leben Ihnen immer neuen Grund gibt, dankbar zu sein. Dankbarkeit ist die Saat, und damit wird die Ernte unvermeidbar. Umgekehrt verursacht ein Mangel an Dankbarkeit einen Mangel an Leben. Erlebte Dankbarkeit ist eine unerschöpfliche Quelle der Lebensfülle.

Tipp: Fragen Sie sich immer wieder: »Wofür kann ich dankbar sein?« Und seien Sie dankbar! Integrieren Sie Dankbarkeit in Ihr Leben, indem Sie möglichst viele Sätze mit den Worten beginnen: Ich bin dankbar …

Allein das wird Ihr Leben verwandeln, ja verzaubern.

Danken Sie für den Tag, der vor Ihnen liegt und dafür, dass Sie ihn gestalten dürfen. Seien Sie dankbar für die Möglichkeiten, die Tag und Augenblick bieten, dafür, in ein neues Leben einzutreten, in ganz neue Erfahrungen.

Erlebte Dankbarkeit ist der schnellste Weg, um in die Frequenz des Empfangens zu kommen, in der Imagination zu erleben, dass es geschehen ist, dass Sie es bekommen *haben*, dass Sie am Ziel sind.

Wenn ich ehrlichen Herzens für etwas danke, dann zeigt das, dass ich bereits empfangen habe, ich mache damit aus einer zukünftigen Möglichkeit eine erlebte Realität der Gegenwart.

Dankbarkeit lässt die Schöpferkraft lebendig und aktiv werden. Dankbarkeit ruft in Erscheinung, wofür ich dankbar bin.

Meine erlebte Dankbarkeit beweist den vollzogenen Glauben an das, wofür ich danke. *Einem jeden geschieht nach seinem Glauben.*

- Ich danke für die bestandene Prüfung.
- Ich danke für einen neuen Arbeitsplatz.
- Ich danke, dass ich die gewünschte Wohnung bekommen habe.
- Ich danke für eine harmonische, erfüllende Beziehung.
- Ich danke für die besondere Chance, die mir das Leben bietet.
- Ich danke für die vollkommene Heilung.
- Ich danke für die Tilgung meiner Schulden.
- Ich danke für die Erfahrung zu leben.
- Ich danke für die ständige Leichtigkeit des Seins.
- Ich danke für die vielen Möglichkeiten, die sich auftun.

- Ich danke für ein erfülltes Leben.
- …

Ehrlichen Herzens zu danken ist immer der Anfang aller Wunder. Zu danken ist das wirksamste Gebet, das *immer* erhört wird und nie vergebens ist. In dem Augenblick, in dem ich tief dankbar für etwas bin, findet das Leben den optimalen Weg, um es als meine erlebte Realität in Erscheinung treten zu lassen. Es lenkt die Handlungen anderer Menschen und den Zufall so, dass das die Quelle meiner Dankbarkeit in mein Leben tritt.

Reine Dankbarkeit bewusst fühlen und lenken – drei Schritte

Sollten Sie einmal Schwierigkeiten haben, Dankbarkeit zu fühlen, gehen Sie wie folgt vor:

1. Denken Sie an eine Erfahrung, für die Sie ehrlichen Herzens dankbar sind. Im Idealfall sollte das Erlebnis in direktem Zusammenhang mit dem Thema sein, das Sie momentan beschäftigt. Wenn Sie etwa Ihre Beziehung verändern wollen, denken Sie an etwas, für das Sie Ihrem Partner ehrlich dankbar sind. Wollen Sie gesund werden, danken Sie für die Bereiche, in denen Sie gesund sind und sich in Ihrem Körper wohlfühlen. Wollen Sie Ihren Erfolg optimieren, denken Sie an einen vergangenen Erfolg. Fühlen Sie die Dankbarkeit mit allen Sinnen, erfüllen Sie sich mit ihr.
2. Fühlen Sie nun weiterhin die Dankbarkeit, ohne an die konkrete Erfahrung zu denken.

3. Denken Sie nun an das aktuelle Thema, Ihren Partner, Ihre Gesundheit, Ihr anstehendes Erfolgsziel, während Sie weiterhin die Dankbarkeit fühlen.

Danke, und dir wird gegeben werden! Selbst wenn Sie nicht an Wunder glauben, seien Sie dankbar, und Sie erleben das Wunder, das Dankbarkeit schafft. Und sollte einmal etwas »Negatives« geschehen, seien Sie auch für diese Situation dankbar, bleiben Sie in Ihrer Mitte und Ihrer Dankbarkeit, und es wird sich wandeln.

Sieh zu, dass niemand zu dir kommt,
ohne besser und glücklicher fortzugehen.
(Mutter Teresa)

Glück

Einundzwanzig Schlüssel zum Glück

Es gibt keinen Weg zum Glücklichsein. Glücklich *sein* ist der Weg. Dieser Satz stammt von Buddha. Hierfür einundzwanzig Schlüssel:

1. Es gibt keine Dinge oder Umstände, die glücklich machen. Mein Glück ist also nicht abhängig von äußeren Ereignissen, sondern ein innerer Zustand. Sollte ich einmal unglücklich sein, sollte ich sofort innehalten und das Glück in mir selbst suchen und finden.
2. Glücklich macht, wenn ich wirklich mein Leben lebe.

Also sollte ich einmal prüfen, ob ich mein Leben oder das eines anderen führe.

3. Wenn ich mein stimmiges Leben vor mir sehe, erkenne ich, dass da möglicherweise einiges ist, was nicht zu dieser Vision gehört. Also gehört zum Glücklichsein, alles loszulassen, was nicht zu meinem Glück beiträgt.
4. Ich bin mit einer bestimmten Lebensabsicht gekommen. Glücklich werden kann ich nur, wenn ich diese erkenne und erfülle.
5. Zum Glücklichsein gehört, dass ich mich immer wieder frage, mit wem oder was ich mich identifiziere. Als Opfer kann ich nicht wirklich glücklich sein. Also sollte ich bewusst den Schritt tun, weg vom Opferstatus hin zum bewussten Selbst.
6. Mein Glück ist davon abhängig, worauf ich mein Bewusstsein richte und gerichtet halte. Auf Probleme, Leid, Schwierigkeiten und Krankheit oder auf Möglichkeiten und Chancen zum Besseren, auf meinen Lebenstraum, meine Lebensvision.
7. Glücklichsein heißt wohlwollend leben, miteinander leben anstatt gegeneinander oder nur aneinander vorbei. »Willst du glücklich sein im Leben, trage bei zu anderer Glück – denn die Freude, die wir geben, kehrt ins eigene Herz zurück!«
8. Zum Glücklichsein gehört Gesundheit. Wenn Sie alles haben, aber krank sind und Schmerzen haben, kann dies Ihr Glück in enge Grenzen pressen.
9. Zum Glücklichsein gehört auch, mein eigentliches Leben nicht auf morgen oder nächstes Jahr zu verschieben, denn leben und glücklich sein kann ich nur

im Augenblick. Wenn Sie Glück hier nicht finden, brauchen Sie woanders gar nicht erst zu suchen. Sie können das Drehbuch Ihres Lebens jederzeit ändern, aber immer nur aus dem Augenblick heraus.

10. Zum Glück gehört auch, sich den idealen Tagesablauf zu schaffen. Aufzuwachen und einzuschlafen im höchsten Bewusstsein.
11. Heitere Gelassenheit in jeder Lebenssituation ist ein weiterer wichtiger Schritt auf dem Weg zum Glück.
12. Es gibt keine aussichtslosen Situationen, weil Sie alles jederzeit ändern können.
13. Zum Glück gehört auch, nicht mehr »hart zu arbeiten«. Wann immer Sie sich bei harter Arbeit erwischen, lassen Sie sofort alles fallen, und kehren Sie auf den Weg der Freude zurück.
14. Schaffen Sie sich glückbringende Gewohnheiten und lernen Sie grundlos glücklich zu sein.
15. Glück ist auch zu erkennen, dass jedes Problem, jede Schwierigkeit, jeder Mangel immer nur eine Chance zum Besseren ist.
16. Glück ist die Kunst, sich am Alltäglichen zu erfreuen. Sie können das faszinierendste Leben haben und die günstigsten Umstände erleben: Wenn Sie sich nicht daran erfreuen, war alles vergeblich. Mit entsprechender Bewusstheit gehen Sie wie Alice im Wunderland durch ein ganz neues, faszinierendes Leben.
17. Glück ist auch Transformation: Sie können sich ändern, und damit ändert sich Ihr ganzes Leben.
18. Finden Sie den idealen Partner zum Glück, denn auch eine harmonische Beziehung kann ganz schön glücklich machen. Wie? Werden Sie einfach ein idealer

Partner. Damit leben Sie sofort in einer harmonischen Beziehung. Geben Sie dem *anderen* das Gefühl, etwas ganz Besonderes zu sein.

19. Zum Glück gehört auch, sich selbst zu lieben, denn ich kann den *anderen* nur in dem Maße lieben, wie ich mich selbst liebe.
20. In Wirklichkeit ist es ein Glück zu leben. Alles, was geschieht, ist ein zusätzliches Geschenk. Wer das Glück hat zu leben, hat schon Glück genug. Es gibt eine Form des Glücks, die alle gleichermaßen als Glück empfinden, das ist: zu lieben und dafür offen zu sein, geliebt zu werden.
21. Glück ist auch, seine Aufmerksamkeit ständig auf das Wesentliche im Leben zu richten – Ihr wahres Selbst.

Anstrengung führt zu nichts
Mühelosigkeit ist der Weg

Mühelosigkeit

Schon vor etwa 5000 Jahren wurde in der Bhagavad Gita, der Essenz der Weisheit vedischer Hochkultur, die Mühelosigkeit als eine erstrebenswerte Qualität überliefert. Die gleiche Botschaft findet sich auch in der Bibel. Im Neuen Testament heißt es: »Trachtet zuerst nach dem Reich Gottes …, so wird euch alles andere zufallen.« Und es wird dort auch gesagt, wo wir das Reich Gottes finden können: »Das Reich Gottes ist inwendig in Euch« (Lukas 17,20,21). Auch die Beschreibung des Weges dahin ist enthalten: »Sei still und wisse, dass ich Gott bin.«

Was heißt still? Gemeint ist doch wohl die Gedankenstille, die wir bereits in einem früheren Kapitel mithilfe von Meditation eingeübt haben, also reines Bewusstsein, besser noch Gewahrsein. Dabei sollte nicht nur jede Bewegung des Geistes aufhören, sondern auch der Körper ruhig sein, damit das Bewusstsein durch nichts abgelenkt wird von der Wahrnehmung der Wirklichkeit.

Als Gott die Welt schuf, geschah das in völliger Mühelosigkeit. Gott sagte: Es werde Licht, und es ward Licht. Auch die Natur strengt sich nicht an und wählt stets den leichtesten Weg. Das Prinzip ist auch als mathematisches Gesetz bekannt, als das Prinzip des geringsten Aufwands. Alles im Universum folgt diesem Prinzip, warum sollten wir das also nicht auch tun? Nur durch dieses Prinzip haben wir gelernt, in immer kürzerer Zeit mit immer weniger Material und Energieaufwand immer bessere Dinge zu schaffen.

Das Grundprinzip der Schöpfung ist: geschehen lassen. Das Einzige, was sich proportional zur Anstrengung verhält, ist die Erschöpfung. Was uns voranbringt, ist jedoch die Fähigkeit, mit weniger Aufwand mehr zu erreichen. Das Leben meistert man spielend – oder überhaupt nicht.

Vom Werken zum Wirken

So kommen Sie vom Werken zum Wirken: Wer wirkt, ist angeschlossen an die *Eine Kraft*, ja es ist diese *Eine Kraft*, die durch ihn wirkt. Wirken heißt, die Eine Kraft durch sich geschehen lassen, vollkommen mühelos. Wirken geschieht, wenn Sie im Ein-Klang sind.

Jede Anstrengung zeigt dagegen, dass Tun und Sein

nicht übereinstimmen. Wann immer Sie sich anstrengen, zeigt das nur, dass es anders leichter ginge. Harte Arbeit hat zwar noch keinen umgebracht, aber warum sollten Sie ein Risiko eingehen.

Dabei ist es völlig gleich, ob Sie sich einen Parkplatz bestellen, einen anderen Arbeitsplatz schaffen oder den idealen Partner anziehen. Auch Gesundheit, Erfolg und Wohlstand werden auf die gleiche Weise geschaffen.

Sie treffen Ihre Wahl bei vollem Bewusstsein, und das Leben sagt immer nur ja. Wenn Sie den großen Yogis, wie etwa Sattya Sai Baba, dabei zusehen, wie sie heilige Asche oder Gegenstände Gestalt annehmen lassen, dann werden Sie feststellen, dass dies ganz mühelos geschieht. Auch wenn wir spirituell noch nicht so weit vorangekommen sind und noch Mühe haben, durch Leichtigkeit zu wirken, macht das nichts und sollte uns nicht daran hindern, uns weiter in Mühelosigkeit zu üben.

Immer wenn Sie in Einklang und in Freude handeln, schüttet das Gehirn Glückshormone aus als Zeichen, dass Sie auf dem richtigen Weg sind. Geschieht das nicht, heißt das, dass eine Korrektur erforderlich ist.

Mühelos die eigene Bestimmung finden

Unglücklicherweise finden die meisten Menschen nie Ihre wahre Bestimmung, weil Sie gar nicht danach suchen. Erst wenn wir unserer Bestimmung, unserem Dharma folgen, produziert unser Gehirn Endorphine, natürliche Glückshormone, die Sie in Hochstimmung und in eine optimale Form bringen. Dann sind Sie im Lebensfluss und damit in der Mühelosigkeit. Das sollte die eigentliche »Berufung« (also das, was Sie »ruft«) sein. Ihre Lebensaufgabe finden Sie deshalb, indem Sie tun, was Sie wirklich glücklich macht, denn Ihre Bestimmung ist es, glücklich zu sein.

Mühelosigkeit und Freude

Zur Mühelosigkeit gehört unverzichtbar die Freude. Leider gibt es noch keine Ausbildung in Mühelosigkeit, so dass jeder auch immer sein eigener Lehrer ist. Sie können voller Freude mühelos wirklich Großes erreichen, ohne etwas zu tun, das Sie Arbeit nennen könnten.

Wahrer Erfolg ist immer freudvoll. Bringen Sie einfach das Glück auf Ihre Seite. Denn alles tritt in Erscheinung, sobald Sie Ihre wahre Berufung, die Ihrer Lebensabsicht entspricht, gefunden haben. Nur so werden größtmöglicher Erfolg, wahrer Wohlstand und Erfüllung möglich. Folgen Sie der Freude, und Sie können sich nicht mehr verfehlen.

Wenn etwas wert ist, überhaupt getan zu werden, dann ist es auch wert, gut getan zu werden. Gut aber kann es nur werden, wenn es mit Freude getan wird. Gehen Sie ständig den Weg der Freude, das heißt dass Sie alles, was Sie tun, mit Freude tun und *alles* heißt *wirklich alles.* Am besten, Sie fangen gleich damit an und tun das, was Sie gerade tun, voller Freude. Erledigen Sie es nicht einfach nur, um es geschafft zu haben, um »Feierabend« machen zu können, sondern genießen Sie es. Jedes Tun bekommt dadurch erst seinen wahren Wert – wird vollkommen.

Dabei werden Sie erkennen, dass es keine geringen Tätigkeiten gibt. Sie können diese Freude beim Staubwischen ebenso erleben wie beim Einkaufen oder der Marketingsitzung. Entscheidend ist nicht, was Sie tun, sondern die Art, wie Sie es tun. Die Vollkommenheit des Tuns verwandelt, ja verzaubert alles.

Plötzlich erkennen Sie so, dass das Ziel ganz unwichtig ist und auch, was der Ausdruck bedeutet: Der Weg ist das Ziel. Es geht nur um den Weg, denn wenn Sie am Ziel sind, suchen Sie sich ja doch nur ein neues Ziel, aber entscheidend ist, wie Sie es erreichen, welche Qualität Ihr Tun hat.

Segen und Segnen

Die Gesetze des Segnens

Früher war den Menschen die Macht des Segens noch bewusst, aber heute macht kaum noch jemand Gebrauch davon, Menschen, Situationen und Ereignisse segensreich zu verändern. Dabei ist das Segnen eine natürliche Fähigkeit, die wir nicht erst erlernen müssen. Ein ehrlichen Herzens ausgesandter Segen bewegt die höchste Energie und verändert das Gesegnete unmittelbar …

Die beiden Gesetze des Segnens lauten:

1. Alles, was ich ehrlichen Herzens segne, ist dadurch gesegnet.
2. Alles, was ich reinen Herzens segne, muss zum Segen werden.

Wie segne ich?

Ich beginne jeden Tag damit, dass ich alle Aspekte meines Lebens segne. Angefangen mit meinem Körper, dem Tag, der vor mir liegt, dem Partner, der Partnerin, der Familie, dem Haus, dem Auto, meiner Tätigkeit, meinen Gedanken, Worten und meinem Handeln. Aber ich segne auch meine Vergangenheit, meine Zukunft, die Menschen, die mir früher einmal begegnet sind oder noch meinen Weg kreuzen. Auch das Buch, das ich gerade schreibe und jeden Leser, der dieses Buch eines Tages in den Händen halten wird, jedes Seminar, das ich halte, und jeden einzelnen Teilnehmer und die segensreiche Wirkung des Seminars auf sein Leben.

Erleben Sie einmal, was passiert, wenn Sie so den Tag beginnen und in einen segensreichen Tag verwandeln. Dabei ist die Form des Segens ohne jede Bedeutung. Sie können den Segen sagen, denken oder fühlen. Das Einzige, was zählt, ist die Ehrlichkeit dahinter.

Wenn Sie Ihre Zukunft segnen, beginnt diese sich im gleichen Augenblick segensreich zu verändern, und ganz gleich, welche Quellen Sie bewusst oder unbewusst angeführt haben mögen, sie werden sich segensreich auswirken. Sie können jederzeit mit dem Segnen beginnen. Wenn Sie wollen, jetzt gleich.

Bevor Sie durch Ihren Segen die höchste Kraft des Universums – die Liebe – Gestalt annehmen lassen, sollten Sie in die Vollmacht gehen. Das heißt, sich daran erinnern, wer Sie wirklich sind, ein ungetrennter Teil des *Einen Seins*. Ihr Passwort, um in die Vollmacht einzutreten, heißt ich. Damit meinen Sie natürlich die, die Sie sind, vollkommenes ewiges Sein, und jedes Mal, wenn Sie auf diese Weise »ich« sagen, treten Sie ein in die Wirklichkeit des Seins und damit in die Vollmacht, wirksam zu segnen.

Natürlich kann auch ein Ich segnen, aber da es nicht in der Vollmacht ist, verändert es nur, entsprechend seiner eigenen energetischen Frequenz und Stärke, die Energie des Gesegneten. Das kann durchaus segensreich wirken, ist aber nur ein Bruchteil dessen, was möglich ist, wenn Sie in der Vollmacht sind und segnen als Sie selbst. Während Sie segnen, sollten Sie den Segen glaubend vollziehen.

Was bedeutet es, segensreich zu leben?

Segensreich (reich an Segen) leben heißt, allen zum Segen zu werden, die Ihnen begegnen. Sich zu fragen: Wie kann ich das Leben der *anderen* segensreich verändern? Segensreich leben heißt auch, alles, was ich tue, als »ich selbst«, aus der eigenen Mitte heraus, zu tun. Ständig bei allem selbst-bewusst sein. Denn aus der Wirklichkeit des wahren Seins wird alles Tun segensreich.

Segnen Sie Ihre Gesundheit und Vitalität, mit einem Wort, alles, was Ihr Leben ausmacht. Segnen Sie alles, was Sie essen und trinken, aber auch jeden Euro, den Sie bekommen oder ausgeben.

Tipp: Jedes Mal, wenn Sie Geld ausgeben, hilft Ihnen vielleicht ein kleines Ritual, sich des Segens des Geldes zu erinnern: Geben Sie Geld stets mit der Rückseite nach oben, verbunden mit dem Gedanken, dass dieses Geld den anderen mit Ihrem Segen verbindet. Auf der Rückseite jedes Euroscheines ist eine Brücke als Symbol der Verbindung abgebildet (während die Vorderseite ein Tor enthält, durch die das Geld hinausfällt.) Das Ganze ist natürlich nur ein Ritual, aber es kann sich für Sie und den jeweils anderen positiv auswirken.

Segensreich zu leben heißt auch, alles, was Sie tun, zu einem gesegneten Abschluss zu bringen. Lassen Sie sich durch Hindernisse, Schwierigkeiten oder Misserfolge nicht irritieren, und denken Sie daran, dass eine Sache immer erst dann abgeschlossen ist, wenn sie liebevoll und segensreich beendet ist.

Aber nicht nur Ihr eigenes Leben sollte gesegnet sein, die ganze Welt braucht Ihren Segen. Sie könnten als liebevolle Präsenz des Seins der ganzen Schöpfung zum Segen werden.

Segnen durch Wasserübertragung

Eine sehr schöne Form des Segnens ist die »Wasserübertragung«. Hierbei halten Sie ein segensreiches Symbol (das kann sein ein Heiligenbild, eine Imagami-HeilZeit-Karte oder auch einfach nur ein Zettel, auf dem Sie das Wort »Liebe« oder Ihr Lieblings-Mantra schreiben) in der linken und ein Glas Wasser in der rechten Hand. Konzentrieren Sie sich drei Minuten lang auf das segensreiche Symbol, und stellen Sie sich vor, wie die segensreiche Information dabei von der linken Hand in das Wasser in der rechten Hand fließt. Danach trinken Sie das Wasser. Da Sie selbst zu 70 % aus Wasser bestehen, wird die segensreiche Information sehr schnell körperlich aufgenommen.

Auszug aus meinem täglichen Segen

- Ich bin vollkommenes, ewiges Bewusstsein.
- Ich wurde weder geboren, noch kann ich krank oder alt werden, noch sterben, denn *ich bin.*
- Ich war immer, werde immer sein, *ich bin.*
- Ich bin diesen Körper gegangen mit einer bestimmten Absicht.
- Ich segne meine Lebensabsicht und ich segne meinen Körper.
- Ich segne jede Zelle meines Körpers.
- Ich segne alles, was ich esse und trinke und esse und trinke ab jetzt nur noch Gesegnetes.
- Ich segne jeden Atemzug, den ich mache.
- Ich segne alles, was ich denke, fühle, sage und tue.
- Ich segne die Gesundheit meines Körpers, seine Vitalität und meine Lebensfreude.
- Ich segne meine Vergangenheit und meine Zukunft, und sich segne das Verlassen dieses Körpers, wenn ich meine Aufgabe erfüllt habe.
- Ich segne diesen Augenblick und das ewige Jetzt.
- Ich lebe ein segensreiches Leben in einem gesegneten Körper und bin ein Segen für jeden, der mir begegnet oder der in mein Bewusstsein tritt.
- Ich segne mein wahres Wesen, meine Aufgabe und meinen Weg und jeden Augenblick in diesem gesegneten Leben.
- *Ich bin!*

Wohlstand

Geld ist Ausdruck eines bestimmten Bewusstseins, und auch Mangel ist ein Ausdruck dessen. Geld ist völlig neutral, es ist weder gut noch schlecht, weder positiv noch negativ, und es geht zu dem, der Geld anzieht. Die Voraussetzung aber, dass dies geschieht, kann jeder schaffen. Hart zu arbeiten führt nicht wirklich zu viel Geld, nur zu so viel, dass Sie leben können.

Der Magnetismus, der Sie reich macht, ist natürlich. Deshalb ist Überfluss auch natürlich, und wenn Sie nicht in der Fülle leben, muss es ein Hindernis geben, das die natürliche Fülle fernhält. Finden und beseitigen Sie es, und die natürliche Fülle manifestiert sich auch in Ihrem Leben.

Sie sind die Quelle Ihres Reichtums oder Ihres Mangels, und da liegt auch die Lösung. Wohlstand fragt nicht nach einem Universitätsabschluss, nicht einmal nach Intelligenz. Wohlstand wird magnetisch angezogen vom Bewusstsein, einem natürlichen Bewusstsein der Fülle.

Die Reichen werden immer reicher, weil Sie ein Wohlstandsbewusstsein haben, und die Armen werden immer ärmer, weil es ihnen fehlt.

Prüfen Sie einmal gründlich, wie Sie über Geld denken, ich meine, wie sie *wirklich* über Geld denken. Wenn Sie glauben, dass Geld die Wurzel allen Übels ist, dürfen Sie sich nicht wundern, dass Sie keines haben. Sie werden auch keines bekommen.

Geld ist das, was wir daraus machen. Es ist weder gut noch schlecht. Jeder verbindet mit Geld bestimmte Überzeugungen. Solange wir mit ihm negative Gedanken und

Gefühle verbinden, sind wir nicht offen, für die Fülle des Lebens und sollten das ändern.

Sie müssen gar nicht wohlhabend sein, um Wohlstand anzuziehen, es genügt, wenn Sie sich wohlhabend fühlen. Dieses Wohlstandsgefühl aber ist es, das Sie geradezu magnetisch macht für echten Wohlstand. Nicht nur für genügend Geld, sondern für Wohlstand in allen Bereichen des Lebens. Machen Sie sich bewusst, dass Sie niemandem etwas wegnehmen, wenn Sie mehr Wohlstand in Ihr Leben einladen.

Übung (imaginäres Bankkonto): Ein Weg, sich ein magnetisches Wohlstandsbewusstsein zuzulegen, ist, sich ein imaginäres Bankkonto zuzulegen. Zahlen Sie auf Ihr imaginiertes Bankkonto *1000* Euro ein, und geben Sie sie wieder aus, stellen Sie Schecks aus, und tragen Sie den Verwendungszweck ein. Für ein interessantes Seminar oder einen neuen Anzug. Zahlen Sie am nächsten Tag *2000* Euro ein und am dritten *3000* Euro und so weiter. Wenn Sie ein neues Auto wollen, sparen Sie ein paar Tage und stellen einen Scheck aus. Wenn Sie das Spiel ein Jahr lang weiterspielen, haben Sie über 66 Millionen eingezahlt und wieder ausgegeben und Ihr Unterbewusstsein absolut überzeugt, wohlhabend zu sein. Das verändert natürlich Ihre energetische Signatur entsprechend, und die wiederum verändert Ihre Lebensumstände zum Positiven. Auf diese Weise können Sie es gar nicht vermeiden, dass sich bereits während des Spiels – im Verlauf eines Jahres – ein ganz beachtlicher tatsächlicher Wohlstand ansammelt.

Voraussetzung für Ihren natürlichen Wohlstand ist, dass Sie sich selbst lieben. Ohne das können Sie alles andere vergessen. Nur wenn Sie es sich wert sind, wenn es Ihnen ganz natürlich erscheint, findet der Wohlstand den Weg zu Ihnen.

Eine andere wichtige Erkenntnis ist: Reich kann man nicht werden, reich muss man sein. Was Sie sich nicht zu eigen gemacht haben, kann sich im Außen nicht manifestieren, nach dem Gesetz: wie innen, so außen. Ihren inneren Reichtum aber können Sie jederzeit beliebig vermehren, und dann muss er im Außen, als Ihre Realität, Gestalt annehmen.

Sehr hilfreich ist es, wenn Sie die Vorstellung des Reichtums mit persönlichem Magnetismus verbinden, also der Vorstellung, dass »mir Reichtum von allen Seiten zufließt, dass alles, was ich anfasse, sich als Wohlstand manifestiert«. Entscheidend ist, dass Sie es innerlich erlebend nachvollziehen.

Fülle ist nicht ein bestimmter Betrag, sondern eine Art, sich zu fühlen. Jeder bekommt genau so viel, wie er oder sie sich wert ist. Und das gilt nicht nur für Geld, sondern auch für Gesundheit, für Erfolg, für Glück. Jeder bekommt genau so viel, wie er oder sie sich zuteilt. Kann es ein gerechteres System geben? Warum also nehmen Sie sich nicht einen größeren Anteil? Dem Leben ist völlig gleich, wie viel Sie nehmen. Sie können auch alles haben. Es ist nur ein Schritt, ein einziger, alles entscheidender Schritt und Sie leben im Wohlstand – auf allen Ebenen.

Warum sind spirituelle Menschen oftmals arm?

Sie lieben Geld nicht, lehnen es ab oder haben sogar Angst davor – vor der Verantwortung und Versuchung. Sie lehnen es unbewusst als nicht spirituell ab. Sie glauben, dass man *entweder* materiell oder spirituell lebt. Das ist ein Missverständnis, denn Vollkommenheit braucht beides.

Materie ist ein Ausdruck des Nichtspirituellen. Durch dieses Missverständnis wird Materie verteufelt. Aber Vollkommenheit ist nur *vollkommen* auch wirklich vollkommen. Die Fülle sollte deshalb als Möglichkeit präsent sein. Ich sollte jederzeit alles kreieren können. Mein natürlicher Wohlstand sollte in *allen* Aspekten sichtbar werden – als Gesundheit, harmonische Beziehung, erfüllende Tätigkeit, genügend Geld, umfassende Interessen, spirituelle Entwicklung.

Nun stellt sich die Frage: Womit verhindere ich meinen natürlichen Wohlstand? Dann gilt es, die Hindernisse erkennen und beseitigen. Denn jeder Mangel, jedes Hindernis ist eine Aufgabe.

Kollektive Wohlstandsverhinderungsprogramme hinterfragen

Wir werden ständig von unserer Umwelt mit negativen Vorstellungen zu Erfolg, Geld, Wohlstand, Besitz konfrontiert. Sogar die deutsche Bibelübersetzung suggeriert: Geld ist die Wurzel allen Übels. Im Urtext steht jedoch: Die Besessenheit von Geld ist die Wurzel allen Übels.

Oder man sagt uns: »Du kannst nun mal nicht alles im Leben haben«, aber keiner sagt uns, warum.

In unserer Kultur ist ein unterschwelliges Misstrauen gegen Erfolg und Reichtum überall spürbar. Da sagt man, jemand sei »stinkreich« oder er wird als »Geldsack« bezeichnet. Man vermittelt den Eindruck, alle Reichen seien Betrüger und Diebe, die ihren Reichtum nur ihrer Schlechtigkeit und Hinterlist verdanken. Wenn wir aber glauben, dass Geld den Charakter verdirbt, werden wir alle Möglichkeiten zu mehr Geld zu kommen, unbewusst sabotieren. Das gilt auch, wenn wir glauben: Geld macht nicht glücklich. Mag ja sein, dass Geld nicht glücklich macht, aber Geldmangel macht erst recht nicht glücklich, und wenn ich schon unglücklich bin, dann doch lieber im Rolls-Royce als im Bus.

Ähnliche Vorurteile gibt es gegen den Erfolg. Versteckt oder offen werden Erfolgreiche als rücksichtslose Ausbeuter angesehen, die nur auf dem Rücken ihrer Mitmenschen zum Erfolg gekommen sind. Und wer möchte schon rücksichtslos sein oder sich seinen Charakter durch Geld verderben lassen?

Weitverbreitete Glaubenssätze sind:

- Man kann nun mal nicht alles haben.
- Geld wächst nicht auf den Bäumen.
- Geld verdirbt den Charakter.
- …

Aber das weitverbreitete Mangelbewusstsein treibt noch andere Blüten. Wir fühlen uns unbewusst nicht wert, Erfolg zu haben und zu Geld zu kommen. Viele denken:

»Bei mir klappt das nicht« und versuchen es deshalb erst gar nicht. Unbewusst haben wir auch Angst vor der Verantwortung gegenüber großem Vermögen, und tatsächlich übernimmt man damit Verantwortung. Doch mit Vermögen sinnvoll und stimmig umzugehen, eben verantwortungsbewusst, macht nicht nur Freude, es fördert auch die eigene Entwicklung. Diese Erfahrung aber können wir nur machen, wenn wir über Vermögen verfügen, aber das ist mit einem Mangelbewusstsein nicht möglich.

Hilfreiche Fragen in puncto Wohlstand:

- Was ist für mich Wohlstand?
- In welchem Bereich fehlt mir noch die natürliche Fülle?
- Warum will ich manche Aspekte des Wohlstands nicht?
- Wo habe ich ein Defizit, einen Mangel?

Lösen Sie erlernte Programme durch Wahrnehmung auf. Sobald Programmierungen und Bewertungen weg sind, ist Raum für die natürliche Fülle und Wohlstand auf allen Ebenen. Erst wenn wir immer wieder er-leben, wie wir mit viel Geld umgehen, wird es allmählich für das Unterbewusstsein annehmbar, fühlt es sich für uns natürlich an. Wir finden diese Erfüllungs-Verhinderungsprogramme, indem wir uns eine Liste unserer Wünsche machen und uns bewusst machen, warum sie sich bisher nicht erfüllt haben. Dann gehen wir mit den Wohlstands-Verhinderungsprogrammen wie folgt um:

1. Welcher Glaubenssatz steckt hinter dem Verhinderungsprogramm?
2. Kann ich wirklich wissen, dass dieser Glaubenssatz wahr ist? (Für die Antwort der Antwort des Herzens lauschen.)
3. Wie erlebe ich mein Leben, wenn ich diesen Glaubenssatz weiterhin so lasse?
4. Wer wäre ich ohne diesen Glaubenssatz?
5. Welcher realistische positive Glaubenssatz würde ebenfalls für mich stimmen?
6. Wie würde ich mein Leben leben, wenn ich diesem realistischen, positiven Glaubenssatz folgte?
7. Gab es schon einmal Situationen, in denen es mir gelang, aus einem negativen Glaubenssatz auszusteigen und die Realität dann positiver zu erleben?
8. Wer oder was könnte mich darin unterstützen den neuen Glaubenssatz zu leben? Welcher Mensch, welcher Gedanke, welche Information?

Übung: Machen Sie sich einmal Ihre begrenzenden Glaubenssätze bewusst, mit denen Sie bisher die natürliche Fülle erfolgreich verhindert haben. Ergänzen Sie den Satz: »Es geht nicht, weil…« Und lösen Sie den dahinterstehenden Glaubenssatz auf. Wandeln Sie ihn um in eine griffige und zugleich realistische Affirmation. Verankern Sie diese durch Wiederholung. Ziehen Sie Ihre Aufmerksamkeit ab von jedem Mangel, richten Sie sie auf die natürliche Fülle. Entscheiden Sie sich ganz bewusst für Wohlstand.

Reichtumsbewusstsein

Die meisten glauben, sie müssten arbeiten, um Geld zu verdienen, aber machen wir uns einmal klar, dass man Geld nicht unbedingt verdienen muss und auch, dass es viel Wege gibt, an Geld zu kommen:

- Die US-Amerikaner machen Geld: to make money.
- Die Engländer ernten es: to earn money.
- Die Schweden bekommen es.
- Die Franzosen gewinnen es: Gagner d'argent.
- Die Ungarn suchen es.

Sie können es im Lotto gewinnen oder erben. Sie können es finden oder haben eine geniale Idee. Überlegen Sie nicht, wie das Geld zu Ihnen finden soll.

Zum Wohlstand der Welt beitragen

Wenn Sie einmal den Wohlstand in Ihrem Bewusstsein verankert haben, werden Sie erkennen, dass die Erfüllung sich nicht darin misst, wie viel Sie sich leisten können, sondern darin, was Sie für andere getan haben. Dass Hilfsbereitschaft angeboren ist und dass vor allem freiwillige Spendenbereitschaft Areale im Gehirn aktiviert, die mit dem Belohnungszentrum und seinen Lustgefühlen verbunden sind, das hat die Neurowissenschaft mittlerweile bei Laborversuchen ermittelt.*

* http://www.spiegel.de/wissenschaft/mensch/0,1518,488793,00.html

Vier Arten von Vermögen

Wenn wir von Vermögen sprechen, denken wir an Geld, ein Haus, Aktien, Gold. Das aber ist nur Besitz, kein Vermögen. Wirklich vermögend ist nur jemand, der etwas zu tun oder zu sein vermag, und wer viel vermag, der ist vermögend. KAUSAL-TRAINING hilft Ihnen, wirklich vermögend zu werden, so dass Sie mit absoluter Souveränität und Gelassenheit durch alle Situationen gehen können. Insgesamt gibt es vier Arten des Vermögens:

1. Die erste Art des Vermögens ist die, die wir üblicherweise darunter verstehen: also Geld, Haus, Aktien, eine Firma, Gold und andere Wertgegenstände.
2. Die zweite ist das intellektuelle Vermögen, Ihre Erziehung, Bildung und Lebenserfahrung, Ihr Ruf, Ihr Können, Ideen und Kreativität, Ihre Verbindungen, das heißt auch soziale Kompetenz.
3. Die dritte Vermögensart ist das soziale und geistige Vermögen, Ihre Gesundheit, Ihr Charakter, besondere Fähigkeiten, die richtigen Gewohnheiten, Beziehungen, Ethik, Moral, Spiritualität – Ihr Charisma.
4. Die vierte schließlich ist das spirituelle Vermögen, der Grad Ihrer Weisheit, Liebesfähigkeit, Ihr Erwacht-Sein, Ihr Einheitsbewusstsein und Ihre Erleuchtung.

Alles zusammen bildet Ihr Vermögen. Das erste Vermögen können Sie verlieren, alles andere bleibt Ihnen erhalten, ja wird mit der Zeit noch größer. Das vierte Vermögen bleibt Ihnen sogar nach dem Tod erhalten. Wenn Sie wahrhaft vermögend sind, können Sie etwas verlieren und es in kurzer Zeit wieder erschaffen. Das heißt wirklich vermögend sein. Erst das ist wahres Vermögen.

Das KAUSAL-TRAINING ist die Verbindung von innerem und äußerem Wohlstand und stellt somit eine Brücke zwischen den einzelnen Vermögensarten dar.

Jeder von uns hat ein imaginäres Bankkonto – die Zeit. Jeden Morgen bekommen wir 86 400 Sekunden Leben für den Tag geschenkt. Doch wenn wir abends einschlafen, wird uns die übrige Zeit nicht gutgeschrieben. Was wir an diesem Tag nicht gelebt haben, ist verloren, für immer verloren. Gestern ist vergangen. Jeden Morgen beginnt sich das Konto neu zu füllen, doch die »Bank« kann das Konto jederzeit auflösen, ohne Vorwarnung. Selbst ein hundertjähriges Leben hat nur 36 500 Tage. Bedenke es, ohne die Tage zu zählen.

Die Phönizier sollen das Geld erfunden haben, aber warum nur so wenig?

Das Geheimnis der Wohlstandsteilung

Eine der wirkungsvollsten Arten, die Energie des Mangels aufzulösen, ist, etwas des Gewünschten zu verschenken. Zu erkennen: Ich habe mehr als genug. Wenn Sie gern mehr Geld hätten, verschenken Sie etwas davon. Bevor der Bauer ernten kann, muss er säen, und er wird das ernten, was er gesät hat. Dazu ist ständig Gelegenheit. Sie können in einem Blumengeschäft eine Rose kaufen und die Verkäuferin bitten, diese dem Nächsten, der den

Laden betritt, zu überreichen mit einem lieben Gruß von einem Unbekannten. Oder in einem Café den Espresso für den Nächsten mitbezahlen, im Kino die Eintrittskarte und so fort. Es gibt unzählige Möglichkeiten, jeden Tag Unbekannten ein Geschenk zu machen. Wichtig dabei ist, dass Sie unerkannt bleiben. So entsteht ein positives energetisches Ungleichgewicht, das nach dem Gesetz des Ausgleichs vom Leben umgehend wieder ausgeglichen wird, indem Ihnen Gutes widerfährt. Das kann eine freundliche Geste sein, eine Chance, die sich unerwartet bietet oder ein günstiger Zufall.

Noch besser ist es, wenn Sie eine kleine Karte beilegen, mit Ihren guten Wünschen und oder der Anregung, diese Freundlichkeit ebenfalls einem Unbekannten weiterzugeben. Das kostet den *anderen* gar nichts, denn er hätte das Bestellte ohnehin bezahlt und zahlt es nun für den unbekannten Nächsten. Konsequent umgesetzt, kann die kleine Geste des Wohlwollens Tausenden eine Freude machen, und niemand zahlt etwas dafür, nur Sie. Diese kleine Geste des Wohlwollens hat die Macht, die Welt zu verändern, so dass wir eines Tages die Welt ein bisschen besser verlassen, als wir sie vorgefunden haben.

Vorderseite der Karte: *Ich hoffe, ich konnte Ihnen eine kleine Freude machen und vielleicht macht es auch Ihnen Freude, die kleine Geste »Freude zu bereiten« weiterzugeben, indem auch Sie einem Unbekannten eine kleine Freude machen, ebenfalls mit der Bitte, sie weiterzugeben, damit die Freude um die Welt geht. So können wir einander Segen sein!*

Rückseite der Karte: Sie könnten: *Eine Kinokarte zusätzlich kaufen und für den Nächsten hinterlegen, einen Cappucci-*

no im Café, eine Mautkarte, eine Rose im Blumengeschäft, eine Freifahrt im Sessellift, eine Eintrittskarte im Zoo, Museum, für ein Konzert oder Theater.

Es gibt unzählige Möglichkeiten für diese Geste der Freude.

Achtung: Wenn ich das allerdings mit der Absicht tue, mehr vom Leben zu bekommen, sende ich damit die Energie des Mangels aus, und der Ausgleich erfolgt, indem sich der Mangel verwirklicht.

Zufall und Wunder

Wie die Weisheit der Sprache schon sagt, ist Zu-fall etwas, das uns auf Grund unseres Soseins zu-fällt.

Der Zufall bewegt sich innerhalb dessen, was wir tatsächlich für möglich halten, also den Grenzen unserer Überzeugungen. So glauben wir glauben aus Erfahrung, dass das Leben so ist und nicht anders, dabei ist es so, weil *wir* so sind. Unglaubliche Dinge, wie etwa Wunder, können uns nur passieren, wenn wir sie für möglich halten, also eben doch glauben. In dem Zusammenhang empfiehlt sich besonders die Wunderfrage von Steve de Shazer, die wir bereits im Kapitel über die Kraft der Überzeugung kennengelernt haben: »Nehmen wir einmal an, es geschähe ein Wunder, woran würden Sie dieses erkennen?«

Tipp: Richten Sie sich im Alltag immer wieder auf »das Wunder« aus. Bemerken Sie kleine positive Abweichungen von der Normalität, und verstehen Sie diese als »Wunder«. Bedanken Sie sich für jedes »Wunder«, das Ihnen geschieht. Der mürrische Kollege grüßt Sie freundlich? – Ein Wunder – danken Sie dafür! Sie erhalten »durch Zufall« die Lösung für ein Problem? – Wieder ein Wunder. Gehen Sie immer wieder im Alltag in die Stille und richten Sie sich auf Wunder aus! Ist Ihr Bewusstsein wundervoll, werden Sie auch, rein zufällig natürlich, im Außen entsprechende Zufälle erleben, nach dem Gesetz: wie innen, so außen.

Wunder sind gar nichts Besonderes: Da wir nur 7 % der Wirklichkeit wahrnehmen können, gehören Wunder zu den 93 %, die fortwährend passieren, die wir aber bisher ausgeblendet haben. Öffnen wir uns also.

Für jede ungelöste Lebenssituation gibt es – wie die andere Seite der Medaille – eine gelöste und erfüllte Lebenssituation, die wir stattdessen erleben können. Die Veränderung der Umstände, das Drehen der Medaille, erfolgt im Bewusstsein, dass wir sie durch unsere Ausrichtung auf das Wunder Gestalt annehmen lassen.

Drei Schritte zu einem wunder-vollen Bewusstsein:

1. Kommen Sie ins Hier und Jetzt – erinnern Sie sich daran, wer Sie wirklich sind.
2. Fragen Sie sich: Wenn jetzt ein Wunder geschähe, woran würde ich es erkennen? Warten Sie, bis Sie einen Impuls bekommen.
3. Handeln Sie aus Ihrer Mitte und seien Sie offen dafür, Wunder zu erleben – unabhängig davon, wie der Impuls war.

Auslöser für den Zufall

Jeder Zufall braucht eine Entsprechung in uns, mit der er in Resonanz gehen kann und einen Auslöser. Jeder Zufall tritt durch ganz bestimmte »Auslöser« in Ihr Leben. Ein Auslöser ist zum Beispiel, dass uns etwas Bestimmtes in den Sinn kommt oder auch scheinbar von außen auf uns zukommt. Kommen Entsprechung und Auslöser zusammen, verursachen sie einen »Zufall«.

Gerade dann, wenn ein Zufall geschieht, sollten Sie im höchsten Bewusstsein sein, damit Sie unerwartete Chancen nutzen und Fehler vermeiden. Die moderne Hirnforschung weiß heute, dass es in uns ein Entscheidungszentrum gibt, das die Wahl hat, auf einen (negativen oder positiven) Gedanken zu reagieren oder auch nicht:

»Die Spiegelneuronen lehren uns, dass Nervenzellnetze, die mit der Planung von Handlungen beschäftigt sind, dem Individuum einen Raum zur Verfügung stellen, in dem Handlungsgedanken erzeugt und in der Schwebe gehalten werden können, ohne dass es notwendigerweise auch zur Umsetzung der entsprechenden Aktion kommen muss. ... Ob wir sie als Vorstellungen in der Schwebe halten oder sie in uns realisieren können wir ... abwägen.«*

Oft passiert dann im dümmsten Moment etwas, das Einzige, was *nicht* passieren sollte, weil eine dementsprechende Befürchtung, ein Gedanke, als Auslöser trifft –

* Bauer, Joachim, Warum ich fühle, was du fühlst. Intuitive Kommunikation und das Geheimnis der Spiegelneuronen, Hamburg 2005, S. 164.

und schon haben wir einen entsprechenden Zufall ausgelöst! Im Ernstfall nutzen Sie diesen Auslöser, um sich umgehend im Selbst zu sammeln. Fallen Sie nicht auf eine »Alles ist fatal«-Reaktion herein! Spüren Sie bewusst die »Schwebe«, verharren Sie in ihr, bis Sie aus der inneren Stille heraus den intuitiven Impuls wahrnehmen. Dann können Sie ungute Kettenreaktionen vermeiden, sich über die Zeit retten und vielleicht sogar die Situation spontan umdrehen. Wenn ich selbst stimme, kann ich mich auf einen solchen Zufall verlassen, sobald er wirklich gebraucht wird.

Sich vom Ziel aus lenken lassen

Wir können uns durch unser Karma (unsere bisher geschaffenen Ursachen) oder durch unser Dharma (der für uns stimmige Weg) führen lassen. Wir können uns von unseren Befürchtungen, Ängsten und Begrenzungen oder aber von unserem Ziel aus lenken lassen. Sehr schön hat diesen Unterschied Pablo Picasso in dem folgenden Gedicht beschrieben:

Ich suche nicht – ich finde!

Suchen, das ist ausgehen von alten Beständen
Und ein finden wollen von bereits bekanntem in neuem.
Finden, das ist das völlig neue,
das Neue auch in der Bewegung.
Alle Wege sind offen.
und was gefunden wir
ist unbekannt.

Es ist ein Wagnis, ein heiliges Abenteuer!
Die Ungewissheit solcher Wagnisse
können eigentlich nur jene auf sich nehmen,
die sich im Ungeborgenen geborgen wissen,
die in die Ungewissheit,
in die Führerlosigkeit geführt werden,
die sich im Dunkeln einem unsichtbaren Stern überlassen,
die sich vom Ziele ziehen lassen und nicht
menschlich beschränkt und eingeengt das Ziel bestimmen.

Dieses Offensein für jede neue Erkenntnis
im Außen und Innen, das ist das Wesenhafte
des modernen Menschen,
der in aller Angst des Loslassens
doch die Gnade des Gehaltenseins
im Offenwerden
neuer Möglichkeiten erfährt.

(Pablo Picasso)

»Sobald Sie das Licht einschalten, ist es hell,
ganz gleich, wie lange es vorher dunkel war!»

Es wird Zeit …

- Heute haben wir mehr Geld, aber genießen das Leben weniger.
- Wir haben mehr Wissen, aber weniger Klarheit.
- Wir haben mehr Medizin, aber weniger Gesundheit.

- Wir reden viel, aber hören nicht hin.
- Wir erobern das Universum, aber kennen uns selbst nicht.
- Wir erreichen den Mond, aber wissen nicht, wer unsere Nachbarn sind.
- Wir haben ein höheres Einkommen, aber geringeres Auskommen.
- Wir essen zu viel und sind doch schlecht genährt.
- Wir haben mehr Freiheit, aber weniger Freude.
- Wir haben schönere Häuser, aber ein zerrüttetes Zuhause.

Es wird Zeit, dass wir aufwachen und wirklich leben, Zeit, dass ...

... wir nicht einer Tätigkeit nachgehen, sondern unserer Berufung folgen.
... wir nicht mehr nur weiterleben, sondern den Weg der Freude gehen.
... wir nicht mehr sagen: »später«, sondern *jetzt*!
... wir endlich tun, was wir schon immer wollten.
... wir unserem Partner und unseren Freunden sagen, wie sehr wir sie lieben – und es nicht nur denken.
... wir keine Freude und kein Lachen mehr verschieben.
... wir jeden Augenblick auskosten, als sei es unser letzter.
... wir nicht mehr zu beschäftigt sind, um zu leben.

Jeder Augenblick ist nur für Sie! Er wartet darauf, dass Sie ihn lieben, genießen und ausfüllen! Ergreifen Sie die einmalige Chance, wirklich zuleben (wenn Sie nicht gerade etwas anderes zu tun haben)!

Die Gunst des Augenblicks

Sich auf die Energie des Augenblicks einlassen

Jeder Augenblick hat eine ganz bestimmte energetische Qualität, bietet eine Möglichkeit und beinhaltet damit eine bestimmte Absicht.

Ich brauche mich nur ganz auf diesen einzulassen, seine Energiequalität wahrzunehmen und ihr zu folgen und bin im Ein-Klang mit der Schöpfung. Erleben Sie, was das in Ihrem Leben bewirkt, denn alles hat seine Zeit. Das Richtige zur falschen Zeit zu tun ist falsch. Denn auch der Zeitpunkt muss stimmen. Der Schlüssel, sich auf den Augenblick einzulassen ist recht einfach: Hören Sie auf die Melodie Ihres Herzens. Es ist die Melodie Ihres Seins. Wenn Sie im Moment stimmig leben, brauchen Sie sich um das Morgen nicht zu sorgen.

Das Faszinierendste am Abenteuer des Leben ist, dass sich alles ändern kann: von einem Augenblick zum nächsten!

Es gibt einen Augenblick der Zeugung und einen des Todes und dazwischen die scheinbar endlose Reihe von Augenblicken, die wir ein Leben nennen. Es gibt Augenblicke der Wahrheit und welche der Entscheidung.

Tatsächlich ist kein Augenblick wie der andere, und jeder Augenblick kann unser Leben verändern. Oft erkennen wir das erst später. Wir sollten daher die Chance des Augenblicks ganz bewusst nutzen, denn jeder Augenblick enthält eine Möglichkeit zum Besseren. Alles beginnt und endet in einem Augenblick.

Auch ein erfülltes Leben besteht aus einer Reihe erfüllter Augenblicke. Um die Qualität eines bestimmten Zeitabschnitts zu erfassen und entsprechend dieser Qualität zu handeln, sollten Sie den Mut haben, sich auf den konkreten Moment einzulassen. Entdecken Sie seine besondere Qualität, denn jeder Augenblick ist einmalig, gewährt eine Option, die im nächsten Augenblick schon nicht mehr gegeben ist.

Jeder Augenblick enthält nicht nur eine besondere Möglichkeit, sondern auch eine ganz spezielle Aufgabe. Sobald Sie sich wirklich auf jeden Augenblick einlassen, brauchen Sie keine Planung mehr, weil jeder Augenblick Ihnen zeigt, was zu tun ist.

Sie können dem Augenblick vertrauen. Probieren Sie es einfach einmal aus, nur kurze Zeit. Sie gehen kein Risiko ein, wenn Sie einmal das tun, was in diesem Augenblick zu tun ist.

Jeder Augenblick enthält eine ganz besondere Qualität. Eine ganz besondere Energie. Manchmal ist es Freude oder Stille, manchmal die Chance, sich vollständig zu wandeln, aber immer einen Vorteil, eine Erkenntnis oder einen entscheidenden Schritt in Ihrer Entwicklung, der ungetan bliebe, wenn Sie sich nicht auf diesen Augenblick einließen. Vielleicht macht es Sie traurig, wenn Sie erkennen, wie viel Chancen Sie bisher verpasst haben. Vielleicht macht es Sie aber auch glücklich zu erkennen, wie viele Chancen nun vor Ihnen liegen und zwar immerfort.

Lassen Sie sich ganz auf das ein, was Sie tun und tun Sie es so vollkommen, wie es Ihnen möglich ist. Dann werden Sie erkennen: Das Ziel ist gar nicht wesentlich, die

Vollkommenheit des Tuns ist das Ziel. Entscheidend ist nicht, was Sie tun, sondern wie Sie es tun.

Sie können jederzeit in die Erfahrung der Vollkommenheit des Tuns eintreten, indem Sie etwas in vollkommener Aufmerksamkeit tun.

Mit dieser Erkenntnis bekommt das Leben einen ganz anderen Sinn. Vollkommenheit ist kein fernes Ziel mehr, sondern in jedem bewusst erlebten Augenblick erreichbar. Sie können sofort eintreten in die Vollkommenheit des Jetzt und Ihr Tun heiligen durch die Präsenz Ihres Seins und der Freude. Fangen Sie gleich an! Da ist kein Hindernis, nichts, worauf Sie warten müssten. Sie müssen nichts lernen – nur anfangen. Los geht's!

Irgendwann werden Sie an einen Punkt kommen, wo Sie nichts mehr tun möchten ohne diesen Impuls aus dem Augenblick. Sie reihen einen erfüllten Augenblick an den anderen, hin zu einem erfüllten Leben.

Schließlich werden Sie erkennen, dass der Augenblick nicht ein bestimmter Zeitpunkt ist, sondern außerhalb der Zeit liegt. Es gibt Augenblicke, die dauern ewig, die Zeit scheint stillzustehen. Ein Augenblick dauert so lange, bis Sie ihn erfüllt haben. Er hat alle Zeit der Welt und wartet, bis Sie so weit sind. Sobald Sie so jeden Augenblick ausfüllen, leben Sie nicht mehr in der Zeit. Sie sind zeitlos und damit alterslos, führen ein Leben in einer neuen Dimension. Das bewusste Erleben des Augenblicks führt unmittelbar zu einem Leben aus dem Urgrund des Seins, aus der inneren Quelle. Es gibt keinen Weg dahin, weil wir uns davon nicht entfernen können. Es geht vielmehr darum, die inneren Quellen zu erschließen.

Unsere Übereinstimmung mit dem Urgrund des Seins beginnt in dem Moment, indem wir den Schmerz der scheinbaren Trennung zu überwinden und heil werden. Der ungetrennte Teil des Ganzen ist wieder eins mit dem *Einen*. Nichts sonst ist wichtig.

Die Einheit mit sich selbst in der Stille des Seins ist die Erfüllung der Sehnsucht nach Ankommen. Jeder Augenblick lädt Sie dazu ein, bei sich anzukommen, zu Hause zu sein im Selbst.

Gehen Sie davon aus, dass es in jedem Menschen eine Instanz gibt, die alles weiß, die Antworten auf alle Fragen hat, die Lösung für jede Aufgabe. Diese Instanz ist Ihr wahres Sein, die oder der, der Sie wirklich sind. Von Ihrem wahren Wesen her sind auch Sie allwissend.

Diese Gott-Unmittelbarkeit meines wahren Wesens kann ich nicht verlieren. Es ist die wahre Natur eines jeden. Der Schlüssel ist die Erkenntnis, dass es keinen Schlüssel braucht. Der Schlüssel sind Sie selbst. Das Geheimnis besteht darin, dass Sie *jederzeit* durch die Tür des Augenblicks eintreten können, in das ewige Jetzt.

Übung:

- Betrachten Sie einen Gegenstand in vollkommener Achtsamkeit. Spüren Sie, was geschieht, wenn Sie nur eine Minute in der Zeitlosigkeit sind.
- Dann nehmen Sie die Zeitlosigkeit mit zurück in die Zeit und halten das Gefühl, solange Sie können, bis Sie mit zunehmender Übung beliebig lange in der Zeitlosigkeit bleiben können.

Das eigentliche Geschenk ist, dass hier in der Zeitlosigkeit alles Wissen erinnert wird und jede Möglichkeit in Erscheinung gerufen werden kann. Da stellt sich natürlich die Frage, ob man nicht ständig in der Zeitlosigkeit bleiben kann. Ich sehe, Sie erinnern sich. Sie brauchen keine Antwort mehr, weil die Frage verschwindet, sobald Sie angekommen sind. Willkommen zu Hause.

Leben, das ist ein einmaliges Kunstwerk.
Und jeder Tag, ja jeder Augenblick
Ist ebenfalls ein Kunstwerk für sich.
Das macht das Leben so einmalig.
Jedes Leben, jeder Tag, jeder Augenblick
ist absolut unverwechselbar und einmalig
Jeder Tag, jeder Augenblick ist nur ein einziges Mal – Jetzt!

Falls Sie es mal vergessen haben sollten: energetische Übungen, um wieder ins »Hier und Jetzt« zu kommen

Unliebsame Ereignisse, Befürchtungen, Ängste, Traumatisierungen, aber auch Bewusstseinsprozesse, Phantasiereisen, Trancen, Selbsthypnosen ziehen unser Bewusstsein gelegentlich weg vom »Hier und Jetzt«. Um wieder zu uns zu kommen, gibt es mehrere Möglichkeiten: Wir können …

- *Zen*-Meditation betreiben,
- uns hinknien und mit der Stirn auf die Erde legen,

- Körperkontakt zu einem Menschen halten, uns von ihm halten oder die Füße massieren lassen,
- uns auf einen Gegenstand vor uns konzentrieren,
- bekennen: Ich bin gerade nicht in meiner Mitte – wenn Sie das tun, sind Sie schon wieder ein Stück präsenter,
- etwas Angenehmes oder etwas Scharfes (Kampfer) ganz bewusst essen, riechen oder hören,
- eine »dynamische Meditation« oder eine »Kundalini-Schüttelmeditation« machen (optimal dafür!),
- im Fitnessstudio in den Cardio-Bereich gehen oder Hanteltraining machen,
- joggen und dabei ständig »jetzt-jetzt-jetzt« rufen,
- ein warmes Fußbad nehmen,
- Feldenkrais-Übungen machen oder alternativ die einzelnen Finger einer Hand so langsam wie möglich einen nach dem anderen öffnen und schließen,
- immer wieder rufen »Ich will hier und jetzt sein!«, dabei den Körper abklopfen,
- auf einer Skala von 1–10 festhalten, wie weit man im Hier und Jetzt ist und dann mit folgender »Versöhnungsformel« arbeiten: »Auch wenn ich nicht hier und jetzt sein will, akzeptiere ich mich voll und ganz!« Dann Wandlungspunkt 1 klopfen, bis ein tiefes Aufatmen eintritt. Danach die Gammutpunkte (Wandlungspunkt 2) klopfen und wiederholen »Hier und Jetzt«, bis eine spürbare innere Lösung erfolgt. Dann erneut den Wert festlegen und wieder von vorne klopfen.

Wenn wir eine Übung nicht praktisch ausüben können, genügt es, dass wir uns *vorstellen*, wir übten diese Aktivität aus, zum Beispiel: Wir machen jetzt die »Dynamische Meditation« – dabei die Stirnhöcker halten.

Weitere Möglichkeiten, im »Hier und Jetzt« zu landen, erhalten wir über Erinnerungen an Zeiten und Gelegenheiten, wo wir das waren. Ich mache mir einen Augenblick bewusst und rufe ihn in mein Bewusstsein, etwa einen Augenblick, …

- als ich gefühlt habe, dass mir jemand wirklich tiefe Zärtlichkeit/Zuneigung zukommen ließ,
- als ich mit jemand auf eine für mich wundervolle Weise kommuniziert habe,
- als ich für einen Menschen tiefe Liebe/Zuneigung/etwas ganz Besonderes empfunden habe,
- als ich mit jemandem wirklich tief verbunden war,
- als mir Gott/die Göttin im anderen erschienen ist,
- als ich wirklich begeistert war,
- als mir jemand wirklich zugehört hat,
- als ich mich verstanden gefühlt habe,
- als ich dankbar war,
- als jemand nett zu mir war,
- als ich gesiegt/gewonnen habe,
- als ich jemandem helfen konnte,
- als ich etwas sehr Schönes/Beglückendes erlebt habe,
- als ich vollkommen furchtlos war,
- der sich gestern ereignet hat,
- der sich heute ereignet hat,
- der sich vor einer Stunde ereignet hat.

Dabei immer wieder mit offenem Mund tief ein- und ausatmen und jedes Mal, wenn sich der entsprechende Eindruck zeigt »danke« sagen!

Eine dritte Möglichkeit besteht in kinesiologischen Übungen:

- *Erdknöpfe:* Mittel und Zeigefinger der einen Hand berühren die Unterlippe, die der anderen Hand das Schambein; dabei geradeaus schauen und langsam bis 60 zählen.
- *Raumknöpfe:* Mittel- und Zeigefinger der einen Hand berühren die Oberlippe, die der anderen Hand das Steißbein, dabei geradeaus schauen und bis 60 zählen.
- *Gleichgewichtsknöpfe:* Mittel- und Zeigefinger der einen Hand berühren die kleine Vertiefung hinter dem linken Ohr, die der anderen Hand den Bauchnabel, dabei geradeaus schauen und bis 60 zählen; dann die Seite wechseln.
- *Stirnhöcker* über Kreuz halten: Die Stirnhöcker liegen etwa auf halbem Weg zwischen Pupille und Haaransatz (es sei denn, Sie haben eine Stirnglatze, dann liegen sie dort, wo früher der Haaransatz war). Sie hängen mit dem Magenmeridian zusammen, entstressen, klären und bewahren uns vor unüberlegtem Handeln. Beim Überkreuzhalten berühren Mittel- und Zeigefinger der rechten Hand den linken Stirnhöcker und umgekehrt. Die Übung funktioniert am elegantesten, wenn wir dabei die Ellenbogen über den Kopf heben (wie beim Pulloverausziehen.) Dabei langsam bis 60 zählen und geradeaus schauen.

- *Überkreuzbewegungen* hinten (der »Schuhplattler«), vorne (Jazzgymnastik), im Liegen (Radfahrer), bei jeder Überkreuzbewegung zeigt der Ellenbogen zu dem gegenüberliegenden Knie.

Jeder Augenblick ...

Jeder Augenblick bietet mir die Chance, ...

- alterslos zu leben,
- den Weg der Freude zu gehen,
- eine ganz besondere Erkenntnis zu gewinnen,
- einen Schritt in meiner Entwicklung zu tun,
- ganz im Jetzt zu sein,
- im Ein-Klang mit dem Leben zu sein,
- in der Ewigkeit des Augenblicks mein Tun zu genießen, indem ich ganz darin aufgehe, es durch mich geschehen lasse,
- in ein wirklich märchenhaftes Leben einzutreten
- vollkommen zu sein, für einen Augenblick
- zu erkennen, was ist,
- zu leben als liebevolle Präsenz des Seins, mit der Aufgabe, die Vollkommenheit ins Jetzt zu bringen.

Jeder Augenblick lädt mich dazu ein, ...

- die Schöpfung mit zu gestalten.
- einzutreten, in die Leichtigkeit des Seins.
- mein ganzes Tun zu heiligen, durch die Präsenz meines Seins.

- mich ganz einzulassen, auf das ewige Jetzt.
- nicht mehr das Sein zu verlassen, um zu tun, sondern im Sein ruhend, das Tun geschehen zu lassen.
- sofort in einer harmonischen Beziehung zu leben, einfach indem ich ein idealer Partner *bin.*
- zu leben in Geistesgegenwart.
- zu leben in ständiger Achtsamkeit.
- zu leben, als der, der ich *wirklich bin.*
- die Stille zu erleben, die in den Urgrund des Seins führt.

Jeder Augenblick ist ...

... einmalig
... eine Botschaft, eine Aufgabe, eine Chance,
... eine Einladung, das Leben zu genießen wie Musik,
... eine Aufforderung, aufzuwachen und endlich anzukommen,
... eine Tür in ein ganz neues Leben,
... nicht ein bestimmter Zeitpunkt, sondern eine Tür in die Zeitlosigkeit, nicht ein Teil der Zeit, sondern alle Zeit.

Jeder Augenblick wartet darauf, ...

... dass es losgeht,
... dass ich ihm Anweisungen gebe,
... dass ich ihn ausfülle,
... dass ich ihn unbefangen und ledigen Gemütes wahrnehme, eintrete in die lebendige Erfahrung,
... dass ich mich ganz auf ihn einlasse.

Jeder Augenblick zeigt mir, …

… dass ich alles, was ich werden könnte, bereits *bin,*
… dass alles möglich ist,
… dass Vollkommenheit kein fernes Ziel, sondern in jedem Augenblick erreichbar ist.

Jeder Augenblick …

… dauert solange, bis ich ihn erfüllt habe,
… enthält alles, was ich zur Erfüllung meiner Lebensabsicht brauche,
… hat alle Zeit der Welt und wartet geduldig, bis ich so weit bin,
… lässt nichts ungetan, wenn ich ihn erhöre,
… währt nur ein einziges Mal – jetzt.

Erwachen ist erst der Anfang

Sind Erwachen und Erleuchtung dasselbe?

Erwachen und Erleuchtung werden häufig verwechselt. Erleuchtung ist eine Lichterfahrung, welche die meisten zuerst einmal im Kopf, später vielleicht auch im ganzen Körper erleben. Es ist die Erfahrung des Durchdrungenseins von Lichtwellen, welche Yogananda den »Wein der Mystiker« nennt. Im Sufismus wird diese Lichterfahrung als göttliches Berauschtsein erfahren. In dem Signum von Halbmond und Stern wird das Durchschreiten der kosmischen Ebenen beschrieben. Diese befinden sich allerdings nicht »draußen«, sondern »innen«, im Bewusstsein. Das Surat Shabt Yoga beschreibt, dass wir auf den inneren Ebenen durch verschiedene Reiche gelangen: Wir durchdringen Sonne, Mond und Sterne und durchschreiten dabei eine Ebene nach der anderen. Hierbei sind die verschiedenen Ebenen ineinandergeschachtelt wie Babuschka-Puppen. So wie ein Baum in die Höhe und in die Tiefe zugleich wächst, ist es für unsere spirituelle Entwicklung gleichermaßen wichtig, uns den kosmischen Ebenen zu öffnen und zugleich so klar wie möglich mit den irdischen Dingen umzugehen, denn die Fortschritte bedingen sich wechselseitig. Der bewusste Umgang mit dem Alltag und dem, was in uns noch ungeklärt ist, zeichnet unsere Wurzeln aus.

Erwachen ist etwas, das im Bewusstsein stattfindet. Im Erwachtsein erkennen wir, dass die Bewusstheit unser ganz natürlicher Zustand ist, Unerwachtsein dagegen auf eine Fehlidentifikation zurückzuführen ist.

Die Identifikation mit dem universellen Selbst ist die Voraussetzung und der Anfang des Lebens. Es ist wie beim Abitur. Solange wir zur Schule gehen, ist das Ende der Schulzeit ein fernes Ziel. Wir können auch kaum darüber hinausdenken, weil wir keine andere Erfahrung haben, als zur Schule zu gehen. Erst wenn wir das Abitur geschafft haben, verstehen wir, dass es Voraussetzung und Anfang des eigentlichen Studiums ist. Am Ende des Studiums machen wir dann die gleiche Erfahrung wieder. Wir haben das Studium beendet und stehen ganz am Anfang unserer beruflichen Laufbahn. Das scheinbare Ende ist in Wirklichkeit immer der Anfang einer anspruchsvolleren Phase, die uns weiterführt.

Aufwachen aus dem Traum – das Ende des Leidens

Solange ein Mensch in der »Illusion des Ich« lebt, lebt er im Leid. Das aber zwingt ihn oder sie, einen Schritt zu tun, um ihm zu entkommen. Anfänglich ist ihm möglicherweise dieses unterschwellige Leiden nicht bewusst, da ihm äußerer Erfolg, körperliche Gesundheit und die sinnliche Befriedigung vorgaukeln, alles sei bestens bestellt. Doch sobald sich Herausforderungen zeigen und Bedürfnisse und Vorstellungen nicht befriedigt werden, beginnt die Suche nach einer dauerhaften Beendigung der Unzufriedenheit oder auch des Leidens. Manche Menschen sind in dieser Phase so verzweifelt, dass sie an Selbstmord denken. Doch dies ist genauso unsinnig, als wollte jemand sein Auto gegen einen Baum fahren, weil er sich verirrt hat.

Das biblische Gleichnis von dem engen und dem breiten Pfad beschreibt die beiden Alternativen, die beiden Versuche des Menschen, Leiden zu beenden. Der eine ist der Weg des Yogis und der Entsagung, dieser Weg erfordert Mut und Konsequenz und wird oft als anstrengend empfunden. Der schmale Weg bietet den Vorteil, dass hier die Loslösung von Annehmlichkeiten geübt wird, doch wenn wir auf dem schmalen Weg an Opferidentität und Leidensgeschichte festhalten, dann hilft uns an dieser Stelle auch der schmale Pfad nicht weiter. Irgendwann kommt der Punkt, an dem wir springen müssen.

Der breite Weg dagegen ist angenehm. Man bleibt in der »Illusion des Ich«, aber wählt den schönen Traum. Man erlebt sich als erfolgreich und angesehen, wird vielleicht von *anderen* bewundert und beneidet, aber es ist nur ein Traum und erspart nicht das spätere Erwachen. Wer sich auf dem »breiten Weg« auf unstimmige Energien und Beziehungen einlässt, verstrickt sich immer mehr in Abhängigkeiten, aus denen sich immer schwerer entkommen lässt. Märchen wie *Das kalte Herz* beschreiben die Gefahren des breiten Weges. Der Vorteil des breiten Weges ist, dass wir, wenn wir ihn bewusst gehen, in Kontakt mit unseren Empfindungen bleiben, doch eben dieser Kontakt kann das Hindernis sein, wenn es darum geht, auch das, was wir unser »Wohlgefühl« nennen, zu übersteigen.

Solange ich mich mit meinem Körper identifiziere, mit meinem Verstand und glaube, eine Persönlichkeit zu sein, solange die äußere Realität meine Wirklichkeit ist und ich nur glaube, was ich sehe, werde ich nicht aufwachen. Vielleicht erlebe ich mich als Opfer der Umstände, erwarte die Erfüllung meiner Wünsche von anderen. Das Außen überlagert dann die Botschaften meines inneres Sein, und ich erwarte auch die Befreiung von außen. Ich bin gefangen in der »Illusion der Realität«.

Egal, ob ich den schmalen oder den breiten Weg gehe: Erwachen kann ich nur, indem ich mich irgendwann an die Wirklichkeit meines wahren Seins er-innere. Und hier zeigt sich ein dritter Weg – der Wechsel der Identifikation: Er beinhaltet die Vorteile beider Wege, die Weite und Integrationsmöglichkeit des breiten Weges und die Klarheit und Zielorientierung des schmalen Pfades.

Sich seiner selbst bewusst werden

Irgendwann auf dem Weg zu uns selbst, erkennen wir, dass wir schlafen. Nicht nur nachts, sondern auch tagsüber. Wir glauben wach zu sein, träumen aber unseren Traum vom Leben. Das zu erkennen ist der wichtigste Schritt auf dem Weg.

Im Leben eines jeden kommt irgendwann ein besonderer Augenblick, in dem er oder sie das erkennt und sich ihrer selbst bewusst wird. Von einem Augenblick zum anderen erkennt sie, dass sie nur träumt und weiß wieder, wer sie wirklich ist. Im Traum lebte sie oder er in der »Illusion des Ich«, aus der alle Probleme des Lebens kommen und alles Leid. Beides verschwindet mit dem Erwachen, denn das wahre Selbst hat keine Probleme und kennt kein Leid.

Sobald Sie deshalb Ihre Aufmerksamkeit auf Ihr wahres Selbst richten, beginnt das Bewusstsein zu erwachen. Mit dem Erwachen des Bewusstseins entfällt die Bindung an den Verstand (engl. mind) und wird umfassend ersetzt durch die unmittelbare Wahrnehmung dessen, was *ist*. Und mit der Aufgabe einer Bindung an den Verstand verschwindet das »Ich«, dass es ohnehin nie gegeben hat. Sie nehmen sich als erwachtes Bewusstsein wahr, als Beobachter in der ständigen Präsenz des Seins. Der Traum ist zu Ende, die wahre Identität wird bewusst erlebt als die ewige Gegenwart des *ich bin* und der Fluss des Seins wird immer deutlicher spürbar.

Sobald Sie den Schritt: »zu Bewusstsein kommen« vollzogen haben und sich darin geübt haben, in dieser Bewusstheit zu bleiben, sind die »Geburtswehen« Ihres Lebens aufgelöst, die Probleme verschwinden.

Wann immer Sie nun »ich« sagen, meinen Sie wirklich sich selbst, denn ich kann nur »ich« sagen zu dem, das ich wirklich bin. Indem Sie Ihr erwachtes Bewusstsein auf einen Aspekt des Lebens richten, beginnt dieser sich zu wandeln, und es »geschieht« Lösung, ganz mühelos. Sie erleben, dass Sie viel mehr sind als der kleine Mensch, als der Sie »in Erscheinung« treten, und erwachen zu Ihrer eigenen Größe. Dies ist die Krönung des KAUSAL-TRAININGS.

Sie vollenden die Geburt zu sich selbst, indem Sie …

… bewusster Autor und Regisseur Ihres Lebensfilms sind; das heißt, Sie erleben sich in allem, was ist.
… als wahres Selbst die Hauptrolle in Ihrem Leben spielen.
… die volle Verantwortung für alle Lebensumstände übernehmen und korrigieren, was nicht stimmig ist.
… alles Unwesentliche loslassen und so immer wesentlicher leben.
… das Paradies in sich entdecken und wieder angekommen leben.
… in der Leichtigkeit des Seins leben.
… echt, ehrlich und authentisch sind.
… als Beobachter leben.
… alles loslassen, was nicht vollkommen ist.
… liebevoll und segensreich leben.
… Ihren Platz im Leben finden und ausfüllen
… wahren Wohlstand schaffen auf allen Ebenen des Seins.
… alles, was Sie sehen, fühlen, schmecken, riechen, hören mit Ihrer Liebe durchdringen.
… die ganze Schöpfung als Ausdruck der Einen Kraft erkennen.
… als Meister oder Meisterin leben.
…
…

Übung: Ergänzen Sie die Liste

*Viele Menschen interessieren sich für die Frage,
ob es ein Leben nach dem Tod gibt, anstatt dafür zu sorgen,
dass es ein Leben vor dem Tod gegeben hat!*

Das Privileg zu leben – Ihr persönlicher Hauptgewinn

Machen Sie sich bewusst, welches Privileg es ist, zu leben:

- Sie können Ihre Tätigkeit frei bestimmen und Ihrer Berufung folgen.
- Sie können mehr Geld erwerben, als Sie brauchen.
- Sie können in einer idealen Beziehung leben, wenn Sie bereit sind, selbst ein idealer Partner zu sein.
- Sie können unabhängig von Ihrem genetischen Erbe Ihren Gesundheitszustand beeinflussen.
- Sie können Ihr Bewusstsein erweitern, Ihre Innenwelt entdecken und eintreten in die Grenzenlosigkeit des Seins.
- Sie können unbekannte Fähigkeiten und Kräfte entwickeln und sinnvoll einsetzen.
- Sie können die Antwort auf alle Fragen finden, die Lösung für jedes Problem und die richtige Entscheidung treffen.
- Sie können jedes Vorhaben aus dem Vorauserleben des späteren Verlaufs zu einem gewünschten Ergebnis führen.
- Sie können in Ihr zukünftiges Meisterbewusstsein gehen, als dieses Meisterbewusstsein zurückkommen und von nun an als Meisterbewusstsein leben.

- Sie hören auf zu altern, denn Bewusstsein ist alterslos.
- ...

Irgendwann helfen Sie auch *anderen*, frei zu werden für die eigentliche Aufgabe. Immer mehr Menschen erwachen dann dank Ihrer Hilfe und fangen an, aus ihrer Mitte zu leben. Dabei agieren Sie stets absichtslos. Sie bieten anderen nur eine Hilfestellung, diese entscheiden, wann und ob sie bereit sind. Dadurch wird schließlich die Macht des erwachten Bewusstseins immer größer. Das verändert die Zukunft der Welt.

Übung: Ergänzen Sie die obige Liste.

Das Leben ist wundervoll

Wie Sie ein wundervolles Leben erleben

Jeder Tag bringt Wunder in Ihr Leben, irgendetwas Positives, das so normalerweise nicht stattfindet. Ein netter Autofahrer, der Sie vorlässt, das Lächeln eines Kindes, ein Kollege, der unerwartet freundlich reagiert, ein kleiner Igel, der Ihren Weg kreuzt.

Tipp: Jeden Abend, bevor sie einschlafen, erinnern Sie sich an ein Wunder, das sich an diesem Tag ereignet hat – seien Sie dankbar dafür. So richten Sie Ihr Bewusstsein auf Wunder aus – und nicht auf Alltagsprobleme.

Tipp: Halten Sie immer wieder inne, steigen Sie aus der Gedankenflut aus, und identifizieren Sie sich mit dem, der Sie wirklich sind. Seien Sie die Beobachterin, seien Sie das universelle Bewusstsein. Es genügt nicht nur zu wissen, dass das universelle Bewusstsein, der Avatar in Ihnen, existiert, es geht darum, »als Göttliches« in der eigenen Schöpfung zu leben und zu handeln.

Das Ungelöste ist auch da, aber sie entscheiden, wem Sie Aufmerksamkeit geben – den belastenden Gedanken des Alltags oder dem Wunder. Richten Sie Ihre Antennen auf die Wunder aus. (Sie erinnern sich doch noch an die »Wunderfrage«?) Sie brauchen nicht zu bestimmen, worin das Wunder liegen soll. Lassen Sie sich überraschen.

Nutzen Sie ganz bewusst die Schätze, die das Leben Ihnen zur Verfügung stellt. Erkennen Sie das Wunderbare im Alltäglichen, in der Natur, in jeder Situation. Halten Sie immer wieder inne. Spüren Sie, wie die Räder des Verstandes stillstehen und Sie einfach nur *da sind*! Mit der Zeit werden Sie täglich Wunder erleben.

Das größte Wunder aber ist, die oder der zu sein, der Sie sind: echt, ehrlich und voller Liebe.

Eintreten in das universelle Bewusstsein

So treten Sie in das universelle Bewusstsein ein:

1. Wechseln Sie Ihre Identität – erinnern Sie sich daran, wer Sie wirklich sind.
2. Spüren Sie Ihr individuelles Bewusstsein.
3. Lassen Sie Ihr Bewusstsein grenzenlos werden.
4. Verbinden Sie Ihr individuelles Bewusstsein mit dem kollektiven Bewusstsein und letztlich mit dem universellen, dem *Einen Sein*, aus dem alles entspringt.

Angekommen leben

Angekommen leben heißt, kein Ziel mehr zu haben, weil man kein Ziel mehr braucht, sobald man aus der inneren Mitte schöpft. Ich bin fortan wunschlos, weil ich nun in der Fülle und damit erfüllt lebe. Ich ruhe in meiner Mitte, und dies bestimmt mein Tun. Ich begreife mich selbst als Ursprung meiner Realität und übernehme deshalb die volle Verantwortung für alles, was in dieser geschieht. Angekommen leben heißt auch, in der Liebe sein. Nichts zu bevorzugen, nichts auszuschließen, als Liebender leben.

Es ist das Ende allen Suchens, aber nur wer sucht, kann erkennen, dass alles Suchen unnötig ist. Ich will nicht mehr vorwärtskommen, weil es kein Vorwärts gibt, wenn ich am Ziel bin. Jedes Vorwärts, alles Weiterdrängen entfernt mich dann nur aus der Mitte und dem Angekommensein. Alles hier ist schließlich leicht und frei.

Zusammenfassung: Was ist KAUSAL-TRAINING?

Mental- und KAUSAL-TRAINING im Vergleich

Für viele Menschen war Mental-Training der Einstieg in das intuitive Verständnis der geistigen Gesetzmäßigkeiten dieser Welt, eine Welt jenseits des Verstandes mit seinen Begrenzungen.

Und doch hat jeder und jede schon einmal die Erfahrung gemacht, dass man alles so wie immer macht, aber nichts geschieht. Was ist da passiert? Wiederum andere hatten mit ihrem Mental-Training Erfolg und dann schnellte alles, wie am Gummiband festgebunden, wieder in die alte Position zurück. Wie aber konnte das geschehen?

Die Antwort ist, wie alles in der Schöpfung, ganz einfach. Wann immer Sie mit dem Mental-Training Erfolg hatten, hat Ihre »energetische Signatur« mit der gesetzten Ursache übereingestimmt. Und wenn Sie keinen Erfolg hatten, hat Ihre »energetische Signatur« nicht mit der gesetzten Ursache übereingestimmt, und das »Gesetz der Resonanz« die Erfüllung verhindert. Sobald aber die individuelle »energetische Signatur« mit der gesetzten Ursache übereinstimmt, muss der erwünschte Endzustand in Erscheinung treten, was er dann auch tut. Der entscheidende Faktor aber ist Ihre »energetische Signatur«. Deswegen hat der eine immer Glück und der andere dauernd Pech. In Wirklichkeit gibt es jedoch weder Glück noch Pech, noch Zufall, sondern nur Ursache und Wirkung. Die eigene »energetische Signatur« ist die stärkste Ursache, weil sie als Dauerauftrag an das Leben ständig wirkt und alles »in Erscheinung« treten lässt, was ihr entspricht.

Wo die gesetzte Ursache mit der Absicht des Selbst, Ihres wahren Seins kollidiert, kommt es nicht oder nicht dauerhaft zu dem avisierten Ergebnis. Trotzdem: Das Leben hat beide Aufträge ausgeführt, den Auftrag des »Ich« angenommen und auf Anweisungen des Selbst gestrichen, weil er mit dem Sein nicht im Einklang war. Dies ist genauso, als hätten Sie ein Börsenkonto und gäben einen »OCO-Auftrag« (OCO = one cancels other) ein: Der Auftrag des höheren Selbst schlägt den Auftrag des »kleinen Ich«, und zwar nach dem immer gleichen Prinzip. Eine Ursache überlagert die andere nach dem Muster:

1. Ja.
2. Noch nicht.
3. Ich habe etwas Besseres für Dich.

Vorteile des KAUSAL-TRAININGS

Wenn Sie eine Ursache setzen, kann diese mit einer anderen von Ihnen bewusst oder unbewusst gesetzten Ursache kollidieren, und beide können sich so gegenseitig aufheben. Dann passiert nichts, obwohl das Leben beide Aufträge ausgeführt hat, denn das Leben macht keine Fehler und liefert immer, was bestellt wurde. Es ist dann so, als wenn Sie an der Börse gleichzeitig eine Put- und eine Call-Option gekauft haben und sich wundern, dass sich Ihr Gesamtkapital nicht verändert.

Beim KAUSAL-TRAINING wird im Gegensatz zum Mental-Training keine Ursache gesetzt. Es geht vielmehr darum, dass sich jede und jeder fortwährend als ursächlich schöpferische Quelle begreift. Die innere Spannung zwischen dem »Sosein« und dem visualisierten Ergebnis verschwindet dann ganz von allein.

Entspricht der erwünschte Endzustand der eigenen »energetischen Signatur«, dann nimmt er allein dadurch schon zuverlässig Gestalt an. Tut er das aber nicht, dann tritt auch nichts in Erscheinung, es sei denn, Sie ändern Ihre »energetische Signatur« entsprechend.

Indem Sie sich ändern, ändert sich Ihr Leben entsprechend. Die Veränderung findet zunächst im Bewusstsein statt und tritt nach außen als »Ausdruck Ihres Bewusstseins« als Ihre erlebte Realität »in Erscheinung«!

Wenn ich aber selbst zur Ursache werde, gibt es keine Möglichkeit, dass einzelne Ursachen miteinander kollidieren, weil alles aus dem Einen Sein entspringt. Und da dieses *Eine Sein* die stärkste Ursache ist, kann es auch nichts geben, was die Erfüllung behindert. Dann erkennen Sie, welche Geschenke Ihnen das Leben durch die Tagesereignisse ständig machen möchte. Jede ungelöste Situation verbirgt einen Schatz, der gehoben ist, sobald Sie die Lösung entdecken.

Um Ihre Lebensumstände brauchen Sie sich gar nicht mehr zu kümmern, es geht nur noch um Ihr Sosein. Sie erkennen in diesem Zusammenhang auch: Je weniger Vorschriften Sie dem Leben machen, umso unkomplizierter wird der Weg.

Beispiel: Wenn Sie in einer unerfüllten Beziehung leben, dann würden Sie sich vielleicht durch Mental-Training einen »Ergänzungspartner« bestellen, der Ihre Löcher und Mängel stopft. Es kann sein, dass das Leben Ihren Wunsch erfüllt, doch Ihr Leben wird dadurch nicht einfacher. Wenn Sie einfach Ihre Schwingung verändern und selber ein »erfüllter Partner« sind, erleben Sie die stimmige Antwort ohne belastende Begleitumstände und unliebsame Folgen. Sie handeln nicht mehr aus einem kleinen Ich mit seinen Vorstellungen und Vorlieben heraus. Womit sich die *anderen* fast ausschließlich befassen, das brauchen Sie nun nicht mehr. Deshalb haben Sie auf einmal Zeit, weil alles Wesentliche von selbst »geschieht«. In dieser Bewusstheit sind keine Probleme mehr zu lösen, keine Schwierigkeiten zu überwinden, sondern nur noch interessante Aufgaben zu erfüllen. Es ist wirklich ein ganz neues Leben, das Sie erwartet, sobald Sie den alles entscheidenden ersten Schritt getan haben.

Nichts ist leicht, nichts ist schwer, alles ist. Eine große Last fällt von Ihnen ab, und Sie gehen »ledigen Gemütes« durchs Leben, wie es Meister Eckehard nennt. Sie spüren, darauf haben Sie schon immer gewartet, und endlich haben Sie es erreicht.

Wenn Sie Ihren Körper trainieren, benutzen Sie ein Gewicht, einen Widerstand, der zu überwinden ist, um so Ihre Muskeln zu stärken. Das Gleiche gilt auch für Ihren Geist. Hier heißen die Widerstände: Probleme, Schwierigkeiten, Ungelöstes, unangenehme Situationen oder besser gesagt: Aufgaben und Herausforderungen.

Nehmen wir noch einen Vergleich mit der Magie.

Magie ist nicht das, was wir üblicherweise darunter verstehen: Hokuspokus, Tricks, Täuschung. Magie ist die Fähigkeit, mit der Kraft des Geistes, die Realität zu gestalten. Es gibt zwei Arten von Magie – eigenwillige Magie, die erreichen Sie über Mental-Training und Mystik. Das Erlauben, Öffnen, Erleben durch Mystik hat eine ganz andere Qualität. Natürlich kommt dann der vorlaute Verstand und fragt: »Wie soll das denn gehen?«

Wenn Sie genau hinspüren, dann erleben Sie, dass es unabhängig von den Bestrebungen Ihres »kleinen Ich« etwas Größeres gibt, das Sie als Sog oder auch als Durchdringung erfahren. Zuerst erfahren Sie dieses »größere Selbst« vielleicht noch als getrennt von sich, doch – oftmals nach längerem Widerstand – werden Sie eins mit ihm. Die Gesetze des Mental-Trainings funktionieren zwar weiterhin, aber die Energie geht zurück und orientiert sich neu.

KAUSAL-TRAINING heißt, mich selbst als Quelle meiner Lebensumstände, meines Schicksals zu erkennen. Zu erkennen, dass mein Sosein der »Dauerauftrag« an das Leben ist, den ich ständig aussende. Im KAUSAL-TRAINING ändere ich meine Lebensumstände, indem ich mich ändere. Die Umstände ändern sich dann ganz von selbst. KAUSAL-TRAINING heißt, ganz bewusst die »Hauptursache« für mein Leben – mich selbst – zu optimieren und dadurch den »Dauerauftrag an das Leben« zu verändern. Wir versuchen gar nicht, die Umstände durch entsprechende Ursachen zu verändern, sondern ändern die »Quelle der Umstände« in uns, unser eigenes Sosein! Jeder Zufall ist schon als Möglichkeit vorhanden und wird nur »aktiviert«.

KAUSAL-TRAINING ist somit die Erinnerung an unser wahres Sein und daran, dass Schöpfung ständig durch uns geschieht. Es ist die Essenz der geistigen Gesetze und eine Gebrauchsanweisung für Ihren Zauberstab Bewusstheit. KAUSAL-TRAINING ist ein Quantensprung im Bewusstsein, der den wahren Menschen in Erscheinung treten lässt. Es ist die Rückkehr zum Ursprung, zur Quelle allen Seins. Ich bin und erlebe mich ständig als Ursache von »allem, was ist«.

KAUSAL-TRAINING ist eine bewusste Fokussierung meiner Aufmerksamkeit auf die Wirklichkeit meines wahren Seins. Letztlich geht es beim KAUSAL-TRAINING nicht nur darum, mich wieder an die Wirklichkeit des Seins zu erinnern, sondern das Bewusstsein ins Hier und Jetzt zu bringen und dabei auch andere bei ihrer »Erinnerungsarbeit« zu unterstützen. Diese Aufgabe ist erst erfüllt, wenn auch der Letzte sich wieder erinnert und in der Wirklichkeit des Seins angekommen ist. Das ist die wahre Lebensabsicht aller, die hier inkarniert sind. Wir sind hier, um die Evolution zu vollenden, zuerst die eigene, dann die aller *anderen*, des Ganzen.

KAUSAL-TRAINING ist also nicht ein Weg, wie ein »Ich« noch schneller, leichter und sicherer bekommt, was es will. Beim KAUSAL-TRAINING handelt das Selbst und wirkt aus seiner Mitte.

Über Ihre bisherige Identität hinauswachsen

Der größte Vorteil des KAUSAL-TRAININGS ist, dass es Ihre individuelle Evolution in einem fast unglaublichen Maße beschleunigt. Mental-Training mag Ihr Leben bereichern und es Ihnen ermöglichen, sich Wünsche zu erfüllen. KAUSAL-TRAINING aber bringt Sie in Ihrer seelischen Entwicklung weiter. Sie werden dadurch veranlasst, Selbstverantwortung zu übernehmen, immer wieder Ihre Identität zu überschreiten und aufzulösen und Ihre wahre Identität zu leben. Ohne dass Sie sich darum kümmern, bekommen Sie die optimalen Lebensumstände ganz von selbst dazu, das, was wirklich für Sie »stimmt«.

Das, was wir normalerweise als (unerträgliche) Belastung empfinden, nämlich eine Situation nicht klären, ein Problem nicht lösen zu können, bietet uns schließlich die Gelegenheit, zu erfahren und zu verstehen, was es heißt Peter, Anna oder »ich« zu sein und schließlich zu wachsen. Wann immer Sie meinen, »ich« kann das nicht, bedeutet dies lediglich, dass das (kleine) Ich die Sache nicht lösen kann. Und dann zwingt diese Erkenntnis, den Peter, die Anna und all die anderen, das, was damit zusammenhängt, komplett loszulassen und sich zu fragen: »Wie müsste ich denn sein, um das Problem lösen zu können?« – Und ziemlich bald gibt Ihnen die »Sprache des Lebens« in Verbindung mit Ihrer Intuition bereits die ersten Impulse, wie die Lösung aussehen könnte.

Es ist wie endlich »nach Hause« kommen und »angekommen« leben, zu spüren, dass ich so von der Schöpfung gemeint bin. Eine unbändige Freude kommt dann auf. Das allein wäre Grund genug, regelmäßig KAUSAL-TRAINING zu machen. Die Optimierung der Lebensumstände, das Verschwinden von Problemen und Schwierigkeiten sind nur ein zusätzliches Geschenk.

Sobald Sie gelernt haben, aus Ihrer wahren Identität heraus zu leben, können Sie sich gar nicht mehr vorstellen, wie es vorher war, weil Ihr Leben so viel reicher und schöner geworden ist. Sie werden nie wieder darauf verzichten wollen. Aus dem Ego zu handeln erscheint Ihnen dann so eng und bedrückend, dass Sie allein schon deshalb in eine natürliche Weite Ihres wahren Bewusstseins zurückwollen.

KAUSAL-TRAINING ist die höchste Form schöpferischen Bewusstseins, der entscheidende Schritt in Ihrer individuellen Entwicklung und das Eintreten in das faszinierende Abenteuer des wahren Lebens.

Das größte Wunder sind Sie selbst

Das »Abenteuer Mensch« hat gerade erst begonnen, und es gibt noch unendlich viel zu entdecken. Alles beginnt damit, in die Bewusstheit zu kommen, sich als Ursache zu erkennen und seine Lebensumstände, aber auch seine Persönlichkeit bewusst zu verantworten und dabei das Staunen zu lernen, welche Wunder darauf warten, dass wir sie wahrnehmen. Das größte Wunder aber sind *Sie selbst!* Das Faszinierendste an dem »Abenteuer Leben« ist, dass prinzipiell sich jede Lebenssituation und jeder Lebensumstand positiv verwandeln kann, und zwar augenblicklich!

Sobald wir unseren linear arbeitenden Verstand überschritten haben, erleben wir unmittelbar die »Wahrnehmung der Wirklichkeit«. Dann erkennen wir, dass unsere Aufmerksamkeit bestimmt, welche Realität »in Erscheinung« tritt, dass wir die Macht haben, mit einer kleinen

Änderung unserer Aufmerksamkeit eine ganz andere Realität Gestalt annehmen zu lassen. Im Schmetterlingsbewusstsein erleben wir die Möglichkeit, die eigene Aufmerksamkeit bewusst zu steuern – wohin wir wollen. Dann erkennen wir auch, dass es keinen Zufall gibt, denn auch er gehorcht dem Gesetz von Ursache und Wirkung. Unsere Aufmerksamkeit bestimmt, welche Menschen, Ereignisse, welche Realität wir anziehen. Sie entspricht damit dem Gesetz »Wie innen, so außen«. Wenn das »Innen« stimmt, dann stimmt auch das Außen.

Auch wenn Sie vielleicht glauben, bereits alles erlebt zu haben, was Ihnen das Leben zu bieten hat – glauben Sie mir: Die größte Chance Ihres Lebens – Ihr persönlicher Bewusstseinssprung – liegt unmittelbar vor Ihnen und wartet darauf, von Ihnen genutzt zu werden. Es kann nicht oft genug betont werden: Die Veränderung der Umstände erfolgt im Bewusstsein, nicht im Außen. Es gibt unendlich viele mögliche Zukünfte, und die Schönste können Sie sich aussuchen. Es ist Ihre Wahl!

Sie selbst sind die Ursache

Ich bin der Hauptdarsteller in meinem Leben, aber ich bin Zuschauer und Beobachter zugleich. Als Beobachter habe ich den nötigen Abstand, um mich vom Geschehen nicht mitreißen zu lassen. Ich erkenne mich auch als Drehbuchautor, der jederzeit das Drehbuch umschreiben kann, dem eigenen »Da-Sein« und »Sosein« einen ganz neuen Sinn geben kann. Das ganze Leben wird zur Meditation.

Es gibt nicht mehr Arbeitszeit und Freizeit, sondern nur noch das volle Leben. Wir brauchen keine Zeit mehr für uns, sondern wir haben alle Zeit. Wir lassen so alles Unwesentliche los und werden immer wesentlicher. Dabei ist es fast unwichtig, was wir tun, entscheidend ist, *wie* wir es tun. Auch beim Mülleimerleeren können wir Satori erfahren. Ganz gleich, was Sie tun, Sie sind immer auf dem Weg. Meisterschaft ist eine Prüfung, die wir in jedem Augenblick neu ablegen müssen, kein Diplom, das wir uns an die Wand hängen.

Übung: Erinnern Sie sich einmal, ob es in Ihrem Leben Schlüsselsituationen gab, in denen Ihnen klar war, dass es von Ihrer Entscheidung im Moment abhängt, ob Sie in ein Drama oder in Erfüllung gelangen.

Vielleicht wird Ihnen anfangs nur die eine oder andere Situation bewusst, doch wenn Sie aufmerksam durchs Leben gehen, werden Sie entdecken, dass diese Wahl täglich wieder und wieder besteht.

Wenn Sie den Alltag als Ihr Spielfeld für ständiges KAUSAL-TRAINING ansehen, dann gibt es keine spirituellen und nichtspirituellen Zeiten mehr: Meditation/Gebet und Alltagspraxis sind keine Gegensätze, sondern ergänzen einander, wobei Sie die Spiritualität auch in der täglichen Lebenspraxis erkennen. Dann wird das ganze Leben zur Meditation. Sie brauchen immer weniger Zeit für sich, weil der Alltag selbst eine andere Erlebensqualität bekommt. Für dieses vollkommene *Sein* gibt Ihnen das Leben aber nur die Samen mit auf den Weg, nicht die fertigen Früchte! Letztere wollen durch Sie erwachsen.

KAUSAL-TRAINING bedeutet …

… als Meister die verschiedenen Seins-Qualitäten in Besitz nehmen. Die bewusste Veränderung der Vergangenheit und das Erschaffen einer stimmigen Zukunft.

… das bewusste Lenken der Schöpfungskraft durch Aufmerksamkeit, denn worauf Sie Ihre Aufmerksamkeit richten, dahin fließt die Schöpferkraft. Die Aufmerksamkeit richten auf die Wirklichkeit des Seins, die wahre Identität.

… das Ende der Illusion des Ichs und das Leben in der Wirklichkeit des Seins.

… das Entdecken der Innenwelt des wahren Seins. Nicht die Information ist wichtig, sondern die Schritte, die Sie tun und noch wichtiger, die Erinnerung an sich selbst.

… die Faszination des Lebens zu begreifen, dass sich alles immerfort ändern kann und der nächste Augenblick schon bald Gegenwart sein wird.

… das Tor zum Unterbewusstsein: Hier können alle Programme und Verhaltensmuster gelöscht oder gewandelt und dauerhaft verankert werden.

… den Alltag als einen vom Leben liebevoll zusammengestellten Stundenplan erkennen, der mir hilft, in der besten Weise, Schritt für Schritt zu mir selbst zu finden.

… den Buddha-Weg: das Ende des Leidens. Den Buddha in mir zu wecken und das Leid in jeder Form endgültig aufzulösen, weil niemand mehr da ist, der leiden könnte.

… den Weg des Samurai. In sich ruhen, klar, präsent, unbesiegbar. Handeln, bevor der Grund des Handelns in Erscheinung tritt.

... der Weg zum Christusbewusstsein. Der Weg der Klarheit und Liebe zu allem, auch zu sich selbst.

... der Weg, die energetische Signatur bewusst zu wählen und zu verändern. Die energetische Signatur macht mich magnetisch für die ihr entsprechenden Ereignisse, Situationen und Lebensumstände.

... die Fähigkeit, jede gewünschte Energiefrequenz in mir zum Schwingen zu bringen, mich damit zu erfüllen und so meinen Dauerauftrag an das Leben zu verändern.

... die innewohnende Ordnung des Lebens zu erkennen und in Erscheinung zu rufen als erlebte Realität.

... die Quelle der Kraft in mir zu entdecken und zu aktivierten.

... die Transformation zu mir selbst, zu dem, der ich immer war und immer sein werde. Die Grenzenlosigkeit des Seins erleben.

... durch das Tor des Augenblicks in die Zeit zu gehen und mein Meisterbewusstsein der Zukunft zu erleben. Dadurch einen Quantensprung in der eigenen Entwicklung machen.

... Eintreten in das Meisterbewusstsein. Das Loslassen der Raupe und das Erwachen zum Schmetterling.

... das Erwachen zu sich selbst, um das geistige Erbe bewusst in Besitz zu nehmen und sinnvoll einzusetzen. Die Schöpfung mit gestalten.

... immer wieder loszulassen. Treten Sie ein, in die Freiheit der Wahl. Loslassen – das vielleicht faszinierendste Abenteuer des Lebens.

… die Lebensabsicht zu erkennen und zu erfüllen. Nur so kann ich glücklich werden und ein erfülltes Leben leben.

… wohlwollend leben.

… zu Bewusstsein zu kommen, um die Wirklichkeit hinter dem Schein zu erkennen.

Was ist das Neue am KAUSAL-TRAINING?

1. Dass ich nicht mehr nur mein Ego glücklich mache und die Wünsche meines kleinen Ichs erfülle, sondern mich selbst als Ursache erkenne und meiner wahren Bestimmung folge. Dass ich nicht mehr versuche, die Außenwelt meinen Vorstellungen anzupassen, sondern meine Innenwelt als Hauptursache für meine Lebensumstände optimiere und so wieder im Einklang bin mit dem Sein.
2. Dass ich meine energetische Signatur als Dauerauftrag an das Leben erkenne und entsprechend die notwendigen Veränderungen vornehme.
3. Dass dazu ein besonderes Bewusstseins-Training erforderlich ist, das in meinen Tagesablauf einzubauen und durch Wiederholung als Gewohnheit zu entwickeln ist. Dadurch werden sich mein Leben und mein Schicksal als Ausdruck meines Bewussteins manifestieren. Bewusstsein ist das, was etwas bewirkt.
4. Zu lernen, wie man die Quelle der Kraft in sich aktiviert und so seine latenten Fähigkeiten und Kräfte weckt und sinnvoll einsetzt.
5. Dass ich meine wahre Lebensaufgabe erkenne, deretwegen ich gekommen bin.

6. Alles kann ganz mühelos geschehen, denn das Leben meistert man spielend oder überhaupt nicht. Kommen Sie vom Werken weg hin zum Wirken. Wirken geschieht, wenn das Sein im Einklang ist.
7. Dass Sie zaubern lernen. Oder wie nennen Sie das, wenn Sie beliebig Ereignisse, Lebensumstände, Situationen und Zufälle in Erscheinung rufen können?
8. Das KAUSAL-TRAINING gibt Ihnen die Möglichkeit, segensreich zu wirken für jeden Menschen, der das Glück hat, Ihnen zu begegnen.

Das innere Paradies

In jedem Menschen liegt die Sehnsucht, ein glückliches, sorgloses und erfülltes Leben zu leben, mit einem Wort, wie im Paradies. Im Paradies leben heißt, seinem Herzen zu folgen und jeden einzelnen Augenblick zu genießen und zu erfüllen. Im Paradies leben heißt, dankbar das Geschenk des Lebens anzunehmen und ganz bewusst seine faszinierenden Möglichkeiten zu nutzen. Das Paradies ist nicht irgendwo in der Ferne, es ist *hier und jetzt*.

»Die Vergangenheit kannte nur zwei Kategorien von Menschen: die Spirituellen und die Materialisten. Niemand hatte sich darum bemüht, den Menschen als Ganzes in seiner Wirklichkeit zu sehen – doch er ist beides. Er ist eine wunderbare, harmonische Verbindung von Materie und Bewusstsein. Vielleicht sind Materie und Bewusstsein gar nicht zwei verschiedene Dinge, sondern nur zwei Aspekte ein und derselben Wirklichkeit: Materie der äußere Aspekt von Bewusstsein und Bewusstsein der innere Aspekt von Materie.«*

Der Weg in dieses Paradies, das nur einen Schritt entfernt ist, ist das Loslassen. Alles, wirklich alles loszulassen, was das Leben nicht leichter und schöner macht.

Auf dem Weg zurück ins Paradies erkennen Sie, dass es keine Umstände gibt, die glücklich machen. Auch Geld allein macht nicht glücklich. Es gibt jedoch Umstände, die das Glück sehr behindern, und die sollten Sie loslassen. Wenn Sie alles loslassen, was das Leben schwer macht, erleben Sie, wie leicht das Leben sein kann. Manche haben Bedenken loszulassen, weil sie befürchten zu fallen. Das kann tatsächlich passieren, doch wir fallen aufwärts! Beginnen wir also unseren Weg zurück ins Paradies mit dem Abenteuer des Loslassens.

Wie wir bereits gesehen haben: Es gibt keinen Weg, um glücklich zu sein. Glücklich sein ist der Weg! Das Leben ist gedacht als faszinierendes Spiel, und Sie sollten die Hauptrolle in Ihrem Leben spielen! Sorgen Sie dafür, dass es wirklich Ihr Leben ist! Wenn Sie glauben, dass das Leben es gut mit Ihnen meint, werden Sie genau das erleben. Wenn Sie hingegen glauben, dass das Leben ein Kampf ist, werden Sie das auch erleben, denn einem jeden geschieht nach seinem Glauben.

Wir sind so gut im Erschaffen unserer Realität, dass wir gar nicht mehr merken, dass wir diese selbst erschaffen und glauben, dass Dinge eben »geschähen«. Sobald wir aber bewusst eingreifen, erkennen wir, dass wir die Realität jederzeit beliebig verändern können.

* Osho, Jetzt oder nie, Berlin 2006

Werden Sie sich der Macht bewusst, die Sie allein durch Ihre Existenz besitzen. Es ist an der Zeit, diese Macht mit anderen zu teilen, weil sie sich dadurch vervielfacht und weil sie das geistige Erbe eines jeden Menschen ist. Ist das nicht Grund genug für Freude und Dankbarkeit? Was Sie von Ihrer Macht wissen, ist nur die Spitze des Eisberges. Entdecken Sie Ihre wahre Größe. Ihr Bewusstsein ist letztlich das universelle Bewusstsein, das diese Welt erschafft und erhält. Dieses Bewusstsein ist die einzige Wirklichkeit. Alles ist letztlich aus Bewusstsein gemacht.

Unser Universum ist holographisch aufgebaut, das heißt, das Ganze ist in jedem einzelnen Teil enthalten. Das »höchste Prinzip« ganz gleich, welchen Namen wir ihm geben, ist die Summe aller Teile und damit in allem.

Wind und Wellen sind immer nur an der Oberfläche, in der Tiefe ist alles ruhig. Auch Probleme und Leid sind nur an der Oberfläche des Seins. Unbewusstheit ist die einzige Sünde, Bewusstsein die einzige Tugend. Unbewusstheit ist Schlaf und Traum, Bewusstheit ist Leben. Wenn wir träumen, gibt es unendlich viele verschiedene Träume. Wenn wir uns davon befreien wollen, gibt es nur ein Heilmittel: aufwachen – und Sie erleben, dass das Paradies dort ist, wo immer *Sie sind.*

Willst du die Welt verändern,
musst du dich verändern.

Checkliste zum Ankreuzen – Was waren Ihre wichtigsten Erkenntnisse?

- In welcher Rolle will ich das Spiel des Lebens spielen?
- Ich kann den Dauerauftrag an das Leben ändern, meine energetische Signatur.
- Ich muss austreten aus der Illusion des Ich.
- Meine Innenwelt zu entdecken, das ist eins der größten Abenteuer überhaupt.
- Das Leben meistert man spielend oder überhaupt nicht.
- Das Richten der Aufmerksamkeit ist das wichtigste Werkzeug zur bewussten Gestaltung des Lebens und der entscheidende Schritt zur persönlichen Entwicklung.
- Dankbarkeit wirkt Wunder.
- Das, was ich glaube, bestimmt das, was ich erlebe.
- Ich gehe den Weg der Freude.
- Durch mein Sosein erfahre ich den Zustand des Erwachens.
- Mühelosigkeit ist eine wichtige Kunst.
- Ich brauche nichts zu müssen.
- Die Nutzung der kausalen Wandlungspunkte hilft mir, Veränderung herbeizuführen.
- Regelmäßiges Üben bewirkt durch die Macht der

Wiederholung, dass sich die gewünschte Veränderung einstellt.
- Die Schöpfung geschieht nach dem Prinzip des geringsten Aufwands, ich muss mich nicht übertrieben anstrengen.
- Ich kann die Sprache der Lebensumstände verstehen lernen.
- Es gibt keine Übung, um in das Meisterbewusstsein einzutreten, weil ich es schon in mir habe.
- Gerichtete Aufmerksamkeit lässt Lösung zu.
- Glücklichsein kann man lernen.
- Der innere Meister, das bin ich selbst.
- Jeder Kampf gegen Äußeres ist sinnlos, solange ich nicht die Ursache ändere. Meine erlebte Realität ist Abbild meiner Überzeugungen.
- KAUSAL-TRAINING kultiviert den Geist.
- Ich kann loslassen, was mich unglücklich macht.
- Mangel, Krankheit, Leid und Armut sind das Ergebnis nicht lebensgerechter Überzeugungen.
- Pubo-Training.
- Ich kann segnen und Segen empfangen. Ich möchte segensreich leben.
- Ich kann Aufmerksamkeit bewusst abziehen von … und richten auf …
- Ich habe in jedem Augenblick aufs Neue die Wahl
- Ich kann so viel Erfolg, Geld, Gesundheit und Glück haben, wie ich zu glauben bereit bin. Einem jeden geschieht nach seinem Glauben.
- Ich kann fortwährend sympathisch sein und wohlwollend leben.
- Wahrer Glaube ist wirklichkeitsschaffend.

- Wahrer Wohlstand bedeutet sehr viel mehr, als nur genug Geld zu haben. Wahrer Wohlstand heißt, aus der Fülle zu schöpfen.
- Ich kann vom Werken zum Wirken kommen.
- Ich kann wirklich vermögend werden.

Nachwort

Dieses Buch enthält eine Vielzahl von Informationen, die auf verschiedene Ebenen der Erkenntnis verweisen. Diese Erkenntnisebenen sind auch in Ihnen und werden durch die Form der Information nur in Resonanz versetzt, und zwar immer erst dann, wenn die Zeit für diesen Schritt der individuellen Evolution reif ist. Sobald eine Erkenntnis ganz ausgereift ist, wird dadurch die Tür der nächsten Erkenntnisebene geöffnet und dann kann die nächste Ebene bewusst erlebt werden.

Das Ganze ist ein Evolutionsprozess, der längst begonnen hat und auch nicht mit diesem Leben endet. Dieser Prozess hat nicht ein bestimmtes Endziel, sondern ruft aus dem Möglichkeitsfeld der Schöpfung entsprechende Alternativen in Erscheinung. Dabei geht es nicht darum, ein bestimmtes Ziel zu erreichen, sondern bewusst bestimmte Schritte zu erleben, die das scheinbar Widersprüchliche und Unzusammenhängende der eigenen Entwicklung immer stärker zu einem Entwurf, zu einer bestimmten Absicht werden lassen. Dabei gibt es so viele mögliche Endergebnisse, wie es Menschen gibt, so dass jede individuelle Evolution absolut einmalig ist.

Für Ihren eigenen Weg wünsche ich Ihnen viel Glück und Freude

Ihr
Kurt Tepperwein

LESERSERVICE

Kurt Tepperwein persönlich oder in einem Heimseminar erleben!

Wünschen Sie tiefer in das Thema dieses Buches einzusteigen, dann empfehlen wir Ihnen, die folgenden Chancen zu nutzen:

Gewünschtes bitte ankreuzen!

Seminar/Ausbildung:

- ☐ Motivationsseminare mit verschiedenen Themen (Tagesseminare)
- ☐ Kausal-Training / Kausal-Trainer/in

Ausbildungen mit Felix Aeschbacher (Lehrbeauftragter v. K. Tepperwein):

- ☐ Dipl. Mental-Trainer/in
- ☐ Dipl. Bewusstseins-Trainer/in
- ☐ Dipl. Intuitions-Trainer/in
- ☐ Meditations-Trainer/in (Zertifikat)

Heimstudienlehrgänge:

- ☐ Einführungslehrgang »Die 7 Schritte zur Erfolgspersönlichkeit«
- ☐ Dipl. Lebensberater/in
- ☐ Dipl. Mental-Trainer/in
- ☐ Dipl. Intuitions-Trainer/in
- ☐ Dipl. Seminar-Leiter/in
- ☐ Dipl. Erfolgs-Coach/in
- ☐ Dipl. Gesundheits- und Ernährungs-Berater/in
- ☐ Dipl. Partnerschafts-Mentor/in

Gesamtprogramme:

- ☐ Gesamtseminar- und Ausbildungsprogramm IAW
- ☐ Neuheiten der Bücher-, CD- und DVD-Programme von Kurt Tepperwein
- ☐ Gesundheitsprodukte-Programm

Dazu ein persönliches Geschenk:

☐ Die 20-seitige Broschüre »Praktisches Wissen kurz gefasst« von Kurt Tepperwein

Sie erhalten Ihre gewünschten Informationen selbstverständlich kostenlos und unverbindlich bei:

Internationale Akademie der Wissenschaften (IAW)

St. Markusgasse 11, FL-9490 Vaduz
Tel. 00423 2331212 Fax 00423 2331214
E-Mail: go@iadw.com Internet: www.iadw.com

Kurt Tepperwein – Wohlbefinden für Körper und Geist

Die Kraft der positiven Psychologie 21793

Gelassenheit 21738

Gesund für immer 21703

Jungbrunnen Entsäuerung 14207

GOLDMANN
ARKANA